LA MORT DE N.B.P. BERNARD TOLOMÉI

VIE

DU

BIENHEUREUX BERNARD TOLOMÉI

FONDATEUR

DE LA

CONGRÉGATION DE N.-D. DE MONT-OLIVET

DE L'ORDRE DE SAINT BENOIT

PAR

Le R. P. Dom Bernard Marie MARÉCHAUX

DE LA MÊME CONGRÉGATION

PARIS

LIBRAIRIE CATHOLIQUE INTERNATIONALE DE L'ŒUVRE DE SAINT-PAUL
6, rue Cassette, et rue de Mézières, 14

FLORENCE

CHEZ LOUIS MANUELLI, VIA DEL PROCONSOLO, N° 3
Et dans les monastères de la Congrégation en France

—

1888

VIE DU BIENHEUREUX

BERNARD TOLOMÉI

VIE

DU

BIENHEUREUX BERNARD TOLOMÉI

FONDATEUR

DE LA

CONGRÉGATION DE N.-D. DE MONT-OLIVET

DE L'ORDRE DE SAINT BENOIT

PAR

Le R. P. Dom Bernard Marie MARÉCHAUX

DE LA MÊME CONGRÉGATION

PARIS

LIBRAIRIE CATHOLIQUE INTERNATIONALE DE L'ŒUVRE DE SAINT-PAUL
6, rue Cassette, et rue de Mézières, 14

FLORENCE

CHEZ LOUIS MANUELLI, VIA DEL PROCONSOLO, N° 3
Et dans les monastères de la Congrégation en France

—

1888

TESTIFICATIO EXAMINATORUM

Demandatam nobis a Reverendissimo Patre Abbate D. Camillo Mª Seriolo, Vicario generali nostræ congregationis, curam examinandi manuscriptum R. P. D. Bernardi M^æ Maréchaux : *Vie du B. Bernard Toloméi,* qua par erat obedientia et attentione suscepimus : lecto itaque diligentissime prædicto manuscripto, fidem facimus nos in eo nihil animadvertisse quod fidei aut moribus adversetur, sed e contra cuncta historicæ veritati, monasticæ professioni et disciplinæ, christianæque pietati apprime consona. Unde optamus valde ut typis mandetur ad ædificationem multorum, si ita videbitur Suæ Reverendissimæ Paternitati.

Hac die 5 octobris 1887.

D. CŒLESTINUS BONNERY,
Prior olivñus.

D. EMMANUEL MARIA ANDRÉ,
Prior olivetanus.

LICENTIA

REVERENDISSIMI D. VICARII GENERALIS

—

Cum accepimus a monacho nostræ congregationis D. Bernardo Maria Maréchaux supplices litteras ad impetrandam licentiam prælo mittendi opus a se conscriptum cui titulus : *Vie du B. Bernard Toloméi ;* nos habita prius ab examinatoribus ad hoc deputatis relatione, qua constat non modo nihil obesse quominus præfatum opus typis mandetur, sed etiam Christi fidelibus ædificationi fore, hujusmodi licentiam libenter concedimus.

Datum ex monasterio nostro SS. Joseph et Benedicti ad Septimnianum prope Florentiam, die 9 octobris 1887.

(*Locus sigilli.*)

D. CAMILLUS Mª SERIOLO, ABBAS,
Vicarius generalis Congñis Oliœ. O. S. B.

D. CŒLESTINUS BONNERY,
a secretis.

———

LICENTIA ORDINARII

—

IMPRIMATUR :

Trecis, 10 novemb. 1887.
† PETRUS, *Epis. Trecen.*

Éminence,

Par la main bénie de S. S. Léon XIII, si glorieusement régnant, Dieu vous a placé bien haut dans son Eglise ; il a voulu vous orner de la pourpre cardinalice, et rehausser la pourpre elle-même du splendide éclat de vos mérites.

Tant de grandeur n'a pas diminué dans votre cœur l'amour de la Congrégation bénédictine dont vous n'avez cessé d'être le Père, et le Père à la fois très aimant et très aimé.

Par un mouvement de cette paternelle affection, vous avez daigné permettre que cette Vie de notre bienheureux Père vous fût dédiée, et parût sous les heureux auspices de votre nom vénéré.

C'est avec un profond sentiment de gratitude que nous vous offrons, Eminentissime Seigneur, ce faible fruit de nos travaux.

Nous le déposons à vos pieds, vous priant humblement de faire descendre sur lui cette bénédiction paternelle dont la vertu est d'affermir la maison des enfants. Benedictio Patris firmat domos filiorum.

Béni par vous, Eminence, puisse notre travail avoir pour résultat de glorifier Dieu dans son serviteur N. B. Père Bernard, et de servir à faire glorifier le Bienheureux dans la sainte Eglise.

Daignez agréer, Eminence, l'hommage des sentiments du très profond respect et de l'obéissance religieuse avec lesquels, baisant la pourpre sacrée, j'ai l'honneur d'être, de votre Eminence,

Le très humble serviteur et dévot fils,

D. BERNARD MARIE MARÉCHAUX,

Olivétain, O. S. B.

INTRODUCTION

I

Au sud-est de Sienne, à l'ouest des Apennins, dans un site des plus sévères et des plus pittoresques s'élève l'antique abbaye de Mont-Olivet. Elle étonne le voyageur par le vaste déploiement de ses constructions en briques rouges, que surmonte le clocher élégant de sa vieille église ; en même temps qu'elle le charme par les merveilleuses peintures qui décorent son grand cloître, et par les belles stalles en marqueterie qui ornent l'ancien chœur des moines.

Ce monastère aux proportions grandioses, dressé dans une âpre solitude, est un phénomène que peut seule expliquer la vertu cachée de la sainteté rayonnant puissamment autour d'elle et se jouant des obstacles de la nature.

Pour attirer les âmes dans ce désert, pour y fixer des générations humaines, pour leur donner

la foi qui se traduit par de pareils monuments,
il a fallu un saint.

Ce saint est le bienheureux Bernard Toloméi,
natif de Sienne en Toscane, dont nous entreprenons d'écrire la vie, et dont nous ne prononçons
pas le nom sans un sentiment profond de dévotion
filiale et d'ardent amour.

Le bienheureux Bernard est le dernier venu
parmi les grands fondateurs des congrégations
bénédictines qui servirent si utilement l'Eglise
au moyen âge ; il a fleuri à une époque de décadence, comme pour attester l'inépuisable vitalité
de ce grand ordre bénédictin, dont la jeunesse
se renouvelle sans cesse comme celle de l'aigle,
et dont le tronc tant de fois séculaire jette toujours de nouveaux rameaux.

Paraissant à une époque où les milices plus
jeunes de saint François et de saint Dominique
occupaient la scène de l'Eglise, il est demeuré à
l'ombre de son monastère ; il n'a peut-être pas
jeté le grand et vif éclat de plusieurs de ses devanciers, mais il a répandu un parfum qui ne s'est
jamais évanoui dans la suite des âges, et qui
réjouit encore l'Eglise ; il a fait une œuvre humble et cachée, mais forte et durable. Et qui sait
si Dieu, dont les desseins sont impénétrables,
ne se réserve pas de mettre en évidence, dans
un avenir plus ou moins éloigné, sur le chandelier de son Eglise, cette pure lumière de l'ordre
monastique ?

A l'entrée du monastère de Mont-Olivet-Majeur,

au-dessus du porche qui donne accès dans son enceinte entourée de précipices, le regard est frappé par une douce image en terre cuite de la bienheureuse Vierge Marie tenant le divin Enfant ; sa main droite repose sur les armoiries de la congrégation, trois petits monts unis ensemble et surmontés d'une croix accostée d'un double rameau d'olivier ; deux anges soutiennent une couronne suspendue au-dessus de sa tête. A ses pieds on lit ces mots :

Sub tuum præsidium confugimus, sancta Dei G.

De l'autre côté du porche, celui qui regarde le monastère, est une image également en terre cuite du grand patriarche saint Benoît. Il tient d'une main le livre de la Règle, ouvert aux premiers mots du Prologue : *Ausculta, o fili, præcepta magistri, et inclina aurem.*

L'œuvre tout entière du bienheureux Bernard est exprimée par cette double image. L'originalité puissante de cette œuvre fut d'associer étroitement la Sainte Vierge et saint Benoît ; de l'une il fit la mère, de l'autre il fit le père de la congrégation qu'il fonda. Quelle vertu merveilleuse n'y a-t-il pas dans cette association, qui d'ailleurs fut voulue et dictée par la Sainte Vierge elle-même ?

Nous le savons, et nous proclamons bien haut cette douce vérité, tous les ordres religieux reconnaissent la maternité de Marie. Mais, parmi les diverses congrégations bénédictines, nous osons dire que celle de Mont-Olivet se recommande tout spécialement de cette maternité divine ; et c'est ce qui lui donne, dans le modeste rang qu'elle occupe, son charme et son attrait.

Avant d'entrer dans l'histoire du bienheureux Bernard, nous croyons nécessaire de jeter un coup d'œil sur l'époque où il a vécu, ainsi que sur la cité toscane qui lui a donné le jour. Il est bon de donner au portrait que l'on veut tracer l'encadrement qui lui convient ; quand on étudie une étoile au firmament de l'Eglise, il semble tout naturel de dire en quelle plage du ciel elle a paru, à quelle constellation elle appartient, à quelle heure il a plu à Dieu de l'appeler sur l'horizon.

II

Le bienheureux Bernard appartient par sa naissance à la fin de ce grand XIIIe siècle, dans lequel d'illustres écrivains ont salué l'apogée de la puissance politique et sociale de l'Eglise ; et par son œuvre au commencement du XIVe, qui fut témoin de tant d'agitations stériles et de déchirements douloureux.

Le XIIIe siècle marque la période d'épanouissement de l'œuvre de l'Eglise au moyen âge. Cette œuvre fut essentiellement une œuvre d'unité. Par une dilatation d'elle-même au sein des jeunes nations que la Providence avait groupées autour d'elle, l'Eglise en fit un seul corps moral pénétré d'un même esprit ; et ce corps prit un nom qui éveille le souvenir d'impérissables gloires, la Chrétienté.

La Chrétienté ! cela veut dire le règne social de Jésus-Christ Notre-Seigneur ; cela veut dire la grande famille des peuples baptisés obéissant à la Mère commune ; cela veut dire la force mise au service du droit et protégeant tous les faibles ; cela veut dire cette puissance magnifique, dont l'expression armée fut la chevalerie, et dont le cycle héroïque se nomme les croisades.

Dans cette œuvre de formation lente et laborieuse, l'Eglise fut aidée même par les antagonismes qu'elle eut à surmonter. Ainsi l'islamisme, par sa perpétuelle menace, rendit plus compact et plus indissoluble le faisceau des peuples chrétiens, et leur fournit l'occasion de montrer leur vitalité. Qu'importe, pourrait-on dire, que les croisades finalement n'aient pas réussi ? Quand la foi est affirmée magnifiquement à la face du monde, quand elle met en mouvement des masses humaines, quand elle mène les âmes au salut, le but vrai de l'humanité n'est-il pas atteint, alors même que le but accidentel serait manqué ?

Repoussé de tous côtés, rencontrant partout une digue infranchissable, l'islamisme tenta une lutte de doctrine. S'emparant des écrits d'Aristote, les philosophes arabes propagèrent, jusque dans les écoles chrétiennes, une sorte de panthéisme et d'illuminisme. Cette agression d'un nouveau genre eut pour effet de susciter les grands monuments de la théologie catholique, et notamment l'immortelle Somme de saint Thomas.

Ainsi donc, mise en face de l'islamisme, la chrétienté déploya toute son énergie guerrière et toute sa vertu doctrinale. La dernière phase de ce mouvement admirable d'expansion coïncide avec le règne de saint Louis, soit le milieu du XIIIe siècle.

En parlant ainsi, nous ne faisons pas acte d'enthousiasme irréfléchi et aveugle. La perfection, nous le savons, n'est pas de ce monde ; les plus beaux jours de l'humanité ont leurs côtés sombres, comme ses nuits les plus obscures ont leurs points lumineux. Mais il est bien permis de répéter, au sujet du règne de saint Louis, la parole de Littré : *Ce fut un bon temps et un bon roi* (1).

Après saint Louis, comme il n'est pas dans la nature des choses humaines de rester longtemps sur les hauteurs, le déclin commença. Au lieu du pieux monarque que l'histoire nous représente ayant à ses côtés saint Bonaventure et saint Thomas d'Aquin, au lieu de celui qui se qualifiait lui-même humblement et royalement le *sergent de Jésus-Christ,* on vit paraître sur le trône de France Philippe le Bel escorté de ces légistes retors et méchants qui rêvaient de substituer le droit césarien au droit chrétien, pour

(1) Littré, *Etudes d'un positiviste sur l'histoire.*

mettre en tutelle l'Epouse immortelle du Fils de Dieu.

De même, aux pontificats longs et glorieux des Innocent III et des Grégoire IX, succédèrent, par un jugement de Dieu qu'il est impossible de sonder, des pontificats courts et tourmentés qui présageaient la retraite des papes à Avignon, et le cataclysme du grand schisme.

Ceci nous amène à considérer l'état particulier de l'Italie, au moment où naquit et vécut notre Bienheureux. Cet aperçu ne nous sera pas inutile pour comprendre la direction générale et plusieurs épisodes de sa vie.

Si le protestant Gibbon a pu dire que les évêques ont fait la France comme les abeilles font une ruche, il n'est pas moins vrai d'affirmer que les papes ont fait l'Italie en assurant son indépendance et en lui donnant ses gloires les plus pures.

Quand saint Grégoire VII revendiquait contre le despotisme des césars allemands l'imprescriptible liberté de l'Eglise, il protégeait en même temps les libertés italiennes. D'après les légistes réunis à la fameuse diète de Roncaglia, les personnes et les choses, l'eau et le feu, l'air respirable lui-même, tout appartient au divin César : toute autorité doit s'effacer devant la sienne, puissance papale, autonomie féodale, liberté communale. Si ces théories avaient prévalu, le monde serait rentré purement et simplement dans le paganisme.

Le pape se leva, et la lutte s'ouvrit, lutte inouïe dans le monde. D'un côté, le droit, armé de la seule majesté du pontificat romain ; de l'autre, la force comptant sur le nombre des soldats. Le droit l'emporta sur la force. Frappé de ce phénomène, le protestant Grégorovius ne craint pas d'appeler saint Grégoire VII : *un personnage auprès duquel Napoléon Ier n'est qu'un barbare.*

Sans doute, les communes italiennes combattirent vaillamment *pro aris et focis ;* et la bataille de Lugnano, où la fortune du fier Barberousse croula sous les gigantesques efforts de la ligue lombarde, est un épisode auprès duquel pâlissent les exploits des héros d'Homère. Mais si les communes italiennes n'avaient pas été couvertes par l'ascendant du souverain pontife, elles auraient vraisemblablement fini par succomber. On ne touche pas impunément à l'arche sainte de la liberté de l'Eglise. Pareils à l'impie Héliodore, les empereurs allemands tombèrent aveuglés par une lumière céleste, et meurtris par des mains invisibles dont le repentir seul eût pu conjurer les coups.

Au moment où nous prenons l'histoire italienne, la grande querelle entre le sacerdoce et l'empire est terminée. L'Italie peut respirer dans une pleine indépendance. Si les empereurs viennent parfois à descendre du haut des Alpes, ce n'est plus pour disputer l'empire ; besoigneux, avides, ils cherchent à extorquer de l'argent aux riches cités italiennes qui les regardent passer avec mépris (1).

Heureuse l'Italie si, reconnaissante envers les papes, elle était demeurée tranquille et unie sous leur influence pacifique! Malheureusement, il n'en fut pas ainsi.

La lutte du sacerdoce et de l'empire laissa dans la Péninsule des semences de divisions acharnées. Et il semble que le grand interrègne et la venue de Charles d'Anjou les envenimèrent plus encore. Chaque cité avait ses guelfes et ses gibelins; les premiers, comme l'on sait, partisans du pape et de l'indépendance italienne; les seconds, fauteurs du césarisme allemand. Mais peu à peu ces dénominations perdirent leur signification première, et ne servirent plus guère qu'à déguiser des rivalités acharnées de familles.

Singulière époque en vérité! Chaque ville est scindée en deux factions opposées; l'une est toujours expulsée par l'autre; et, naturellement, les exilés tentent tous les moyens de rentrer dans leur patrie, soit par la force ouverte, soit par les coups de main et les séditions; s'ils réussissent, ce ne sont que trop souvent des représailles atroces. Dante a buriné ces mœurs contemporaines dans sa *Divine Comédie*, et avec

(1) Ainsi Henri VII, tant invoqué par Dante pour courir sus à Florence, *brebis malade qui contamine tout le troupeau;* ainsi Louis de Bavière, l'excommunié; ainsi Charles IV, qui quitte l'Italie en se sauvant à toute bride.

d'autant plus de vigueur que lui-même était tout bouillonnant de rancunes implacables. On connaît l'histoire du comte Ugolin se mourant avec ses jeunes enfants dans la Tour-de-la-Faim ; à côté de ce lugubre tableau, on peut mettre celui des guelfes de Spolète brûlés vifs dans leurs prisons par les gibelins victorieux.

Ces divisions, comme il arrive toujours, tuèrent la liberté. Il s'opéra un changement profond dans le régime des communes italiennes. Aux consuls, c'est-à-dire aux citoyens les plus méritants, fut substitué le podestat, homme de guerre étranger que le besoin de la défense faisait appeler au gouvernement des cités. La municipalité, *cittadinanza,* perdit son homogénéité primitive ; elle se scinda par quartiers, se subdivisa en corps de métier ou en parcisses. Non seulement il y eut des rivalités entre les familles nobles, mais entre nobles et plébéiens ; puis, entre ce qu'on nommait le peuple gras et le peuple maigre, à savoir, entre les gros marchands et le menu peuple (1). Ces divisions intestines se croisant avec les animosités de ville à ville, on peut penser jusqu'à quel point les esprits se trouvaient surexcités.

Ce qui périssait dans cette tourmente, avec bien d'autres traditions, c'étaient ces belles libertés communales qui avaient fait la force de

(1) Ces modifications du régime des communes italiennes sont fort bien expliquées dans le livre classique intitulé : *Punti di storia, da Giuseppe Colombo.*

l'Italie contre les césars allemands. Toutefois, il y a lieu de signaler à ce point de vue une différence entre les cités lombardes et les villes de la Toscane.

Les premières, sur la fin du XIIIe siècle, tombèrent sous l'empire absolu des podestats. Les Visconti s'emparent de Milan sur les Torriani, les Scaligers dominent à Vérone, la maison d'Este s'implante à Ferrare, etc. Le XIVe siècle n'est plus le siècle des communes, mais celui des seigneuries, et il porte ce nom dans l'histoire.

Les secondes maintiennent leur liberté avec un soin jaloux, notamment Florence et Sienne. Nous ne savons s'il est possible de trouver des démocraties plus soupçonneuses. Les nobles sont exclus de toute participation au gouvernement, les prieurs ou seigneurs, installés au palais communal, ne gardent le pouvoir que quelques mois. Parfois des circonstances critiques forçaient de remettre momentanément la cité aux mains d'un prince ou d'un général; mais malheur à celui qui cherchait à transformer en tyrannie cette délégation de souveraineté! Il était chassé avec honte, trop heureux de se retirer la vie sauve (1).

Toutes ces querelles n'empêchaient pas les cités italiennes de jouir d'une incroyable opulence. Ce développement de prospérité maté-

____

(1) Par exemple le duc d'Athènes à Florence, et l'empereur **Charles IV à Sienne.**

rielle provenait des croisades qui avaient livré aux marchands italiens tout le commerce de l'Orient. Insensiblement toutes les curiosités et les délices de Byzance passaient à Venise, à Gênes, à Florence qui avait dès lors des banques établies par toute l'Europe. Les historiens donnent des détails curieux sur la richesse des citoyens et des villes; la preuve nous en reste dans les monuments d'une incomparable magnificence que le XIII⁰ siècle nous a légués. Malheureusement, cette opulence entraîna avec elle la corruption des mœurs, et l'antique simplicité se perdit avec l'antique liberté.

Quand on étudie de près cette Italie avec ses sérénades et ses cavalcades, ses cours d'amour et ses fêtes qui duraient parfois jusqu'à deux mois continus, on comprend mieux l'opportunité providentielle d'un saint François d'Assise, l'amant de la Pauvreté, le stigmatisé de Jésus-Christ. A la face de ce monde regorgeant de richesses et enivré de plaisirs, il fallait jeter la sublime ironie de la pauvreté évangélique, prêcher la victorieuse folie de la croix. Saint François le fit, et d'une manière qui s'adaptait merveilleusement à la nature italienne ; par ses chauds enthousiasmes, par le lyrisme de ses dépouillements, il poétisa et fit trouver délicieux tout ce que le dénûment et la souffrance volontaire ont de plus amer et de plus rude.

Aussi fut-ce une belle et ravissante épopée que l'épopée franciscaine ! Elle passa trop vite.

Pareil à ces plantes pleines de vigueur, qu'on voit languir après s'être couvertes de fleurs, l'ordre de Saint-François parut s'épuiser par sa propre fécondité. Il entra dans une période de divisions fatales qui l'eussent conduit à sa ruine, si saint Bernardin n'eût été suscité pour le replacer dans sa ferveur primitive (1).

Et ici nous touchons une des causes de l'assombrissement qui marqua la fin du xiiie siècle. Les grands ordres religieux, qui l'avaient si puissamment illuminé et réchauffé, se ressentaient d'une langueur qui paralysait une partie de leur action sur les masses populaires.

De plus, le pontificat romain ne trouvait aucune garantie de stabilité sur le sol inquiet et tourmenté de l'Italie. Le peuple romain était toujours pour lui la race fière, intraitable et indomptable, *gens immitis, intractabilis et subdi nescia*, que peignait saint Bernard. Les papes étaient souvent obligés de quitter Rome, et de séjourner soit à Pérouse, soit à Viterbe, afin d'échapper aux factions des Annibaldi et des Orsini, plus tard des Colonna, qui ensanglantaient la ville éternelle. Il est clair que, contraints de pourvoir à leur sécurité personnelle, ils ne pouvaient remédier aussi librement aux

(1) Quand parut saint Bernardin, l'ordre de l'Observance de saint François ne comptait en Italie que 20 pauvres maisons, et à peine 130 religieux ; quand il mourut, il y avait 230 maisons florissantes, et plus de 4.000 religieux. (*Acta SS.*, tom. V Maii, p. 137.)

maux de la chrétienté. De plus, de longs interrègnes achevaient de jeter le désarroi dans le sein de l'Eglise. Tout souffrait de cet état de choses précaire et mal assuré : le clergé comme le peuple, les ordres religieux comme le clergé lui-même.

Ce n'est pas que la foi se perdît, ou même s'affaiblît notablement; elle demeurait très vivace, et parfois elle faisait pour ainsi dire explosion.

Survenait-il, dans une de ces villes livrées aux factions et aux plaisirs, un saint à la parole hardie et brûlante, il n'était pas rare qu'elle se transformât, comme par enchantement, en une sorte de *cloître où chacun rivalisait d'ardeur* pour la pénitence. Il est vrai, une fois le saint passé, par la mobilité d'impressions des populations du midi, les querelles et les fêtes reprenaient insensiblement leur cours. Mais les bonnes semences, jetées à pleines mains, n'étaient pas toutes perdues, et l'on voyait, dans le sein des cités tumultueuses, comme dans la paix des couvents, s'épanouir les fleurs les plus suaves de la sainteté.

Le jubilé de l'an 1300 fit ressortir la vive piété du peuple chrétien. Il y eut, paraît-il, continuellement à Rome, environ 200.000 pèlerins. Ce chiffre énorme est attesté par les historiens (1). Le grand poète florentin mentionne, dans la *Divine Comédie,* ce prodigieux concours.

____

(1) Voir Rohrbacher. Tom. XIX, p. 376.

Parlerons-nous maintenant de ces confréries de flagellants qui sillonnaient l'Italie en l'an 1260, la croix en tête avec les bannières des saints, par troupes qui allaient jusqu'à 20.000 personnes, et qui faisaient retentir de leurs cris suppliants les plaines et les montagnes (1)? Là où passaient ces nouveaux et étranges prédicants, les haines s'éteignaient, les usuriers eux-mêmes rendaient le bien mal acquis; les dames, rougissant de leur luxe effréné, usaient en secret des rudes instruments de pénitence qui semblaient réservés aux cloîtres. Tout ce mouvement échoua dans la superstition et le fanatisme, parce qu'il ne fut ni éclairé ni dirigé ; il témoigne de la puissance de la foi dans ces populations de la fin du xiii° siècle, aussi extrêmes dans le bien qu'elles l'étaient parfois dans le mal.

C'est au cœur même de cette Italie, dont il est bien difficile d'analyser les aspects si complexes, que parut, à l'heure marquée de Dieu, le bienheureux Bernard Toloméi ; c'est dans ce milieu qu'il fut appelé à fonder et à développer son œuvre, dont nous voudrions expliquer brièvement le caractère et la grandeur.

Ce dernier mot n'est pas de trop. Conserver pures les traditions de l'ordre monastique à une époque de relâchement presque universel (2);

(1) Muratori. Tom. XI *Ann. d'Italia*.
(2) Nous aurons occasion, dans le cours du présent ouvrage, de traiter de cet état de relâchement. Aussi ne faisons-nous ici que de le mentionner.

instituer une congrégation qui eut près de cent monastères, et qui demeura pendant plus de deux siècles, suivant le mot du bienheureux Urbain V, un miroir sans tache d'observance religieuse; nous osons dire que cette œuvre fut grande, non pas peut-être aux yeux des hommes, mais aux yeux de Dieu. Elle fut grande, précisément en raison de son caractère si humble et de son charme si paisible.

Comment redire l'impression que produit aujourd'hui encore Mont-Olivet, quand, au sortir du bruit des villes et des chemins de fer, le voyageur entre dans son atmosphère embaumée et pacifiante! Voilà bien l'entière séparation du monde! Il n'aperçoit autour de lui que des images graves et souriantes : la Vierge avec le divin Enfant, l'olivier symbolique fleurissant de chaque côté de la croix empourprée, saint Benoît le doigt sur les lèvres et le livre de la Règle entr'ouvert. Il sent son âme se dilater sous une influence du ciel. Une seule chose lui serre le cœur : le silence de la grande abbaye est presque un silence de mort, sa solitude est presque la solitude du tombeau.

Combien plus vive, plus profonde était l'émotion que soulevait autrefois l'aspect de ces lieux sacrés, lorsque la vie circulait dans toute cette immense enceinte, calme et tranquille comme l'obéissance religieuse qui en était l'âme; lorsque des légions de moines blancs traversaient le grand cloître, lorsque la douce et puissante harmonie de la prière montait jour et nuit vers le ciel dans le recueillement de ce désert! Quel asile pour les âmes affamées de paix, dévorées du besoin de se faire oublier, de s'oublier elles-mêmes dans le sein de Dieu!

Ah! la main qui créa cet asile fut une main puissante, et singulièrement bénie. A son siècle inquiet et troublé, aux âmes secouées par la tourmente des passions, elle tendit le rameau d'olivier que lui avait remis la Sainte Vierge, elle offrit la paix d'un monastère bénédictin.

Parmi toutes les œuvres qui surgirent alors, peut-être n'en fut-il pas de plus urgente et de plus nécessaire que la sienne.

III

A l'époque qui nous occupe, Sienne fut relativement une des cités les plus paisibles de l'Italie. Quand Dieu la choisit pour être la patrie du bienheureux Bernard, il y eut dans ce choix une harmonie que les pages suivantes auront pour but de faire ressortir.

Nous allons donc feuilleter un instant les annales de cette ville, dont le nom, identifié avec celui de sainte Catherine et de saint Bernardin, flatte si doucement l'oreille chrétienne. Nous espérons en tirer une lumière qui, se projetant sur la vie de notre Bienheureux, la mettra singulièrement en relief; car elle s'écoula tout en-

tière dans son enceinte ou non loin de ses murs.
D'ailleurs, si nous ne nous faisons pas illusion,
cette monographie d'une cité du moyen âge pré
sente le plus vif intérêt (1).

Sienne, l'antique Sena Julia, tire son origine
d'une colonie romaine établie au pays des Etrus-
ques. Elle reçut la foi chrétienne vers l'an 290 après
Jésus-Christ du martyr saint Ansan ; son premier
évêque, nommé Luciférius, lui fut envoyé par
Jean Ier, pape et martyr, qui en était originaire.

Quand Charlemagne traversa la Toscane lors
de son couronnement par saint Léon III, il fit
étape à Sienne ; charmé de l'accueil hospitalier
de ses habitants, il lui accorda les plus amples
privilèges de ville libre. Bien plus, on tient que
quelques-uns de ses barons s'y fixèrent, et devinrent la souche de plusieurs familles nobles,
auxquelles, par reconnaissance envers le grand
Empereur, les Siennois confièrent le gouvernement de leur cité.

Vers cette même époque, fut érigé à Sienne le
célèbre hôpital de Sainte-Marie de la Scala, dont
nous aurons à nous occuper dans notre histoire ;
la dévotion à Marie y était déjà florissante, et
commençait à former un des traits caractéristiques de sa physionomie.

---

(1) Tous les faits que nous citons sont tirés soit d'un livre
intitulé : *Memorie della Città di Siena (da A. O. S.)*, qui
résume l'ouvrage plus étendu de Malavolti ; soit des notes
manuscrites communiquées par l'obligeance des PP. Olivétains d'Italie.

Favorisée par les empereurs d'Allemagne, Sienne adhéra tout d'abord au parti gibelin; mais son illustre concitoyen, le pape Alexandre III, de la famille Bandinelli, la rattacha à la ligue guelfe de Toscane. Cette ligue fut jurée par les représentants de presque toutes les villes de cette contrée, au bourg de San-Genesio, en l'église de saint Christophe, par devant deux cardinaux. Elle était créée, disait-on, pour assurer la liberté commune et la sécurité mutuelle contre l'empereur ou tout autre prince, *pro communi libertate et securitate tuenda adversus imperatorem et quoscumque principes.*

Cependant les attaches que Sienne conservait vis-à-vis des empereurs la ramenèrent dans leur orbite. En face de la ligue guelfe qui comprenait Florence, Lucques, Orviéto et Pérouse, il se forma une ligue gibeline qui réunissait Sienne, Pise, Arezzo et Pistoie. La Toscane était divisée en deux camps : d'une part Florence, de l'autre Sienne. La lutte ne tarda pas à s'engager.

A la mort de Frédéric II, Sienne tenait presque seule pour Manfred. Alors Florence tenta un suprême effort pour abattre sa rivale. Elle dirigea vers ses murs une armée, grossie des contingents de presque toutes les villes de Toscane. La situation était critique. Peu garnie de troupes, Sienne reçut une sommation d'avoir à abattre ses murs pour livrer un passage triomphal aux bannières florentines. Cette insolente provocation éveilla dans le cœur de ses habitants l'énergie du désespoir. Mais en même temps, la piété de Sienne se révéla par un acte mémorable et bien touchant ; les magistrats firent vœu à la Sainte Vierge, si elle leur accordait la victoire, de donner à la cité le nom de *Cité de la Vierge*. Sous cette sauvegarde, la petite armée siennoise sortit des murs, et offrit la bataille à l'ennemi. Elle se donna sur les bords du fleuve Arbia, près de la colline de Montaperti. Elle se termina par la déroute complète de l'armée florentine, à ce point, dit un historien, que le nombre des prisonniers surpassa l'effectif des troupes victorieuses. Florence fut attérée par cette défaite, qui suivant Dante *colora en rouge les eaux de l'Arbia ;* les principales familles guelfes quittèrent précipitamment ses murs, où l'armée siennoise pénétra sans coup férir.

Il restait à s'acquitter du vœu fait à la Sainte Vierge ; Sienne n'y manqua pas. A la place du château à trois tours qui formait le sceau de la ville, on y grava la douce image de Marie, avec ces mots en exergue : *Sena vetus, civitas Virginis.* Des processions solennelles d'actions de grâces eurent lieu trois jours durant. Les magistrats réglèrent que chaque habitant, ayant quinze ans accomplis, offrirait à l'église métropolitaine, la veille de l'Assomption, une livre de cire travaillée. Enfin on institua, le quatre septembre, jour anniversaire du fait d'armes de l'Arbia, une grande fête religieuse et populaire, qui subsistait encore il y a un demi-siècle.

Nous avons insisté sur cet événement, parce qu'il fut le point de départ des grandeurs de Sienne, et que dans cette noble cité nous ne voulons plus voir désormais que la Cité de la Vierge.

A cette époque, Sienne comptait environ 18.000 familles. « Elle était si opulente, dit l'historien Léo, qu'en 1245 elle put commencer la construction de son magnifique dôme, le plus harmonieux et . le plus bel édifice que l'architecture gothique ait jamais élevé. »

Elle était partagée en trois régions ou terzi, qui portaient les noms de Castel-Vecchio, San-Martino et Camollia. Un biographe du bienheureux Bernard (1) la décrit comme il suit :

« Elevée sur une fertile montagne, ou plutôt sur une très agréable colline, elle était entourée de tous les enchantements de la nature. Célèbre par son université pourvue de toutes ses branches, resplendissante de la beauté de ses églises, remarquable par la pompe de ses palais et la hauteur de ses tours, elle ne le cédait à aucune ville de la Toscane pour l'antiquité de son nom et pour l'éclat de ses hauts faits. Son peuple était poli et cultivé, patient au travail, avide de science, magnifique dans l'hospitalité, cité pour la vivacité de son génie naturel, pour la douceur de sa prononciation et la pureté de son langage. »
Un autre auteur (2) nous dit que les murs décri-

(1) Carpentiéri. *Vita B. Bernardi.*
(2) Opus manuscriptum mon. Septimnianensis.

vaient un pourtour de cinq milles, soit sept kilo-
mètres, qu'ils étaient entourés de ,fossés très
profonds; l'accès de la ville était défendu par
des portes de bronze, et l'une d'elles, à savoir la
porte de Camollia, y introduisait des eaux abondantes.

Ce tableau, tracé par un excellent écrivain du
XVIIᵉ siècle, nous donnera quelque idée de la
Sienne du moyen âge; mais ce qu'il est impossible
de décrire, c'est la fermentation de la vie politique et municipale dans cette petite république,
son mouvement commercial, industriel et artistique, l'émulation du savoir qui s'y développait
de jour en jour, et par-dessus tout la puissance
de la foi religieuse qui dominait et réglait toutes
ces formes multiples de l'activité humaine.

Vers le milieu du XIIIᵉ siècle, Sienne se laissa
entraîner par le courant démocratique qui se
produisait de toutes parts en Toscane. Après
avoir en 1253 partagé le pouvoir entre la noblesse
et le peuple, en 1265 elle chassa les nobles comme
fauteurs de troubles ; et, après plusieurs modifications apportées dans son régime municipal,
elle finit par nommer le fameux conseil des Neuf,
qui la gouverna durant soixante-dix ans, de
1285 à 1355.

Les Neuf, ayant le titre de seigneurs et formant
la seigneurie de Sienne, devaient être, d'après le
statut de la ville, choisis *parmi les bons et féaux
marchands appartenant au parti guelfe ;* ils res-
taient *deux mois* en charge, et logeaient au palais

communal où ils étaient hébergés aux frais de l'Etat. Ce gouvernement d'une forme si étrange fut le meilleur qu'eut jamais la cité ; il rendit la ville extrêmement prospère, y fit fleurir le commerce et les arts, la dota de beaux édifices ; il montra un esprit de suite, qui lui procura toute la stabilité et toute la paix que comportait la condition des temps et des choses ; enfin il lui imprima une direction politique très accentuée dans le sens guelfe. Désormais Sienne devint l'alliée de Florence ; et les deux rivales, unies sous les auspices de la religion, tinrent facilement en respect, malgré les succès éphémères des Uguccione et des Tarlati, les cités gibelines de Pise et d'Arezzo.

Durant cette période, Sienne doubla presque de population. En 1327, elle comptait trente-quatre mille familles, soit au moins cent cinquante mille âmes. Cet accroissement dénote une prospérité inouïe.

Et néanmoins un observateur attentif eût dès lors démêlé, sous des dehors si éclatants, les signes précurseurs de la décadence.

En ce moment les nobles étaient rentrés ; ils subissaient, quoiqu'en frémissant, l'autorité des marchands de Sienne ; ils avaient d'ailleurs accès aux emplois dans la milice. Mais ils vivaient séparés de la municipalité proprement dite, *cittadinanza*, et formaient une corporation que l'on appelait l'ordre ou *le mont* des nobles. C'était là une situation précaire qui alimentait les soupçons et envenimait les inimitiés. Bientôt de nouvelles mesures furent prises contre eux ; jour et nuit une milice de douze cents hommes était sur pied, prête à leur courir sus, et à s'interposer dans leurs disputes ; la nuit, d'énormes chaînes étaient tendues au travers des rues principales, afin de les empêcher de se réunir et de chevaucher par la ville. Enfin, en 1310, les nobles furent exclus de l'armée. Bien plus, un assez grand nombre de familles, non comprises dans la noblesse, mais devenues puissantes par leurs alliances ou leurs richesses, se trouvèrent frappées des mêmes interdictions. Restait la ressource de renoncer à la noblesse et de se faire inscrire dans un corps de métier ; mais, par un décret du 26 mai 1310, cette ressource fut enlevée à quatre-vingt-dix familles nobles des plus considérables. On avouera qu'il était difficile de pousser plus loin les défiances d'une démocratie soupçonneuse.

Nous n'avons pas à juger ces procédés de gouvernement. Il paraît avéré que la noblesse d'alors était fort batailleuse, et que maintes fois elle remplissait la ville du bruit de ses querelles sanglantes. Mais, au lieu de la pousser à bout par des exclusions absolues et générales, n'eût-il pas été plus sage et plus politique de faire servir au bien de l'État, par des transactions équitables, l'influence héréditaire dont il était impossible de la dépouiller ? Les défiances dont ils étaient l'objet jetaient les nobles dans le parti gibelin ; ils ne voyaient que les empereurs pour les relever de leur déchéance ; ou bien ils cherchaient à exciter des séditions.

Et puis une exclusion en amenait une autre. Les Neuf, appartenant à la classe des marchands, succombèrent en 1355 sous une conjuration formée entre les nobles et le menu peuple, avec l'agrément de l'empereur Charles IV. Seulement, au lieu de revenir à la noblesse, le pouvoir tomba dans les classes populaires inférieures (1). Bref, sur la fin du xiv⁰ siècle, la malheureuse ville, déjà bien déchue, s'entre-déchirait elle-même par les factions dont elle était remplie, et qui amenèrent sa soumission forcée sous le joug doré des Médicis.

Au moment de perdre son indépendance, Sienne se retrouva dans son antique héroïsme. Elle ne put être réduite que par les armées de Charles-Quint. Sur les remparts, à côté de tous ses valeureux guerriers, à côté d'une poignée de Français sous les ordres du brave Montluc, on voyait, le casque en tête, une troupe de dames siennoises commandées par Laure Piccolomini. Sienne en tombant mérita l'admiration de ses vainqueurs et de la postérité.

Ecoutons un instant un de ses enfants (2) célébrer, sur un mode noble et pathétique, les anciennes grandeurs de sa patrie bien-aimée :

(1) A la suite de cette échauffourée de 1355, la ville fut gouvernée par un conseil de douze hommes du peuple nommés les Réformateurs, auxquels on adjoignit un collège de douze nobles. (Léo. *Storia d'It.*) Mais bientôt les nobles furent chassés du pouvoir, et même de la ville.

(2) Canale, cité par les *Memorie della città di Siena*,

« Sienne est une de ces cités fantastiques du moyen âge qui vous épouvantent par leurs écarts en vous émerveillant par leurs vertus ; qui vous montrent tout ce dont est capable la nature italienne, éminemment bouillante et enthousiaste. Perpétuellement en lutte avec des factions intestines qui lui déchirent le sein, elle ne laisse pas d'être grande, populeuse, florissante par le commerce et les arts, par les lettres et les sciences ; tantôt guelfe, tantôt gibeline, elle ne cesse pas de guerroyer, toujours amoureuse de ses libertés ; elle partage avec Florence l'hégémonie de la Toscane ; un moment près d'être terrassée, elle se relève avec un surcroît de force et d'audace, et d'un seul coup abat tous ses ennemis ; plus heureuse que Pise, elle maintient plus longtemps le régime turbulent de son antique indépendance, jusqu'au jour fatal où Côme Ier de Médicis, ayant absorbé toute la Toscane, vint à bout de forcer ses murs grâce aux armes espagnoles. »

« Si parfois Sienne, ville libre, a pu mériter quelque reproche de l'histoire, sa chute sublime éveille dans l'âme une compassion profonde, et attendrit le cœur aux accents de suprême douleur de ses enfants magnanimes. Belle cité ! Ton soleil d'aujourd'hui n'est plus que le crépuscule de l'astre éblouissant qui réchauffait puissamment tes grands citoyens du XIIIe, XIVe, XVe siècle ; oui, tu fus un de ces joyaux éclatants, qui rayonnaient à la couronne de l'Italie !

« Ah ! sois bénie pour l'angélique beauté de tes

femmes, pour le mâle courage de tes citoyens, pour la splendeur de tes édifices, pour tous ces charmes qui font de toi le paradis de l'Italie. Je t'aime comme la citée sacrée pour mon cœur et pour mon esprit, moi qui ai feuilleté tes annales et vu revivre sous mes yeux tes anciennes gloires ; je t'aime, et je ne déplore qu'une chose en toi, la division de tes enfants. Anges par le langage, par la physionomie, par l'intelligence, pourquoi donc, ô Siennois, n'avez-vous pas su l'être également par la concorde ? »

IV

Mais revenons un peu en arrière. **Et après** avoir considéré Sienne au point de vue politique et civil, étudions-la au point de vue religieux. Nous verrons se révéler, dans toute sa beauté, la Cité de la Vierge.

Le 16 avril 1220, il y avait grande émotion à Sienne au palais Sansédoni. Dieu venait de donner un rejeton à cette noble famille qui s'était illustrée dans les croisades. Malheureusement la joie de cette naissance se changea vite en une amère et inconsolable douleur. L'enfant venait au monde horriblement contrefait ; ses bras étaient collés à ses flancs, et il y avait dans son visage je ne sais quoi de sombre et d'inachevé. Il est vrai, un pèlerin inconnu, passant à quelque temps de là auprès du pauvre petit être, dont on tenait la figure cachée sous un voile, lui avait prédit de hautes destinées. Mais cela ressemblait à une dérision, et les parents ne s'habituaient pas à leur épreuve.

La nourrice de l'enfant le portait souvent dans l'église de Sainte-Marie-Madeleine des frères-prêcheurs. Or, un jour qu'elle priait dévotement devant le tabernacle, l'enfant se mit à s'agiter ; sa langue se délia, et il prononça par trois fois à haute voix le saint nom de Jésus ; puis, ainsi que la chrysalide se change en papillon, sa taille se redressa, ses bras devinrent libres, une angélique beauté se peignit sur ses traits ; il parut tout transfiguré.

Cet enfant du miracle devint le bienheureux Ambroise Sansédoni ; il entra dans l'ordre de saint Dominique, dont il fut l'un des plus beaux ornements ; il s'acquitta de légations importantes, il prêcha avec un fruit merveilleux en plusieurs contrées de l'Europe ; mais surtout il renouvela la face de Sienne sa patrie.

C'est en effet principalement à Sienne que s'écoula l'existence du bienheureux Ambroise. Aux dons surnaturels qui éclataient en lui, s'ajouta l'autorité des services rendus à son pays natal ; car, par deux fois différentes, il le fit relever de l'interdit porté contre lui par les papes Clément IV et Grégoire X (1). On s'explique ainsi

(1) Pour avoir adhéré au parti de Conradin. Le bienheureux Ambroise obtint pour Conradin lui-même l'indulgence de Clément IV. D'où vient qu'on l'accusa d'être gibelin.

mieux encore l'influence prodigieuse que l'homme de Dieu exerça sur Sienne, et dont nous déroulerons les merveilleux effets d'après sa vie insérée dans le recueil des Bollandistes.

« Bien que les fruits des bons travaux d'un prédicateur, y est-il dit, ne soient connus que de Dieu seul qui les fait naître, nous pouvons apprécier par des résultats sensibles l'efficacité des prédications du bienheureux Ambroise. Dans la cité de Sienne, où il demeurait le plus souvent, se produisirent à sa parole de magnifiques ébranlements venant manifestement de l'Esprit de Dieu : et l'on vit s'y établir plusieurs confréries de bons chrétiens, voire même purement laïques.

« Les unes ont pour objet le chant des louanges divines, que l'on entend psalmodier en plusieurs églises de divers ordres religieux, et notamment en celle des frères-prêcheurs, jusque par des enfants qui se réunissent à cet effet avec une dévotion surprenante ; et cette belle institution est passée de Sienne en différentes villes et contrées. Celles-là se réunissent pour pratiquer l'aumône, que les confrères vont quêter avec une charité admirable, puis distribuent aux pauvres. On voit les autres passer processionnellement par les rues de la ville ; les confrères, le visage voilé, se flagellent publiquement, et parmi eux on compte des hommes de grand nom et des pécheurs autrefois connus par leurs désordres. Toutes ces confréries, et bien d'autres encore, se choisissent un directeur, et s'assemblent à jour fixe, pour délibérer ensemble, et pour donner à leurs membres les avis, les admonitions, les corrections. A l'exception donc des usuriers obstinés qui ne veulent pas se convertir, presque tout le monde s'adonne à la pénitence, et beaucoup s'élèvent à la plus haute dévotion. Tous ces beaux résultats sont dus soit à l'initiative, soit aux encouragements de ce grand serviteur de Dieu.

« A ce grand mouvement de dévotion, qui fut soutenu, d'après son plan et ses instructions, par plusieurs de ses disciples, lesquels lui succédèrent avec éclat dans la grâce de la prédication, se rattache aussi l'établissement de plusieurs congrégations de femmes. Les unes prennent l'habit de divers ordres, et rendent obéissance aux religieux de ces ordres d'après des constitutions pleines de piété et de discrétion. Les autres, composées principalement de femmes mariées, s'élancent sur les traces des premières ; les sœurs y sont assujetties à de judicieux règlements, qui ne préjudicient en rien aux devoirs de leur état, elles renoncent dans la mesure du possible à toute la pompe du siècle pour prendre des habillements conformes à la modestie chrétienne. Plusieurs de ces congrégations enfin se consacrent, en divers établissements pies de la ville, au soin des femmes indigentes et malades. Tout cet ensemble fait assez ressortir combien le fruit des prédications du Bienheureux fut glorieux, magnifique et sublime.

« Ses paroles avaient une telle vertu, que plusieurs, tandis qu'il prêchait, étaient ravis en extase, et dans l'élan de leur ferveur poussaient de grands cris. D'où il advint qu'un certain personnage d'une sainteté notoire évitait, par une pudeur peut-être excessive, de se trouver aux sermons du Bienheureux, afin de ne pas livrer au public le secret de ses propres ravissements. »

Les Bollandistes conjecturent que le personnage en question était soit le bienheureux André Gallerani, soit le bienheureux Pierre Pettinaio, tous deux contemporains du saint prédicateur, et tous deux élevés comme lui sur les autels. Le premier, d'une famille noble, autrefois valeureux capitaine, fonda à Sienne la confrérie de la Miséricorde, et des miracles en grand nombre se firent à son tombeau. Le second, marié et simple artisan comme son surnom l'indique (*pettinaio* veut dire cardeur de laine), appartenait au tiers-ordre de saint François ; c'était un contemplatif, que Dieu favorisait de grandes lumières (1). Quand on offrit au bienheureux Ambroise l'évêché de Sienne (ce fut à la mort de l'évêque Bernard, massacré à l'autel par les Gaza du parti guelfe), il alla consulter l'humble Pettinaio, et c'est sur les conseils de l'artisan qu'il refusa la prélature.

(1) La réputation de sainteté de Pierre Pettinaio était telle, que Dante fait parler ainsi une âme du Purgatoire : « Je fis la paix avec Dieu à l'extrémité de ma vie, mais ma dette ne serait pas encore payée par la pénitence, si ne m'avait eu en mémoire Pierre Pettinaio dans ses saintes prières... »

Purg., chant XIII.

D'autres Bienheureux encore, dont la fête est insérée au Propre de Sienne, y vivaient à la même époque : et qui pourrait s'en étonner, après le tableau si admirable de la cité tel que nous l'avons contemplé ? Ils appartenaient à divers ordres religieux. Tels furent le bienheureux Franco de Grotti, de l'ordre de Notre-Dame du Mont-Carmel, d'une si austère et effrayante pénitence ; le bienheureux Antoine de Monticiano, nommé aussi Patrizi, des ermites de saint Augustin, dont la tombe se couvrit de lis et exhala des parfums célestes ; le bienheureux Joachim Piccolomini, des servites de la bienheureuse Vierge, qui mourut, consumé par une maladie affreuse, un vendredi saint, au moment même où l'on chantait au chœur *et inclinato capite* ; le bienheureux François Patrizi, du même ordre, grand prédicateur, dont le corps fut retrouvé intact avec un lis qui lui sortait de la bouche. Ce dernier, ainsi que le bienheureux Franco, quitta le monde touché d'une prédication du bienheureux Ambroise (1).

Que penser d'une ville en laquelle fleurissaient ensemble tant de saints ? Quelle atmosphère résultait de toutes ces vies héroïques, mêlées et confondues ensemble ! Ne peut-on pas dire

(1) Ces faits sont extraits des légendes de l'office de ces Bienheureux au Propre de Sienne. Le B. Franco est honoré le 12 décembre ; le B. Pierre Pettinaio le 5 mars ; le B. Ambroise Sansédoni, le 20 mars ; le B. Antoine Patrizi le 23 mars ; le B. Joachim Piccolomini, le 16 avril ; le B. François Patrizi, le 8 juin ; le B. André Gallerani, le 20 juin.

qu'il y avait alors à Sienne une contagion de sainteté ?

Si nous voulions énumérer tous les personnages morts dans son sein, vers la même époque, avec réputation de miracles ou de dons surnaturels, notre liste s'allongerait démesurément. Toutefois nous ne pouvons omettre deux noms, qui figurent tant dans la Vie des saints de Toscane de Dom Silvano Razzi, qu'au catalogue des bienheureux de l'ordre de saint Dominique : ce sont ceux de la vénérable servante de Dieu Néra Toloméi, et du vénérable serviteur de Dieu Jean-Baptiste Toloméi.

Néra Toloméi nous apparaît comme la confidente du bienheureux Ambroise ; quand il prêche, elle voit une colombe à son oreille, ou sur sa tête une roue enflammée ; elle entre en extase avec lui durant la nuit de Noël ; quand il meurt, elle le voit prendre place dans les rangs des Apôtres ; enfin c'est lui qui, un an après sa mort, vient l'appeler au ciel, le 25 décembre 1288. Jean-Baptiste Toloméi est le fruit spirituel des prières de la pieuse Néra, et des prédications du Bienheureux ; retiré par eux d'une vie licencieuse, il prend la tunique de frère-prêcheur, et parvient à une telle perfection qu'on raconte de lui la résurrection merveilleuse d'une de ses parentes, Angela Toloméi, morte elle-même en odeur de sainteté ; ayant été appelé à Avignon par le pape Jean XXII, il y passe à une vie meilleure l'an 1320.

En vérité, quand on parcourt les annales religieuses de Sienne au XIIIe siècle, on se demande si jamais ville s'est couronnée d'une plus belle constellation de saints. Au milieu d'eux, vers le déclin du siècle, se lève une nouvelle étoile, et des plus brillantes, c'est le bienheureux Bernard Toloméi dont nous écrivons la vie. Il venait de quitter ce monde, quand le bienheureux Jean Colombini jeta ses premiers rayons (1); puis parurent successivement à l'horizon les deux astres qui achevèrent de donner à Sienne son immortel éclat, sainte Catherine et saint Bernardin (2).

Quant au bienheureux Ambroise, qui avait donné le branle à tout ce grand mouvement de foi et de piété, il mourut le 12 mars 1287. Sa mort fut digne de sa vie. Il tomba comme le guerrier sur le champ de bataille. Un jour, en prêchant, il se rompit une veine; il ne voulut pas pour cela renoncer à la chaire; tandis qu'il tonnait avec force contre l'usure, la plaie se rouvrit, et d'abondants vomissements de sang le menèrent au tombeau. Il s'y fit de tels miracles que (3), d'après les chroniques du temps,

(1) Né dans les premières années du XIVe siècle, il se convertit en l'an 1355.

(2) Sainte Catherine de Sienne naquit l'an 1347, un an avant la mort du bienheureux Bernard Toloméi. Elle mourut en 1380, année qui vit naître saint Bernardin. Cette succession strictement chronologique est très remarquable.

(3) A propos de ces miracles, nous citerons un trait qui montre le caractère bouillant de la population siennoise. Chaque fois qu'il se faisait un miracle au tombeau du bienheureux Ambroise, inhumé dans *l'église de son couvent, le*

son culte n'était pas moins célèbre à **Sienne** que celui de saint Dominique à Bologne.

Après sa mort, il est croyable que le peuple perdit peu à peu quelque chose de sa ferveur, qui rappelait si bien les temps de la primitive Église. Nous voyons que de son vivant il ne put réussir à exterminer l'usure. Au xiv° siècle, l'histoire de Sienne mentionne une recrudescence de divisions sanglantes, notamment entre les puis- antes familles des Toloméi et des Salimbéni. Malgré ces misères inhérentes à la condition des temps, Sienne, préservée des factions dites des *blancs* et des *noirs*, jouit, dans la première moitié du xive siècle, d'un calme relatif parmi les villes de la Toscane ; elle demeurait toujours la Cité de la Vierge.

V

Qu'il nous soit permis, en terminant cette introduction, de nous arrêter encore à cette appellation si touchante.

Tous les saints, que nous avons énumérés

peuple sonnait les cloches en réjouissance. Ennuyé de ces sonneries perpétuelles, le prieur du couvent fit fermer les portes du clocher : le peuple brisa les serrures. Le prieur fit retirer les cordes en haut du clocher : le peuple y monta par escalade. Le prieur fit enlever le battant des cloches, et la victoire lui resta ; mais il eut un remords et rendit au peuple cloches et cordes qui servirent de plus belle à la gloire du Bienheureux.

plus haut, ont entre eux un air de famille ; et c'est une dévotion spéciale à la Très Sainte Vierge. Les Bollandistes ont parfaitement noté ce trait, voici leurs propres paroles : « Sienne l'antique, la Cité de la Vierge, *Sena vetus, Civitas Virginis* (c'était là le titre dont elle se glorifiait par-dessus toutes les villes de la Toscane), a donné au monde, dans la personne de tous les saints qu'elle a produits, et elle en a produit un grand nombre, autant de maîtres de la dévotion la plus insigne envers la très sainte Mère de Dieu (1). » Rien n'est mieux fondé que cette observation.

Dès ses plus tendres années, le bienheureux Ambroise donne des signes non équivoques de son amour envers Marie ; à sept ans, il dit régulièrement son petit office. Elle apparaît au bienheureux André Gallerani et lui annonce l'heure de sa mort. Elle fait de même vis-à-vis du bienheureux Joachim Piccolomini. Après le décès du bienheureux François Patrizi, il sort un lis de sa bouche, et sur chacune des feuilles est inscrit un *Ave Maria*. Toute l'existence du bienheureux Bernard Toloméi n'est qu'un tissu des faveurs de l'auguste Vierge. Arrivons au bienheureux Jean Colombini, à sainte Catherine, à saint Bernardin : comment dire les effusions de leur âme si ardente aux pieds de Marie ? La salutation angélique ne quitte point les lèvres de Catherine petite enfant ;

(1) *Acta SS*. Maii, tom. III, p. 652.

et jamais sainte participa-t-elle plus magnifiquement à la maternité de Marie sur l'Eglise et
les âmes? Quant à saint Bernardin, on peut le
caractériser d'un mot, c'est le chevalier de la
Sainte Vierge.

Qui n'a lu avec ravissement la belle anecdote
de sa jeunesse qu'on nous pardonnera de rappeler ici? Privé de ses parents dès son bas âge,
il grandissait sous la tutelle d'une très pieuse
dame, nommée Tobia Toloméi, qu'il regardait
comme sa mère. Or parfois il lui disait : Je suis
épris d'amour, et je mourrais le jour où je ne
verrais pas ma bien-aimée qui est plus belle et
plus noble sans comparaison que toutes les filles
de la ville. Tobia, tout en connaissant la vertu
de Bernardin, finit par s'inquiéter de ces paroles
étranges, d'autant plus qu'effectivement le jeune
homme ne passait point de jour sans diriger ses
pas du côté de la porte de Camollia qui mène à
Florence. N'y tenant plus, un certain jour, elle
se mit à le suivre de loin et à le surveiller.
Quelles ne furent pas sa surprise et sa joie quand
elle le vit s'agenouiller dévotement devant une
image de la Très Sainte Vierge qui était représentée au-dessus de la porte, entourée d'anges,
dans le mystère de son Assomption ; et là, devant
la foule qui passait, lui offrir avec un recueillement admirable les plus ferventes prières ! Pleinement rassurée, elle revint au logis, sans que
Bernardin l'eût aperçue. Alors elle le questionna :
Fils bien-aimé, dit-elle, ne me tiens pas plus

longtemps en suspens, dis-moi de quelle fille tu es épris, et si cela se peut nous te la donnerons pour épouse. Bernardin répondit avec un sourire : Mère chérie, je vous dirai le secret de mon cœur, je ne suis épris de nulle autre que de la bienheureuse Vierge, c'est elle que j'ai choisie pour mon épouse, c'est en elle que j'ai placé toute mon espérance.

Cette anecdote nous peint au vif la piété de la ville de Sienne, et en général de nos âges de foi, envers la Sainte Vierge ; piété si ardente, si poétique, si admirablement confiante et naïve, tout à la fois enfantine et chevaleresque. Comment s'étonner après cela que la cité et la contrée siennoise aient été choisies pour être le berceau d'une congrégation toute consacrée au culte de la sainte Mère de Dieu ! Elle a surgi du sol comme un produit en quelque sorte naturel ; et son fondateur, le bienheureux Bernard, offre dans sa vie comme une résultante de tous les élans d'amour de sa génération et de sa patrie au pied du trône de la Reine du ciel.

Protégée contre les influences délétères du protestantisme et du jansénisme, la dévotion à la Sainte Vierge n'a pas perdu en Italie son caractère de simplicité filiale et d'entier abandon. Que de fois, dans les églises, le regard est captivé par quelqu'une de ces madones suaves et souriantes, où il semble que la main des anges soit venue en aide au pinceau de l'artiste, comme il est arrivé pour la Vierge de l'Annunziata de

Florence! Et en même temps l'oreille est charmée par des prières, où la voix du peuple chrétien appelle Marie la *cara mamma*.

Ah! puisse renaître partout cette dévotion filiale envers Marie, qui est une des plus belles efflorescences de la foi du chrétien! Ne peut-on pas dire de la Sainte Vierge que beaucoup la prient, mais que peu la connaissent, parce que peu la prient avec cette foi de nos pères qui leur découvrait telle qu'elle est, cette Mère de miséricorde, cette Mère du céleste amour et de la sainte espérance? Si Marie était connue par cette douce expérience de ses bontés qu'amène avec soi un amour tout filial; si elle était connue, aimée, chantée, honorée comme autrefois, les démons déchaînés rentreraient dans l'abîme, et les fleurs du paradis reparaîtraient sur une terre qui s'est desséchée parce que la rosée du ciel n'y tombe plus.

En publiant la Vie du bienheureux Bernard Toloméi, nous voudrions faire entrevoir quelque chose de la divine bonté du cœur de la Très Sainte Vierge, et contribuer ainsi pour notre humble part à son exaltation dans les âmes chrétiennes.

Nous parlions plus haut de l'impression de paix que répandit autour d'elle la solitude bénie de Mont-Olivet, alors que Dieu la fit fleurir comme un lis au milieu d'une époque inquiète et turbulente. Si les pages qui suivent s'en vont porter à quelques âmes le sentiment ineffable de cette paix divine, découlant du Cœur immaculé de la plus aimante des mères, nous bénirons Dieu de les avoir écrites, et nous le remercierons du fond de notre cœur d'avoir accordé à notre petit travail la seule récompense que nous puissions ambitionner!

5 août 1887, fête de Notre-Dame des Neiges.

VIE

DU

BIENHEUREUX BERNARD TOLOMÉI

PREMIÈRE PARTIE

LE BIENHEUREUX BERNARD DANS LE MONDE

CHAPITRE PREMIER

Naissance du B. Bernard.

La maison des Toloméi. — Mino Toloméi et Fulvia Tancrédi. — Songe de Fulvia. — Naissance et baptême du Bienheureux. — Sa sœur Tora. — Ses frères Nello et Pietro.

L'histoire nous offre des familles qui, par une glorieuse prérogative, résument en elles tous les hauts faits d'une ville ou tous les caractères d'une époque. On dirait que, plus profondément enracinées que les autres dans le sol natal, elles boivent le meilleur de sa sève généreuse, tant elles expriment parfaitement toutes ses qualités et ses vertus par une incessante germination d'hommes remarquables et de grands citoyens.

C'est ainsi que la Sienne du XIIIe siècle, avec sa physionomie tout ensemble guerrière et religieuse, avec l'exubérance de sa vie communale, avec tout ce mouvement d'idées et de passions qui s'est traduit par tant d'œuvres impérissables, tant de fondations pieuses, tant d'entreprises hardies ou téméraires : c'est ainsi que cette cité vaillante et savante à la fois se retrouve tout entière, avec ses différents aspects, dans l'ancienne et puissante famille des Toloméi (1), de laquelle sortit vers la fin du siècle le bienheureux Bernard.

Il est impossible, en effet, de feuilleter les annales de la ville de Sienne, sans voir jaillir à toutes les pages le nom d'un Toloméi. Tantôt c'est un guerrier, mêlé à de tragiques épisodes : tantôt c'est une âme sainte, qui passe sur la terre en laissant après elle un sillon lumineux et un suave parfum (2) ; tantôt un savant, un littérateur, un célèbre professeur qui attire autour de sa chaire de nombreux écoliers (3). Car à l'illustration des armes la famille Toloméi

(1) En latin *Ptolomœus*. De là vient que le Bienheureux est souvent appelé Bernard Ptolomée ou Ptolémée. Nous avons préféré prendre le nom italien.

(2) Dans la liste des personnages de la ville de Sienne, célèbres par leur sainteté, figurent une vingtaine de membres de la famille Toloméi. Plus de moitié appartiennent à l'ordre de saint Dominique.

(3) Notamment, Celse Toloméi, fondateur du collège Toloméi à Sienne ; Pierre Toloméi, secrétaire de Pie II ; François Toloméi, lecteur en droit, fort illustre à Rome ; Germanicus Toloméi, poëte et jurisconsulte, etc.

joignit l'autorité du savoir ; et c'est même, pourrait-on dire, sous ce dernier point de vue, qu'elle se présente aujourd'hui à la postérité (1).

Quelques auteurs font remonter l'origine de la famille Toloméi aux Ptolémées d'Egypte (2). Nous ignorons si une tradition quelconque aurait donné lieu à cette assertion, qui ne paraît fondée que sur la ressemblance du nom. L'illustre auteur de la *Jérusalem délivrée*, qui a consacré à notre bienheureux Bernard et à Mont-Olivet un poème trop peu connu, fait écho à cette légende dans les beaux vers qui suivent :

« Son antique race, non moins que sa ville natale jouit d'une haute renommée parmi les Toscans magnanimes. L'une est assise sur des collines bien exposées au soleil, non loin de l'Arbia qui court vers le rivage de la mer ; l'autre, amie de la paix et de la liberté, rehausse la réputation du beau nid d'où elle sort ; elle aime la patrie, elle aime la justice, plus que les Ptolémées d'Egypte n'ont aimé l'empire (3). »

Laissant de côté cette origine plus ou moins fabuleuse, et qui n'ajoute rien d'essentiel à la renommée des Toloméi, contentons-nous de dire que cette famille paraît déjà avec éclat, alors que Sienne est encore dans l'ombre de ses premiers développements. Sous le pontificat de saint Grégoire II (715-731), l'histoire mentionne un Baldestricco Toloméi comme un sei-

(1) Le collège Toloméi subsiste toujours à Sienne. Nous avons lu récemment qu'on l'avait transformé en école militaire.

(2) Carpentiéri. *Vita B. Bernardi.*

(3) Torquato Tasso. *L'Oliveto*, VIII.

gneur de haute marque (1). C'est lui que l'on peut donner comme la tige historique de la maison qui porte son nom.

Elle grandit à mesure que la ville grandit elle-même, et occupa un rang considérable parmi la noblesse. Celle-ci était loin de présenter une surface uniforme ; elle avait ses distinctions et ses degrés. Au premier rang figuraient les nobles qui, pour récompense des services rendus, avaient acquis le droit de bâtir une tour sur leur palais : ce privilège était concédé entre autres aux Gallérani, et aux San-sédoni, comme on le voit par les vies des bienheureux André et Ambroise (2), et sans doute aussi aux Toloméi, bien que nous n'ayons pas d'indications pré-cises à ce sujet. Ces trois familles avaient rang parmi les grands de Sienne, *i grandi di Siena*. Bien plus, en ce qui regarde la maison des Toloméi, elle était, au dire de l'historien Léo, l'une des cinq qui tenaient la tête de la noblesse ; les quatre autres étaient les Salimbéni, les Malavolti, les Piccolomini et les Saracini (3).

Ainsi que nous l'avons expliqué dans notre intro-duction, vers le milieu du XIIIᵉ siècle, les nobles furent mis en suspicion par le peuple siennois à qui venait avec les richesses le goût des honneurs publics. En 1265, ils sont chassés de Sienne, malgré la résis-tance à main armée des Toloméi, Salimbéni, Picco-lomini et Accarigi. Ils s'allient alors aux guelfes,

(1) V. Anivitti. *I Romiti del monte Accona.*
(2) *Acta SS.* Martii, tom. III. — XIX et XX martii.
(3) Léo. *Storia d'Italia*, tom. I, p. 717.

pour faire pièce aux gibelins de leur ville natale, auteurs de leur expulsion ; mal leur en prend, car leurs demeures sont immédiatement saccagées par la populace irritée. Ayant réussi à s'emparer de Monte-Pulciano et d'autres châteaux, ils en font autant de forteresses menaçantes contre leurs concitoyens. Les choses en étaient là, quand, en l'an 1266, le pape Clément IV ménagea une réconciliation qui leur permit de rentrer dans leurs foyers.

Tous ne profitèrent pas de cette sorte d'amnistie ; car Sienne, malgré les objurgations du souverain pontife, demeurait toujours inébranlablement attachée au parti gibelin. En l'an 1268, à la bataille du Val d'Elsa gagnée sur les gibelins de Sienne par un lieutenant de Charles d'Anjou, ce serait un Toloméi expulsé qui aurait tué de sa main le célèbre Provenzano Salvani, chef de l'armée siennoise. Ceci donnerait à penser qu'à cette époque tous les Toloméi n'auraient pas été réintégrés dans leur patrie.

Le 15 août 1270, après l'extinction complète des Hohenstauffen, Sienne, restée seule gibeline, fut contrainte d'adhérer à la ligue guelfe de Toscane. Elle fit un pacte d'alliance avec le comte de Montfort, lieutenant de Charles d'Anjou. Ce vaillant guerrier lui confirma tous ses privilèges de ville libre, et obtint le retour de tous les bannis (1).

En dépit de cette alliance et de cette réconciliation, il faut croire que Sienne continua à se livrer à des agissements suspects dans le sens gibelin ; car le saint

(1) Pour ces divers événements, voir Léo, tom. I, p. 641 ; consulter aussi les *Memorie della città di Siena*.

pape Grégoire X, à peine installé sur le trône pontifical, la frappa d'un interdit qui fut levé seulement
le 13 juillet 1273, grâce aux sollicitations du bienheureux Ambroise Sansédoni. En ce moment il y eut,
par les soins énergiques du grand pontife, une pacification générale en Toscane. En Allemagne, après
les déchirements du grand interrègne, on venait
d'élire Rodolphe de Habsbourg. Il semble qu'une
ère plus paisible allait s'ouvrir pour la chrétienté.

Si nous précisons avec soin les événements et les
dates de cette époque, c'est qu'elle vit naître, dans la
vieille cité siennoise, du noble seigneur Mino (1)
Toloméi et de la noble dame Fulvia Tancrédi, le
héros de notre histoire, le saint fondateur de la congrégation bénédictine de Mont-Olivet, en un mot le
bienheureux Bernard Toloméi.

Nous ne savons rien en particulier du seigneur
Mino, son père, sinon qu'il était chevalier, chevalier
aux insignes d'or, *eques auratus* comme on disait
alors (2). Se signala-t-il par quelque action d'éclat ?
Prit-il part aux agitations de la noblesse dont nous
avons esquissé le tableau ? Fut-il réduit à quitter le
sol natal ? On peut le penser, bien que nous n'ayons
aucun document précis à ce sujet.

La famille Tancrédi, à laquelle appartenait l'épouse
du seigneur Mino, ne jouissait peut-être pas d'une
illustration aussi ancienne et aussi universellement

(1) Mino est un diminutif dont le sens nous échappe.
(2) La qualification *eques auratus* voulait dire que le chevalier avait droit de porter la chaîne d'or, les éperons d'or,
et même l'armure toute dorée.

reconnue que la maison des Toloméi. Toutefois elle était dès lors fort notable et justement considérée. Nous la voyons établie avec éclat dans plusieurs petites villes dans le voisinage de Sienne, comme, par exemple, à Campiglia, à Colle d'Elsa, à Massa-Marittima. A Sienne même, elle figure, en compagnie des Beccarini, des Colombini et autres, parmi les familles qui prirent part à la magistrature des Neuf ; mais cela ne prouverait pas qu'elle n'ait été anciennement comptée parmi la noblesse ; car alors plusieurs familles, incontestablement nobles, se firent inscrire dans la classe des marchands, afin de se ménager l'entrée aux affaires publiques et aux charges de l'Etat (1).

Peut-être Fulvia Tancrédi était-elle originaire de quelqu'une des villes citées plus haut ; et le seigneur Mino l'unit-il à sa destinée, tandis qu'il était exilé de sa patrie ! Cette hypothèse ne manque pas de vraisemblance. La mère de saint Bernardin, qui appartenait par son père à la noble famille des Albizeschi, était de Massa ; et lui-même naquit dans cette ville, tandis que son père y résidait comme gouverneur.

Quoi qu'il en soit de cette supposition, une gloire plus pure que toutes les illustrations de leurs ancêtres était réservée aux deux époux, celle de donner à

(1) La question de l'origine des Tancrédi, et de leurs états de noblesse, est magistralement traitée par D. Chérubino Besozzi, dans son ouvrage intitulé : *Riflessioni intorno alla vita del B. Bernardo Toloméi*. Voir les pièces justificatives à la fin du volume.

l'Eglise un enfant qu'elle élèverait sur les autels et qui porterait, par ce surcroît de gloire humaine attaché à la sainteté, le nom des Toloméi bien au delà des frontières de la Toscane, dans toute l'étendue de l'univers chrétien.

Seulement, comme il arrive souvent dans les desseins de Dieu, plus les grâces qu'il prépare sont signalées, plus il faut les acheter par d'humbles prières. Mariés depuis plusieurs années déjà, Mino Toloméi et Fulvia Tancrédi n'avaient pas encore d'enfants. Ils adressaient à l'auteur de tous les biens d'incessantes supplications, pour obtenir de lui une postérité ; et, tout remplis de ces sentiments de dévotion envers la Sainte Vierge qui formaient comme l'air ambiant de la ville de Sienne, ils recouraient à son tout-puissant patronage, afin de mieux fléchir la bonté divine. Ils promirent même à la Mère de Dieu et des hommes de consacrer à son service l'enfant qu'elle obtiendrait à leurs ardents désirs (1).

C'est alors que leurs vœux furent exaucés ; Fulvia sentit que le ciel l'avait regardée et bénie.

Toute remplie des élans de sa joie et de sa reconnaissance, la pieuse dame eut un songe analogue à celui qui inquiéta d'abord, puis qui réjouit les saintes mères de saint Dominique et de saint Bernard. Qui pourrait, pour le dire en passant, s'étonner outre mesure de ces manifestations divines ? La mère qui porte un enfant, qu'elle a longtemps et ardemment désiré, ne vit plus que pour lui, n'a plus de pensées

______

(1) *Acta SS*. Augusti, tom. IV, p. 475. Au sujet des historiens du Bienheureux, voir la note 1 à la fin du volume.

que pour lui. Que deviendra-t-il ? Quelle destinée lui réserve l'avenir ? Cet avenir inconnu, son imagination le remplit d'augures favorables, le peuple de riantes perspectives. Est-elle sincèrement pieuse, son cœur se tourne vers Dieu, elle interroge anxieusement au sujet de ce petit être le cœur de Celui qui le lui a donné, le cœur de Celui qu'un vieil auteur a caractérisé par ces mots touchants : Nul n'est père autant que Dieu (1) ! Quoi d'étonnant, répétons-nous, que Dieu se laisse attendrir, et que, sous le voile transparent d'un songe mystérieux, il livre à la pieuse mère qui le sollicite le secret des futures destinées de son enfant ?

Fulvia était donc endormie avec la pensée de son enfant, quand il lui sembla qu'elle mettait au monde un cygne éclatant de blancheur. Il s'échappait de son sein, en battant des ailes et en chantant mélodieusement ; il allait ensuite se reposer sur un olivier, cueillait avec son bec un rameau de cet arbre, puis s'élevait dans les airs accompagné d'autres cygnes qu'il dépassait en grandeur et en beauté ; et tous à sa suite, pareils à une blanche nuée, disparaissaient dans la profondeur des cieux.

Tel fut le songe vraiment prophétique de Fulvia ; nul doute qu'elle ne l'ait raconté aussitôt à son époux. Ils en demeurèrent surpris ; et, quoiqu'ils ne pussent en pénétrer la signification, ils en tirèrent un heureux présage. Le songe n'avait rien qui pût alarmer un seul instant leur tendresse ; le cygne, la branche d'oli-

(1) Nemo tam Pater. (*Tertullien.*)

vier, la blanche troupe qui disparaît dans le ciel, toutes ces images étaient riantes et consolantes ; elles ne tendaient qu'à retracer une vie pure, harmonieuse, pacifique et toute sainte.

Dirons-nous combien le symbole était juste et précis ? Non, laissons-le pour le moment dans sa signification énigmatique, et revenons au bienheureux enfant dont il caractérisait les grandes destinées.

Il vint au monde le 10 mai de l'année 1272, sous le pontificat à jamais mémorable du bienheureux Grégoire X ; l'Allemagne subissait encore le grand interrègne, Philippe le Hardi était roi de France. La ville de Sienne se trouvait vraisemblablement déjà sous l'interdit porté par le saint pontife. Cette circonstance dut diminuer l'éclat extérieur des fêtes qui saluèrent la naissance de l'héritier des Toloméi ; néanmoins toute la ville prit part à la joie des heureux parents.

L'enfant fut appelé Jean à son baptême, du nom que son aïeul maternel avait porté. Plus tard, lorsque fuyant le monde il gagnera le désert, il laissera cette appellation qui lui représentait des souvenirs de famille, pour prendre le nom de Bernard en l'honneur du grand abbé de Clairvaux. Ce changement de nom est un des faits de sa vie les plus unanimement attestés non seulement par ses propres historiens, mais par les chroniqueurs mêmes qui parlent de lui incidemment (1).

Mise en possession de l'objet de ses vœux, on ne

______

(1) Dom Besozzi a, sur ce changement de nom, une dissertation des plus remarquables.

saurait douter que Fulvia n'ait donné à son fils bien-aimé tous les soins que peut inspirer la piété la plus tendre ; qu'elle n'ait formé ses lèvres de bonne heure à répéter les noms de Jésus et de Marie. Ne l'avait-elle pas reçu de Dieu contre les prévisions humaines ? Ne l'avait-elle pas voué et consacré d'avance au service de la Très Sainte Vierge ?

Ajoutons que Dieu ne se borna pas vis-à-vis de la pieuse dame à cette première bénédiction. Il lui donna plusieurs autres enfants. La tradition mentionne une sœur du bienheureux Bernard, nommée Tora ou Tota, d'un de ces diminutifs fort en usage dans la langue italienne. De plus nous trouvons les noms de deux fils de Mino Toloméi, Nello et Pietro, dans les fastes de plusieurs villes d'Italie, comme Lucques, Volterra et Pérouse, où ils remplirent les fonctions de podestat ou de capitaine du peuple (1). Ce fait atteste la haute renommée dont jouissaient les Toloméi dans la Toscane et les contrées voisines ; il nous fournit une donnée intéressante pour l'histoire de notre Bienheureux.

---

(1) Dom Besozzi. *Riflessioni*, etc. Le podestat était un homme de guerre étranger, qu'on nommait pour un an gouverneur d'une ville. Le capitaine du peuple commandait la milice, et servait à contre-balancer l'influence du premier.

CHAPITRE II

Le couvent de saint Dominique à Sienne.

———

Les frères-prêcheurs de Sienne. — Le B. Ambroise Sansédoni.
— Relations des Toloméi avec l'ordre de saint Dominique.
— L'éducation claustrale. — Le spectacle de la sainteté. —
L'enfant veut rester au couvent. — Il est ramené au palais
paternel.

Cependant l'enfant grandissait, et déjà il jetait ces
premières étincelles qui révèlent une âme bien douée,
un cœur compatissant et généreux. Les parents ne
tardèrent pas à comprendre que l'heure était venue de
lui choisir des maîtres qui commenceraient son ins-
truction, tout en continuant l'œuvre de la première
éducation de famille.

Le palais des Toloméi était situé à Sienne dans la
région que l'on nommait le *terzo de Camollia*. A
une notable distance de ses fortes murailles surmontées d'un haut beffroi, sur la belle place du Campo-
Regio, s'élevait le couvent des frères-prêcheurs, dédié
à sainte Marie-Madeleine, dont on pouvait dire qu'il
était pour lors le foyer de sanctification de toute la
ville.

Vers cette époque le bienheureux Ambroise Sansédoni y résidait, et même il y exerça la charge de prieur. Nous avons dit plus haut quelles merveilles produisit à Sienne le zèle de cet apôtre. Prenant pour ainsi dire entre ses mains cette cité turbulente, il la pétrit, il la forma, il en fit un modèle de religion et de ferveur. L'an 1273, son autorité grandit encore, s'il est possible. Ce fut à l'occasion de l'interdit lancé par Grégoire X. L'homme de Dieu fut envoyé au pontife pour obtenir la levée des censures. On raconte qu'au moment où il parut devant le trône apostolique, une éblouissante lumière rayonna autour de lui, en sorte que le pape, subitement adouci dans sa juste indignation, ne put que lui dire ces mots : Que ta volonté soit faite (1) ! La rentrée d'Ambroise à Sienne prit les proportions d'un véritable triomphe. Il y eut des processions solennelles au son des cloches, et des représentations symboliques dans le goût du temps. Une fête commémorative de cet événement fut instituée par les magistrats et le peuple.

Le bienheureux Ambroise avait formé des disciples dignes de lui. Parmi eux le P. Christophe Toloméi (2), que plus tard son rare mérite fit élever à l'épiscopat, attirait tous les regards par sa piété et sa doctrine ;

----

(1) Fiat voluntas tua ! *Acta SS.* Martii, tom. III, p. 187.

(2) Dom Besozzi a vengé la personnalité du P. Christophe Toloméi des attaques malveillantes d'un certain critique qui le taxait d'être un personnage imaginaire. Il démontre par d'irréfragables documents qu'il vivait à Sienne à l'époque précise qui nous occupe, et qu'il fut ensuite grand chapelain du roi Robert et évêque de Sébaste (et non de Soano, comme l'a fait croire une erreur de copiste).

il était vraisemblablement le propre frère du seigneur Mino.

Ce n'est pas le seul membre de la famille Toloméi qui ait eu vers cette époque des attaches vis-à-vis de l'ordre de saint Dominique. Les fastes de Sienne mentionnent encore le P. Bonaventure Toloméi des frères-prêcheurs, qu'ils qualifient de bienheureux (1). Nous avons parlé plus haut de la pieuse vierge Néra, que Dieu avait unie au bienheureux Ambroise par une de ces affections surnaturelles qui n'ont rien de la terre, et qui font songer à l'union des âmes en Dieu dans les splendeurs du paradis.

On le voit, sans qu'il soit besoin d'insister, sous le rapport religieux, la famille Toloméi gravitait dans l'orbite des frères-prêcheurs de Sienne. Il était naturel que le seigneur Mino songeât à eux pour l'éducation de son cher enfant. Il le confia donc aux saints religieux, au bienheureux Ambroise, et tout spécialement au P. Christophe Toloméi son frère ou tout au moins son parent.

L'enfant n'atteignait pas encore sa sixième année, quand les portes du cloître se refermèrent sur lui pour tout le cours de ses études (2). Il n'y a pas lieu d'être

(1) Ce saint religieux, appelé aussi Archange ou Michel, naquit à Sienne en l'an 1280 ; comme le bienheureux Bernard, il fut élevé au couvent des dominicains dont il prit l'habit à l'âge de douze ans ; comme lui, il mourut au service des pestiférés le 26 décembre 1348.

(2) En ce temps-là, on ne connaissait ni vacances, ni sorties. L'enfant ne rentrait au foyer paternel qu'après ses études finies. Nous vîmes encore cette discipline en usage, il y a vingt ans, en Italie. Dans les collèges tenus sur ce pied, on sentait entre les maîtres et les élèves un esprit de famille qui ne saurait

surpris que ses parents aient consenti à se dessaisir
de lui à un âge si tendre. A cette époque, les parents
chrétiens savaient sevrer leurs enfants des douceurs
parfois amollissantes de la vie de famille ; ils savaient
se sevrer eux-mêmes des joies bien naturelles que
cause leur présence au foyer domestique. Ils estimaient qu'on ne saurait leur inculquer trop tôt les
fortes leçons de la foi, les habituer trop tôt à la pratique de la pénitence chrétienne, parce que les impressions qui sont reçues alors se gravent profondément
et ne s'effacent plus. Enfin la confiance qu'ils avaient
dans les maîtres de leur choix était absolue ; ils en
faisaient à la lettre les représentants de leur tendresse
et de leur autorité.

Les parents de Jean Toloméi agirent vis-à-vis de
lui, comme le comte d'Aquin avait agi naguère vis-à-
vis de celui qui devait être la grande lumière des
écoles catholiques. On lit en effet, dans la Vie de saint
Thomas d'Aquin, qu'à l'âge de *cinq ans* il fut confié
aux moines du Mont-Cassin. Les ordres religieux sont
appelés à se rendre mutuellement de tels services.
Les bénédictins guidèrent les premiers pas de saint
Thomas dans la voie de la piété et de la science ; et
les dominicains formèrent à une solide vertu le bienheureux Bernard Toloméi, une des plus pures gloires
de l'ordre de saint Benoît.

C'est ici le lieu de jeter un coup d'œil sur cette
éducation claustrale, qui n'était pas moins propre à
former un preux chevalier qu'un pieux cénobite ou

exister au même point avec les coutumes modernes... si tant
est qu'il existe !

un homme d'Eglise. Les jeunes enfants, élevés dans les couvents ou dans les monastères, suivaient, autant que le permettait leur âge, les observances régulières. Ils étaient soumis à des règlements, qui respirent tout ensemble une pudeur austère et une piété non moins forte que tendre. Ces règlements visaient les moindres détails de leur conduite, et de leurs rapports soit avec les étrangers, soit avec les religieux de la maison, soit avec leur maître lui-même. Évidemment ils constituaient un apprentissage des plus mâles et des plus chrétiennes vertus.

Les historiens de notre Bienheureux nous disent avec quel épanouissement de toute son âme, dans la lumineuse innocence du premier âge, il vivait à l'abri du cloître de saint Dominique. Assidu à la psalmodie tant du jour que de la nuit, soumis à la discipline du scolasticat, il commençait à savourer la douceur des choses divines. Heureux jours ! Impressions indélébiles ! La vision de la vie religieuse, avec la solennelle gravité de ses offices, avec son recueillement qui ouvre de sereines perspectives sur l'éternité, avec ses ineffables charmes qui font pressentir les joies du ciel, cette vision se fixait lentement et pour toujours dans l'âme du jeune enfant. Déjà le cygne de Fulvia commençait à essayer ses ailes, pour prendre son essor loin du monde, pour s'envoler du côté de Dieu.

La piété d'ailleurs ne faisait point oublier l'étude au jeune Toloméi. En même temps que, sous la conduite du Saint-Esprit, il avançait dans la science des saints, il travaillait à enrichir son esprit de toutes les connaissances qui lui étaient distribuées suivant la sage méthode des écoles du moyen âge; il réussit excellemment, nous disent ses biographes, dans toutes les branches auxquelles il s'appliqua; mais ce qu'on admirait en lui plus que ses progrès eux-mêmes, c'était la modestie pleine de bonne grâce et de naturel, sous laquelle il dissimulait sa supériorité vis-à-vis de ses condisciples.

Dans tous les cloîtres, Jean Toloméi eût rencontré ces attraits de l'esprit et du cœur que nous essayons de décrire. Au couvent de saint Dominique, il trouvait ce qu'un monastère même bien réglé n'offre pas souvent, le spectacle de la sainteté. Le bienheureux Ambroise et ses disciples menaient une vie extatique, dans laquelle les communications avec le ciel étaient fréquentes et comme journalières. Nous pouvons nous représenter le jeune enfant assistant à la messe célébrée par le bienheureux dominicain : quelle action émouvante! quel drame tout céleste! « Le bienheureux Ambroise, est-il dit dans sa Vie, se préparait à la messe par un examen si humble de sa conscience, il la disait avec une dévotion si vive et si affectueuse, il goûtait les divins mystères avec un si grand respect et une application si absorbante, qu'il en demeurait tout brisé jusque dans la moelle des os; et il ne pouvait dissimuler ce brisement, il en faisait l'aveu comme en prenant compassion de la nature soumise à une lutte si excessive (1). » Après un

----

(1) Ad missam cum tanta conscientiæ discussione ac tremore se præparabat, cum tanta devotionis affectione dicebat divinum sacrificium, sanctissimum sacramentum cum tanta reverentia ac studiositate sumebat, quod usque ad medullas

semblable tête-à-tête avec son Sauveur et son Dieu, s'il venait à ouvrir la bouche, il en jaillissait des flots d'une éloquence embrasée; et son discours était ordinairement marqué par les larmes de toute l'assistance, ou par le ravissement de quelqu'un de ses auditeurs.

Ah! nous comprenons à merveille que, mis en contact avec une vie si admirable et si sainte, le jeune Toloméi ait répété, au sujet du couvent de saint Dominique de Sienne, les paroles de saint Pierre sur le Thabor : *Seigneur, il fait bon ici!* En faisant choix, dans la spontanéité de ses désirs innocents, des purs contentements de la vie religieuse, ne prenait-il pas la meilleure part? Heureux qui a porté dès son enfance le joug aimable de Jésus-Christ! Heureux qui a trouvé le lieu de son repos, sans avoir jamais souillé et ensanglanté ses pieds dans les sentiers du siècle! Le jeune Toloméi aspirait donc à revêtir la blanche tunique donnée aux frères-prêcheurs par la Sainte Vierge elle-même; il aspirait à marcher sur les traces des saints religieux de sa propre famille, qui entouraient le bienheureux Ambroise; et, dans la naïveté de ses souhaits, il n'entrevoyait aucun obstacle à leur réalisation prochaine.

Il se trompait! Profonds et insondables sont les desseins de la divine Providence; elle marche à son but par les voies mêmes qui semblent s'en écarter. Le bienheureux enfant était destiné à devenir le père d'une famille religieuse, émule de celle de saint

ossium confractus postmodum remanebat, ut aliquando referebat quasi suæ naturæ compatiens... *Acta SS.* Martii, tom. III, p. 212.

Dominique par la blancheur du costume et le culte filial de la Sainte Vierge. Il se vit arraché à ces joies du cloître que goûte si vivement un cœur pur; et la main qui l'en arracha fut celle de son propre père, le seigneur Mino.

Celui-ci avait-il donc oublié son vœu? Il faut le croire. Il voyait s'épanouir, dans son enfant, à côté des qualités d'un cœur ardent et généreux, tous les dons d'une vive intelligence; il rêva de donner à sa maison un lustre nouveau, en laissant après soi un héritier qui continuât les glorieuses traditions de ses ancêtres. Agé de douze ans, notre Bienheureux, quelles qu'aient pu être ses supplications, fut ramené d'autorité au palais paternel.

Nous ne savons ce que pensa Fulvia d'un acte si contraire aux solennelles promesses faites à la Sainte Vierge. Nous aimons à croire que, mieux inspirée et plus fidèle à la mémoire des faveurs célestes, elle gémit de sentir son enfant détourné du sentier de la vocation à laquelle Dieu l'avait si manifestement prédestiné. Mais elle dut se courber, elle aussi, devant la volonté du chef de la famille et renfermer dans le silence ses larmes et ses regrets.

Et le seigneur Mino s'employa, par tous les moyens en son pouvoir, à pousser son fils dans les voies du siècle.

CHAPITRE III

Le B. Bernard Docteur et Chevalier.

——

Le mouvement des études au moyen âge. — L'université de
Sienne. — La confrérie de Saint-Ansan. — Le Bienheureux
est reçu docteur. — Il est armé chevalier. — Moment de
tiédeur. — Il reprend une ferveur nouvelle.

S'il est vrai qu'il y ait eu un temps où les nobles
se sont glorifiés de ne savoir pas écrire, ce ne fut pas
au XIIIe siècle ni dans l'Italie du moyen âge. De tous
côtés les études étaient florissantes et en grand honneur. Aussi le seigneur Mino Toloméi, voulant donner à son fils une éducation en rapport avec sa naissance, le fit-il instruire dans tous les arts libéraux,
dans toutes les sciences divines et humaines que l'on
enseignait à l'université de Sienne sa patrie.

En abordant cette partie de notre récit, nous voudrions pouvoir donner une idée de la noble émulation
du savoir qui régnait au moyen âge, et qui était une
des manifestations de l'esprit de foi dont les peuples
chrétiens étaient pénétrés. La foi est un puissant sti-
mulant pour l'intelligence, dont elle agrandit immen-
sément les horizons ; saint Anselme, dans la célèbre

formule *fides quærens intellectum* (1), a donné
brièvement tout le programme des études qui se
développèrent alors sous les auspices et avec les
bénédictions de la papauté et de tout l'épiscopat
catholique.

On ne saurait nier que l'Eglise ait été le premier
moteur qui donna le branle à ce grand mouvement
des esprits. Mais l'action de l'Eglise est une action
douce et persuasive, qui respecte éminemment la
liberté de l'homme. Il ne faudrait pas croire qu'elle
ait jamais cherché à monopoliser l'enseignement,
comme l'a fait le césarisme moderne. Elle en avait
la haute surveillance ; elle le préservait par son
autorité infaillible de la pierre d'achoppement de
toutes les erreurs; mais elle laissait se produire en
cette matière, avec la plus grande latitude, les diverses
initiatives des villes et des particuliers.

Aussi chaque ville un peu considérable, surtout en
Italie, avait-elle son collège de hautes études, qu'elle
régentait à sa guise, et qu'elle pourvoyait avec la
plus grande sollicitude de professeurs les plus éminents. Toutes ces universités locales furent une pro-
duction en quelque sorte spontanée du sol fécondé
par le christianisme. A quelle époque déterminée
apparurent-elles çà et là ! Par quelles étapes précises
arrivèrent-elles à grouper un corps d'enseignement
complet? Ces questions sont parfois historiquement
insolubles; mais il importe peu de les résoudre. Le

____

(1) La foi qui cherche à connaître, c'est-à-dire qui cherche
à acquérir la connaissance raisonnée de ce qu'elle croit.

fait est que ces universités, grandissant peu à peu,
finissaient par obtenir la sanction impériale et pontificale, et alors elles prenaient un rang officiel parmi
les grands centres de l'enseignement catholique.

La ville de Sienne, si jalouse de réunir toutes les
illustrations dans son sein, ne pouvait demeurer
en arrière sur les autres villes de Toscane qui toutes
à l'envi travaillaient à faire fleurir les études. Dès les
premières années du xiiie siècle, au dire du docte
Tommasi, elle les avait déjà développées largement
et établies sur une base solide. Vers la fin du même
siècle, les registres de la cité permettent de recueillir
jusqu'aux noms des professeurs qui enseignaient à
cette époque, et même jusqu'au chiffre du salaire qui
leur était alloué : ainsi, en l'an 1279, maître Niccolo,
professeur de logique, reçoit, pour se fixer à Sienne,
vingt-cinq scudi de traitement et dix d'indemnité de
loyer. L'an 1320, la ville montra, dans une occasion
célèbre, son grand désir d'élever encore le niveau des
études. A la suite de troubles soulevés à l'université
de Bologne par la peine de mort portée contre un
étudiant au mépris des privilèges universitaires, professeurs et étudiants d'un commun accord résolurent
de quitter cette cité; à cette nouvelle, Sienne envoya
au docte corps deux ambassadeurs, pour le prier de
se transporter dans ses murs; les conditions ayant
été débattues et conclues, l'université émigrante y
fut reçue avec un immense applaudissement des habitants. L'affaire n'eut pas toutes les conséquences
qu'elle aurait pu avoir, par la raison que Bologne
maintint son université, et rappela ses professeurs;

elle n'en atteste pas moins la générosité et l'amour de la science qui caractérisaient les Siennois.

Tous ces faits démontrent surabondamment l'existence à Sienne, vers le milieu du XIIIe siècle, d'une université fonctionnant régulièrement. Il est vrai, elle ne fut déclarée université impériale qu'en l'an 1357 par Charles IV, et pontificale qu'en l'an 1406 par Grégoire XII. Mais ce double fait n'emporte purement et simplement que la reconnaissance authentique faite par l'empereur et le pape d'un corps d'enseignement précédemment pourvu de toutes ses branches. Le diplôme de Charles IV ne laisse aucun doute à cet égard : il y est déclaré que l'intention de l'empereur est de restaurer un établissement que la grande mortalité de 1348 avait désorganisé, et de lui rendre son éclat d'autrefois.

Avant cette double approbation, l'université de Sienne, comme celles de Pérouse, Lucques, Pise et Arezzo, était incontestablement une école de hautes études, et non pas un simple collège de grammaire où l'on enseignât le *trivium* et le *quadrivium* ; et, comme celles que nous mentionnons, elle tenait d'une prescription immémoriale le droit de collation des grades qui constitue le privilège souverain d'une université.

Ces grades n'étaient pas de purs titres honorifiques, ils ouvraient la porte à plusieurs fonctions publiques des plus importantes. Ainsi il paraît avéré que nul ne pouvait être élu *podestat* d'une ville, sans être pourvu d'un diplôme de docteur. Ceci est très remarquable, et montre en quelle estime les lettres étaient tenues à une époque taxée par les ignorants de temps d'ignorance. Enfin, s'il s'agissait de choisir des ambassadeurs pour une mission quelconque, on prenait de préférence des hommes lettrés et munis de leurs titres universitaires (1).

Ces réflexions et ces considérations nous font comprendre tout l'intérêt qu'avait le seigneur Mino Toloméi à faire suivre à son fils les cours de l'université de Sienne, dont plus tard le jeune homme devait devenir un des ornements et une des lumières. Malgré le déchirement de cœur qu'il avait éprouvé à sa sortie du cloître de saint Dominique, Jean Toloméi apporta à ses études l'application la plus soutenue. L'étude a bien plus d'attraits pour un cœur pur, que pour une âme viciée ; et elle-même est un excellent moyen de conserver la pureté du cœur. A sa candeur d'adolescent, notre Bienheureux joignait un esprit vif et déjà cultivé ; il était dans les meilleures conditions pour parvenir à la science ; il devint bientôt un sujet d'admiration pour ses professeurs eux-mêmes.

Sa vie méritait d'être donnée pour modèle. Il ne connaissait, avec le seuil de la maison paternelle, que le chemin des écoles et celui des églises. La fervente piété allumée dans son âme par ses premiers maîtres, y brûlait toujours. Mais, comme toute

(1) Tous les faits énoncés dans les pages précédentes sont tirés d'une dissertation de Dom Besozzi, qui les appuie d'autorités et de citations absolument concluantes. Nous ne faisons qu'abréger le savant olivétain, en regrettant de ne pouvoir entrer dans les détails que lui fournit sa vaste érudition.

flamme qui n'est pas alimentée régulièrement est sujette à s'éteindre, il ravivait assidûment les élans de sa dévotion dans les exercices de la pieuse confrérie de Saint-Ansan.

Nous avons vu, dans l'esquisse des travaux apostoliques du bienheureux Ambroise à Sienne, que la ville abondait en pieuses congrégations adaptées avec un merveilleux discernement à tous les âges et à toutes les conditions de la vie. Parmi elles se trouvait la confrérie dite de Saint-Ansan, du nom d'un saint martyr qui versa son sang à Sienne sous Dioclétien, et qui est de temps immémorial un des patrons de la cité. Cette confrérie était spécialement destinée aux jeunes gens de bonne famille. Un vieil auteur nous dit que les réunions se tenaient dans l'église des dominicains. On comprend dès lors l'attrait spécial qu'elle avait pour notre Bienheureux.

Là il se trouvait à l'école de la prière, de la charité, de l'humilité. Ces trois mots résumaient tous les exercices de la confrérie. On y psalmodiait les louanges divines, dans lesquelles aux accents déjà mâles des jeunes gens s'ajoutait le charme de voix plus enfantines. On venait s'humilier sous la main du directeur, et par devant l'assemblée des confrères chacun disait sa coulpe, recevait l'admonition ou la correction qu'il avait méritée : et tous, avec une ardeur digne de l'admiration des Anges, rivalisaient de zèle pour la pénitence. Enfin la charité envers les confrères souffrants ou malades formait le cœur à la plus sainte abnégation de soi-même en vue de Dieu.

Dans cette atmosphère bénie, Jean Toloméi se sentait à l'aise. Loin de nuire à ses études, sa vive dévotion les soutenait et les animait, en les dirigeant vers Dieu, foyer de toute lumière, vers Dieu dont la beauté entrevue à travers le voile des sciences humaines captivait seule le cœur de l'adolescent.

Il y avait une grande et capitale différence entre les études d'alors, et celles de nos jours. Ce qui manque aujourd'hui dans nos programmes si compliqués, c'est l'unité : les diverses branches des sciences humaines y sont bien représentées, mais éparses comme les anneaux rompus d'une chaîne brisée. Au moyen âge il n'en était pas ainsi : encore que les sciences d'observation laissassent considérablement à désirer, les sciences spéculatives étaient d'autant mieux développées que toutes elles tendaient harmonieusement à un but suprême qui était la science de l'être des êtres, de la cause des causes, en un mot de Dieu. Saint Bonaventure a fait voir cette gradation dans son beau traité : *De reductione artium ad theologiam*. Il exprimait toute la pensée de son époque.

Notre Bienheureux, dans ses études, ne poursuivit pas un autre but et ne suivit pas une autre méthode. Il s'appliqua avec un égal succès à toutes les branches des hautes sciences, mathématiques, philosophie, jurisprudence; et progressivement il se fit à lui-même sa somme de connaissances, qu'à l'exemple de tous les grands esprits de son époque et notamment de Dante, son illustre contemporain, il couronna par l'étude de la théologie, cette synthèse transcendante et ce pôle directeur du savoir humain.

Tous ces labeurs attendaient leur sanction, sanction vivement désirée par le seigneur Mino. D'un esprit si souple et si ferme, le jeune Toloméi pouvait obtenir aisément les palmes du doctorat (1). Il les obtint en effet aux applaudissements de toute la ville de Sienne ; il n'avait guère que seize ans. De grandes fêtes furent données au palais paternel à l'occasion de cet événement. Chacun augurait bien de ce jeune seigneur, en qui la modestie s'alliait au plus éclatant mérite.

Au siècle dernier, un critique malveillant s'étant permis de suspecter la vraisemblance d'une semblable fête littéraire et scientifique dans une famille de chevaliers, un savant moine olivétain (2), dont les recherches nous servent de flambeau dans cette histoire, le réfuta d'une manière si décisive et si spirituelle, que nous ne pouvons pas résister au plaisir de citer quelques traits de sa réponse. Après avoir mis hors de doute par l'unanimité des plus anciens documents que le Bienheureux fut réellement docteur, il ajoute :

« Reste à voir si la réjouissance au sujet de ce titre était dans les mœurs du temps. Ici, il me vient à l'imagination que notre Bienheureux put faire en soutenant sa thèse de docteur, par une sorte de décorum en rapport avec sa naissance, ce que fit plus tard à Oxford le général Fairfax qui soutint la sienne l'épée à la main. Certes, le fait eût été moins étrange que ne le sont les assertions de notre

____

(1) Il s'agit du doctorat en droit, *in utroque jure*, disent les *Acta Sanctorum*.
(2) Dom Besozzi. *Riflessioni*, etc.

critique... Quant aux fêtes qui suivirent, qu'on lise de grâce la chronique de Bologne en l'an 1320, et on verra qu'à l'occasion du doctorat du comte Taddeo, fils du comte Roméo Pépoli, il y eut de telles réjouissances qu'on ne se souvenait pas d'avoir vu rien de semblable; la majeure partie des compagnies de Bologne se vêtirent d'habillements somptueux aux frais du comte, et le peuple presque tout entier lui fit grand honneur. Aussi Augustin Paradisi a-t-il raison de comparer à des hiboux qui prétendent parler de la lumière, ceux qui veulent que la noblesse soit rabaissée par la qualité de docteur. Et le célèbre Muratori a-t-il observé avec une grande sagacité : qu'autrefois le laurier de docteur était fort apprécié, que les nobles en particulier vaquaient avec sollicitude à l'étude des lois pour l'obtenir, qu'ils y voyaient un moyen d'être admis aux conseils intimes de l'État, que c'était un titre de gloire de s'appeler *homme d'armes* et *docteur,* ou bien *docteur* et *chevalier* (1). »

Notre Bienheureux était docteur; l'ambition paternelle ne fut pleinement satisfaite qu'en le faisant nommer chevalier.

Vers la fin du XIII° siècle, les empereurs avaient perdu toute autorité effective sur l'Italie ; toutefois, ils en retenaient la suzeraineté nominale, qui était

---

(1) Voici les paroles de Muratori : *Olim doctoralis laurea maximi facta est, atque ipsi nobiles sollicite operam studio legum dabant, ut doctorum insignia sibi compararent; hac enim ratione ad intima reipublicæ consilia facilius adrocabantur, et gloriosum erat appellari miles et doctor, sive dottore e cavaliere.* (Citation de Besozzi.)

généralement reconnue dans le nord de la Péninsule ;
à cette suzeraineté se rattachait la faculté de dispenser les titres honorifiques, dernier vestige des pouvoirs qui vont sur leur déclin.

Alors gouvernait glorieusement et chrétiennement
l'empire Rodolphe Ier de Habsbourg. Il eut la sage
pensée de ne pas s'immiscer inconsidérément dans
les affaires italiennes ; ce qui fut loin de diminuer les
restes d'influence que conservait le Saint-Empire au
delà des Alpes. C'est vraisemblablement à lui que
Mino Toloméi adressa sa requête, afin qu'il lui plût
de nommer son fils *chevalier césarien* ou *chevalier
de l'empire* (1). L'empereur, on le comprend, ne pouvait manquer cette occasion de se rattacher par un
lien de reconnaissance une des familles les plus con-
sidérées de la Toscane ; il fit droit à la demande des
Toloméi.

Il serait superflu de décrire ici tous les rites qui
accompagnaient la collation de la chevalerie, la veil-
lée d'armes, le bain et les habits blancs, la bénédiction
de l'épée par le prêtre, les serments l'épée suspendue
au cou, la vêture de toutes les pièces de l'armure,
l'accolade donnée par le seigneur : rites vraiment
grandioses et charmants, dignes en tout point de la
majesté de l'Eglise, et qui investissaient le chevalier
d'une sorte de sacerdoce. D'après ce que nous savons
de l'ardente piété du jeune Toloméi, il n'est pas dou-
teux qu'il n'ait reçu les éperons et l'épée de chevalier,

---

(1) Rodolphe mourut le 15 juillet 1291. Jean Toloméi entrait dans sa vingtième année. On ne sait au juste quand il
fut créé chevalier ; il est probable qu'il n'avait pas vingt ans.

dans un esprit de religion profonde et d'entier dévouement à Dieu et à son Eglise.

Cependant le palais paternel était de nouveau en
fête. Si telle était la coutume du temps, à l'occasion
d'un nouveau docteur, on pense bien que ce ne l'était
pas moins à l'occasion d'un nouveau chevalier. Dans
ces occurrences, les nobles rivalisaient de magnificence, et étalaient superbement toute la pompe de
leur maison. Ils tenaient table ouverte, *corte bandita,*
comme on disait alors. Et puis les tournois, les cavalcades, les courses pour gagner le *palio* se succé-
daient sans interruption, durant des semaines entières. Bref, Muratori consigne plusieurs de ces fêtes
dans ses Annales, parmi les événements marquants
de l'époque.

Nous pouvons, en conséquence, sans céder à l'imagination, nous représenter le jeune Toloméi, avec la
chaîne d'or et les éperons dorés, couvert d'une armure éclatante, monté sur un destrier richement ca-
paraçonné, entouré de jeunes seigneurs de son âge,
traversant la ville de Sienne toute pavoisée en son
honneur. Nous pouvons le suivre, par la pensée, dans
les joûtes et les tournois, où il s'attira tous les applaudissements par sa bonne mine et son adresse.

Cette fois, dirons-nous avec un de ses biographes,
c'en était trop ; il y eut un moment d'enivrement.
Entraîné dans une série de fêtes, exposé à des séduc-
tions qu'il soupçonnait à peine, le jeune chevalier se
laissa aller à cette vie de dissipation brillante, qui
est l'écueil de la noble profession des armes. Il oublia
les humbles exercices de la confrérie de Saint-An-

san ; et le monde put croire qu'il le tenait dans ses filets.

La Sainte Vierge, du haut du ciel, veillait sur lui, et peut-être aussi, sur la terre, la pieuse Fulvia. L'éblouissement fut passager ; un rayon de la grâce pénétra dans l'âme du jeune homme, et il comprit la vanité du monde et ses dangers. Sans renoncer à manier son épée, il préféra se revêtir de ces armes de lumière dont parle l'Apôtre, et qui sont les belles et solides vertus chrétiennes. Il fit une humble confession de ses fautes ; et, comme il arrive aux âmes généreuses, il y puisa, avec le sentiment salutaire de sa faiblesse, un redoublement de ferveur.

Afin de mieux se garantir des charmes trompeurs du siècle, il se fit inscrire dans la confrérie de Sainte-Marie de la Nuit, établie à l'hôpital de la Scala. La confrérie de Saint-Ansan était vraisemblablement destinée aux enfants et aux étudiants ; cette dernière, qui faisait une part plus large aux œuvres de miséricorde, se recrutait parmi les jeunes gens et les hommes d'un âge déjà mûr.

Ici, s'ouvre une nouvelle période de la vie de notre Bienheureux, où nous allons le suivre et l'accompagner.

CHAPITRE IV

L'hôpital de Sainte-Marie de la Scala.

———

La cité de la Vierge. — Le dôme et l'hôpital de la Scala. —
La confrérie de Sainte-Marie de la Nuit. — Une pépinière
de saints. —. Le Bienheureux et ses deux compagnons :
Patrice Patrizi et Ambroise Piccolomini.

Sienne, la cité de la Vierge, avait exprimé sa dévotion envers l'auguste Mère de Dieu par deux monuments placés sous son vocable : son dôme ou sa cathédrale, et l'hôpital de la Scala ; d'un côté, le service divin dans toute sa magnificence ; de l'autre, le service charitable des membres souffrants de Jésus-Christ.

Le dôme s'élevait sur l'emplacement d'un ancien temple de Minerve transformé, sous Constantin, en église chrétienne (1). A l'époque où vivait notre Bienheureux, on le réédifiait sur un plan plus vaste, et avec une splendeur inouïe : c'est le plus beau monument religieux que le XIIIᵉ siècle nous ait légué en Italie. Plus tard, on construisit des édifices dans des

———

(1) Nous trouvons ce détail dans les Bollandistes. *Vita
sanctæ Catharinæ Senensis. Acta SS.* Aprilis, t. III, p. 867.

proportions plus grandioses, mais non pas plus har-
monieuses. Il est dans ce style gothique byzantin, où
la gravité de l'ogive est tempérée par tous les enchantements de l'art italien. Il frappe et charme tout à la
fois le voyageur par sa coupole hexagone, par sa fa-
çade ornée des sculptures les plus délicates, par ses
murs incrustés de marbres de diverses couleurs, par
son pavé en mosaïque le plus merveilleux que l'on
connaisse, par ses vitraux étincelants, par sa voûte
bleue semée d'étoiles d'or; enfin par sa position elle-
même au sommet le plus élevé de la ville, sur une
pente assez rapide pour que son baptistère ait pu
s'ouvrir au-dessous de lui, sous forme d'une vaste
église !

L'hôpital de la *Scala (de l'Escalier)* tirait son nom
de l'escalier qui mène à la cathédrale, en avant duquel il était bâti; il avait été fondé par les chanoines
de cette église, environ du temps de Charlemagne.
« Par son ancienneté, par sa grandeur, par ses richesses et son bon gouvernement, dit un annaliste
de Sienne, il devint bientôt fameux par toute l'Italie,
tellement, que plusieurs villes de la Toscane orga-
nisèrent leurs hôpitaux sur ce modèle, et les mirent
sous la haute surveillance du recteur de l'hôpital de
Sienne; c'est lui qui avait qualité pour nommer leurs
directeurs particuliers. Parmi les hôpitaux ainsi subordonnés, figurèrent, entre autres, celui de la Scala
de Florence et celui de Saint-Géminien (1). »

Entouré de si hautes prérogatives, le poste de rec-

____

(1) *Memorie della città di Siena.*

teur de l'hôpital de la Scala était considéré comme une des charges les plus importantes de la cité, et les plus nobles familles étaient honorées de le remplir. Comme il est impossible de toucher à Sienne sans éveiller le nom d'un Toloméi, en l'an 1329, durant la famine et l'épidémie qui désolèrent l'Italie, nous voyons cette fonction dévolue à un certain Jean Toloméi, qui se signale par la plus admirable charité (1).

Au célèbre hôpital de la Scala était adjointe une confrérie non moins célèbre : elle se nommait, soit la confrérie de Sainte-Marie de la Nuit (2), soit la confrérie des disciplinés de la Scala. « On n'y admettait, dit le biographe de saint Bernardin, que des hommes éprouvés et dignes de toute considération ; elle était une école et un miroir de la dévotion la plus exemplaire (3). » Nobles, marchands, artisans s'y trouvaient rapprochés et confondus, par les liens d'une charité

(1) *Memorie*, etc.

(2) Le lieu de réunion de cette confrérie était établi sous les substructions mêmes de l'hôpital de la Scala, dont les assises, en raison de la pente du terrain, étaient posées sur d'énormes voûtes cintrées. Il résultait de là que le pieux sanctuaire, où les confrères faisaient leurs offices, ressemblait assez à une chapelle des catacombes. L'obscurité qui y régnait lui fit donner le nom de Sainte-Marie de la Nuit. La tradition de Sienne est que les chrétiens, au temps des persécutions, se réunissaient en des grottes ou excavations creusées en cet endroit même.

(3) Fraternitati Disciplinatorum Sanctæ Mariæ de Scala adscribi procuravit... Erat nempe domus hæc magna sanctimonia vulgata, nec ad eam admittebantur nisi probati atque dignissimi viri ; locus, inquam, fons, scola et exemplar a multis temporibus devotionis. *Vita sancti Bernardini, Acta SS.* Maii, tom. V, p. 93.

cordiale et d'une fraternité toute chrétienne. Les confrères vaquaient ensemble à la psalmodie, ils pratiquaient les rudes pénitences alors en usage même parmi les hommes du monde ; enfin ils assistaient les malades. Ce n'est pas qu'ils en fussent les servants proprement dits ; l'hôpital avait, en dehors d'eux, son service parfaitement organisé ; mais ils apportaient, en maintes circonstances, l'aide d'une charité pure et désintéressée ; et dans les épidémies, si fréquentes à cette époque, on les voyait braver tous les dangers.

L'hôpital de la Scala était d'autant plus fréquenté, que, Sienne se trouvant sur la route qui conduit à Rome, beaucoup de pèlerins souffrants y cherchaient un gîte et les soulagements nécessaires (1).

C'est dans cet asile de la piété et de la charité qu'entra notre Bienheureux, en ces florissantes années de la jeunesse où l'on éprouve le besoin de se donner et de se sacrifier. C'est là qu'il alla chercher, tout ensemble, un aliment à son activité généreuse et une diversion salutaire aux attraits du monde. Avant lui, l'hôpital avait été témoin du dévouement des Gallérani, des Sansédoni. Après lui, il devait recevoir, sous ses larges voûtes cintrées (2), le vénérable Pierre Pétroni, ce chartreux d'une contemplation si haute

(1) Tous ces faits résultent de la Vie de saint Bernardin : *Loco citato*.

(2) Sub concameratis fornicibus nosocomii illius celeberrimi. *Vita B. P. Petronii* apud *Boll. Acta SS.* Maii, tom. VII, p. 189. Les Bollandistes appellent Pierre Pétroni *Bienheureux*, et disent que son culte est appuyé sur de bonnes preuves. Nous ignorons s'il a été reconnu par l'Eglise.

et d'une vie si extraordinaire ; le bienheureux Jean Colombini, ce miracle de sainteté joyeuse et enthousiaste ; le vénérable Etienne Macconi, l'enfant spirituel de sainte Catherine de Sienne, fondateur de la célèbre chartreuse de Pavie (1) ; enfin le grand saint Bernardin, qui y fit l'apprentissage des vertus les plus héroïques. Et il nous semble qu'on peut appliquer à notre Bienheureux ce qui est dit de ce dernier : « Le seul titre de maison de la Vierge, que portait l'hôpital, ravissait tellement son cœur, que, ne pouvant renfermer en lui-même la vivacité de ses affections, il les faisait paraître au dehors par une certaine langueur et un certain transport d'amour ; et, pour tout dire en un mot, il servait comme un ange dans la maison de la Vierge (2). »

Admirable école en effet ! Admirable noviciat que le service des pauvres et des malades ! Saint Jean se demande comment pourrait aimer Dieu qu'il ne voit pas, celui qui n'aime pas son prochain qu'il voit (3) ; l'amour du prochain, tout en naissant de l'amour de Dieu, est donc une excellente préparation à un amour de Dieu plus pur et plus dégagé. Ne dilate-t-il pas notre cœur pour mieux aimer la Beauté incréée ? Ne chasse-t-il pas toutes ces viles passions qui naissent de l'égoïsme ? Et par suite ne met-il pas en nous une disposition à la vie contemplative, qui suppose la

(1) Rien de doux et de pur comme les relations de sainte Catherine de Sienne avec ce saint religieux. *Acta SS.* Aprilis, tom. III, p. 927.

(2) Erat autem in domo Virginis ut angelus inserviens. *Acta SS. Loco citato.*

(3) I Joan., IV, 20.

pureté du cœur ? *Bienheureux les miséricordieux,
parce qu'il leur sera fait miséricorde ; bienheureux les cœurs purs, parce qu'ils verront Dieu* (1) !
Ce n'est pas sans une raison profonde que ces deux
béatitudes ont été mises par le divin Maître dans
l'ordre qu'elles occupent. Car la purification du cœur,
commencée dans l'humilité, dans le support des in-
jures, dans les larmes, dans la pratique de la justice,
reçoit sa dernière perfection dans l'exercice de la
miséricorde.

Nous ne nous étonnons donc pas si Pierre Pétroni,
si Etienne Macconi quittent l'hôpital de la Scala, pour
faire jaillir, dans le désert d'une chartreuse, des eaux
vives de sanctification sur toute une contrée ; si Jean
Colombini le quitte, pour se jeter à corps perdu dans
la pénitence, et lancer à tous les échos des villes et
des campagnes le nom de Jésus ; si saint Bernardin
le quitte, pour raviver la foi de l'Italie tout entière
par sa parole hardie et émouvante ; si notre Bienheureux s'y forme aux vertus austères qu'il trans-
plantera plus tard dans la solitude d'Accona devenue
Sainte-Marie de Mont-Olivet, ainsi qu'au dévouement
qui entourera sa précieuse mort de l'auréole d'un
vrai martyre. Tous ces grands serviteurs de Dieu
avaient appris à la Scala à se renoncer eux-mêmes
pour être tout à Jésus-Christ ; et Dieu les prenait pour
pourvoir à tous les besoins de son Eglise. Les rayons
de leur sainteté rejaillissent sur la pieuse confrérie
qui fut pour eux la première école du service divin.

____

(1) Matth., v, 7, 8.

Voici comment le pieux et érudit Lancellotti (1) nous dépeint la vie de Jean Toloméi à l'hôpital de la Scala :

« Le jeune Toloméi, dit-il, suivait assidûment les exercices de la confrérie à laquelle il se rendait plusieurs fois par semaine ; il pratiquait fréquemment le jeûne, il s'appliquait aux veilles saintes, il châtiait rudement son corps, il pleurait ses fautes, il se nourrissait de la sainte Eucharistie suivant que le comportait l'usage de la société. Ses confrères l'admiraient, surtout de ce que, dans la mesure où il gravissait les degrés de la perfection chrétienne, il s'abaissait par un humble sentiment de lui-même, ne s'estimant jamais que le plus grand pécheur et le plus indigne de tous.

« Notre Bienheureux avait pour tous ses confrères une sincère et cordiale affection. Néanmoins deux d'entre eux lui étaient plus spécialement unis par ces liens étroits que crée une parfaite communauté de pensées et de sentiments. C'était Patrice fils de François Patrizi, et Ambroise fils de Nino Piccolomini, ce dernier l'un des chefs de la noblesse, tous deux d'une sagesse qui leur assurait un grand crédit dans la ville. Patrice, après un certain nombre d'années passées dans le négoce, avait fini par reconnaître l'inanité des biens de ce monde ; et foulant aux pieds toutes les jouissances d'une richesse laborieusement acquise, il s'était mis à négocier avec ferveur l'acquisition des biens célestes. Ambroise,

_____

(1) *Hist. Oliv.*, lib. I, 2.

entouré dès sa naissance de toutes les commodités et de toutes les délices de la vie, n'avait jamais songé à accroître sa fortune par les hasards du commerce ; il se contentait d'en jouir dans les charmes du repos domestique. Jean, Patrice et Ambroise n'avaient tous trois qu'une même pensée, une même volonté, un même zèle pour l'observation parfaite des devoirs de la vie chrétienne ; ils imploraient la miséricorde divine par d'abondantes aumônes, ils s'encourageaient mutuellement à la pénitence, ils avaient ensemble des entretiens spirituels qui alimentaient leur ferveur ; mais il était aisé de voir que Jean Toloméi était le maître que Dieu avait donné à ses deux compagnons dans la poursuite des biens célestes. »

C'est donc dans les réunions de la confrérie de la Scala, que se forma la solide amitié chrétienne, de laquelle devait sortir la fondation de Sainte-Marie de Mont-Olivet (1). Il est facile de reconnaître dans la trame de cette amitié la main des Anges et de la Sainte Vierge elle-même. Mais il ne sera pas sans intérêt de faire plus ample connaissance avec les familles des deux nobles Siennois dont le nom est

(1) Le vénérable Antoine de Barga, qui put connaître des contemporains du bienheureux Bernard, est favorable à ce sentiment. Il nous représente le Bienheureux méditant depuis longtemps, avec ses deux compagnons, sur les moyens de mener une vie toute céleste. Les auteurs des Vies de Pierre Pétroni et de saint Bernardin, qui figurent au recueil des Bollandistes, disent formellement que les trois fondateurs de Mont-Olivet étaient de la confrérie de la Scala. *Hinc dignissimæ Congregationis Olivetanæ fundatores*, dit la Vie de saint Bernardin. *Acta SS.* Maii, tom. V, p. 94.

à jamais inséparable de celui du bienheureux Bernard Toloméi.

Patrice Patrizi appartenait à ce qu'on pourrait appeler la noblesse marchande de Sienne ; c'est-à-dire à l'une de ces familles nobles qui s'étaient fait inscrire dans la classe des marchands, pour échapper aux exclusions portées contre la noblesse. Et de fait elle ne figure pas dans la liste des familles composant proprement l'ordre de la noblesse, telle qu'on la trouve dans l'historien Léo d'après Malavolti (1). Elle fournit à l'Eglise plusieurs personnages illustres par leur sainteté, notamment les bienheureux François Patrizi dit Tarlati de l'ordre des servites, et Antoine de Monticiano des ermites de saint Augustin, tous deux contemporains de notre Patrice. Celui-ci, homme déjà mûr, habitué au maniement des affaires, sera le conseil et le bras droit du bienheureux Bernard dans la fondation de Mont-Olivet dont on le verra le premier abbé.

Quant à Ambroise, il sortait de cette fameuse famille des Piccolomini, qui tenait alors, avec celle des Toloméi, la tête de la noblesse de Sienne ; et qui depuis acquit une renommée européenne par ses écrivains, ses hommes de guerre, et surtout par les deux papes qu'elle donna au siège de saint Pierre (2).

(1) Léo. *Storia d'Italia*, p. 632.
(2) **Pie II** et **Pie III**. Pie II, Œnéas Sylvius Piccolomini, né à Corsignano près de Sienne (par suite de l'expulsion des nobles), nommé cardinal par Calixte III, lui succéda en 1458 ; il érigea en évêché Corsignano qui prit le nom de Pientia ou Pienza, et en archevêché l'évêché de Sienne dont il avait été titulaire ; il mourut en l'an 1464. — Pie III,

A l'époque où se passe notre histoire, elle fit rayonner au firmament de l'Eglise une douce étoile, le bienheureux Joachim, nommé aussi Pélacani, de l'ordre des servites. Dans les cruelles divisions qui mettaient si souvent la noblesse siennoise en deux camps opposés et furieux, les Piccolomini (1) ne paraissent pas avoir croisé le fer avec les Toloméi (comme le firent à tout moment les Salimbéni) ; les deux familles semblent au contraire unies par un pacte d'alliance qui ne se démentit pas. Cette alliance était devenue entre Jean Toloméi et Ambroise une amitié toute sainte, qui les fortifia tous deux pour rompre avec le monde et embrasser la carrière de la vie religieuse. Oserons-nous former une conjecture qui résulte de plusieurs faits de l'histoire ? Tandis que Patrice est le bras droit du bienheureux Bernard, Ambroise nous apparaîtrait plutôt comme son ami de cœur et son compagnon intime. Dans les liaisons les plus saintes, il y a de ces nuances qui ne préjudicient en rien à leur pureté ni à leur solidité.

Pour le moment les trois amis cherchent leur voie, il se passera bien des années encore avant qu'ils l'aient trouvée. Dieu les dispose lentement, dans le secret de ses desseins éternels, à une œuvre qu'ils sont bien loin de soupçonner.

neveu du précédent, ne tint le trône pontifical que vingt-deux jours, en l'année 1503.

(1) Les Piccolomini eurent pour rivaux acharnés les Malavolti.

CHAPITRE V

Le B. Bernard jurisconsulte.

———

Le B. Bernard jurisconsulte et professeur. — Traditions de
famille. — Son rôle dans sa ville natale. — S'est-il relâché
de sa piété première ? — Etat général des esprits à cette
époque. — Un illustre contemporain.

Cependant le choix d'une carrière s'imposait à la
généreuse activité du jeune Toloméi. On eût pu penser
qu'à l'imitation de ses ancêtres et aussi de ses deux
frères, il aurait choisi celle des armes. Il n'en fut pas
ainsi. Soit que la rapide expérience de la vie militaire lui en eût fait connaître les dangers au point de
vue des intérêts éternels de son âme ; soit que son
caractère studieux et réfléchi l'ait attiré à une existence plus calme : il embrassa la carrière de la jurisprudence, et occupa une chaire de droit à l'université de Sienne sa patrie.

Il y a dans les familles des traditions que le temps
ne saurait affaiblir, et qui s'affirment par intervalles
comme en vertu d'une transmission occulte et insai-
sissable. Les physiologistes ont noté le curieux phénomène de l'atavisme, qui consiste dans la réappari-

tion des traits d'un ancêtre sur le visage d'un de ses descendants : cette constatation s'applique à l'âme aussi bien qu'au corps. Ainsi nous remarquons dans la noble famille des Toloméi une tradition de goûts sévères, qui lui fit produire en tout temps des hommes éminents dans la science et surtout dans la jurisprudence. Celse Toloméi, fondateur du collège de ce nom à Sienne ; Claude Toloméi, recteur de l'Académie appelée des *Intronati ;* Pierre Toloméi, insigne jurisconsulte, secrétaire du cardinal Œnéas Sylvius Piccolomini plus tard Pie II ; François Toloméi, professeur de droit à l'université de Sienne, auteur d'ouvrages estimés, qui fleurit sous Alexandre VII ; Germanicus Toloméi, également professeur de jurisprudence et excellent poète, vicaire général de Sienne ; le cardinal Jean-Baptiste Toloméi, surnommé l'Universel, qui fut porté aux nues par ses contemporains, comme un prodige de science ; un autre cardinal du même nom, de la compagnie de Jésus, créé par Clément XI : tous ces noms, qui jetèrent en leur temps un vif éclat (1), justifient surabondamment notre assertion, et nous permettent de n'être pas surpris si, en remontant la suite des âges, nous trouvons un Toloméi, chevalier de l'Empire, s'adonnant à l'étude des lois, et enseignant la jurisprudence devant un auditoire formé par ses concitoyens auxquels s'adjoignaient un bon nombre d'étrangers.

Notre Bienheureux ne fut pas d'ailleurs l'unique membre de sa famille qui, au commencement du

____

(1) Cette liste est tirée des *Memorie della città di Siena,* à la fin du volume (*Hommes illustres de Sienne*).

xIVe siècle, revêtit la toge de jurisconsulte. En ce
même temps fleurissait à Bologne un célèbre professeur nommé Guillaume de Ciliano; il transporta sa
chaire à Sienne, au moment des troubles de l'an 1320
qui faillirent ruiner l'université bolonaise; il fut
inhumé dans l'église des dominicains, et l'on grava
sur sa tombe l'inscription suivante :

Au temps où les études furent interrompues à Bologne,
Celui-ci enseigna à Sienne avec grand éclat ;
C'est Guillaume le jurisconsulte, natif de Ciliano.
Il repose sous cette pierre assoupi par la mort.

Or, ce Guillaume de Ciliano n'était pas un étranger,
mais un Siennois, et un Siennois de la maison des
Toloméi; cela résulte des archives de cette famille,
comme aussi des chroniques de Bologne qui mentionnent le docte professeur (1). Nous avons donc un
contemporain du Bienheureux, du même sang que
lui, qui enseigne le droit à Sienne. Ce seul fait suffirait à lever tous les doutes qui pourraient planer
sur le professorat du bienheureux Bernard.

Il enseigna lui-même avec une grande autorité, et
s'acquit une juste réputation. Les yeux de ses concitoyens étaient fixés sur lui; et une tradition nous
dit qu'il occupa des charges importantes dans la
république de Sienne. Quelles furent ces charges?
C'est là une question qu'il nous semble impossible
de résoudre autrement que par des conjectures.

(1) Dom Besozzi en a tiré la preuve : 1° des archives du
comte Germanicus Toloméi; 2° de l'histoire de Gherardacci
de Bologne. *Riflessioni*, etc.

Il paraît certain que notre Bienheureux ne put remplir dans sa ville natale les fonctions de podestat ou de capitaine du peuple; elles étaient invariablement confiées à des étrangers. Ses deux frères, Nello et Pietro, en sont revêtus, mais dans des villes autres que Sienne, comme Pérouse, Volterra, Todi, Saint-Géminien. Il est possible que la mention de leurs faits et gestes dans ces divers postes ait produit quelque confusion chez les historiens de notre Bienheureux. A une certaine distance, et sur des documents incomplets, il est malaisé d'y échapper (1).

Il ne paraît pas non plus probable que le bienheureux Bernard ait jamais siégé dans la magistrature des Neuf, qui alors régissait la ville; car elle était rigoureusement fermée aux nobles. Ils pouvaient, il est vrai, avant 1310, avoir accès à ce conseil de l'Etat en renonçant à la noblesse et en se faisant inscrire dans la classe des marchands, comme on rapporte que firent à Florence le fougueux tribun Giano della Bella, et aussi le grand poète Dante Alighieri. Mais nous ne croyons pas, étant donnée l'animosité des Toloméi contre les Neuf, qu'un membre de cette famille ait recouru à un tel moyen pour la vaine satisfaction de figurer parmi eux (2).

(1) Le biographe du bienheureux Jean Colombini est tombé dans les mêmes confusions que certains historiens du bienheureux Bernard.

(2) Citons deux faits à l'appui de notre dire. En 1317, les docteurs en droit et les notaires font à Sienne une ligue avec certains artisans pour obtenir d'être habilités aux affaires publiques. Le plan des conjurés était de tuer les Neuf, de s'emparer de la ville et de proclamer comme podestat messer Sozzo

Ces réserves faites, il est possible que notre Bienheureux ait été chargé de quelque ambassade ; qu'il ait été capitaine de milice ou gonfalonier dans le terzo de Camollia, qui était celui de sa famille ; enfin que, dans certaines circonstances, la confiance de ses concitoyens l'ait appelé à exercer une réelle influence sur la marche des affaires dans sa ville natale. En ces temps où le savoir était en grand honneur, l'autorité de la science devenait pour les nobles une sorte de revanche des interdictions dont ils étaient frappés.

Ici nous nous heurtons à un point assez obscur de notre histoire. Est-il vrai qu'après avoir allié, jusqu'à l'âge de trente-trois ans, l'étude des sciences humaines et les doctes labeurs du professorat aux exercices de la piété la plus fervente dans la Confrérie de Sainte-Marie de la Scala, après avoir édifié la ville de Sienne par l'austérité de sa vie et la profession publique des vertus les plus chrétiennes, non moins qu'il l'étonnait par la profondeur de son savoir, notre Bienheureux se soit relâché de sa ferveur et soit tombé, vis-à-vis de Dieu, dans un état de tiédeur d'autant plus répréhensible qu'il avait été favorisé de plus grandes grâces ? Quelques biographes (1),

---

Toloméi, dont la maison était le boulevard des mécontents. Mais la conjuration fut découverte, et les conjurés furent bannis. (*Léo*, tom. I, 665.) — En l'an 1346, messer Spinellocchio Toloméi fait irruption à main armée au palais communal et tue de sa main l'un des neuf seigneurs. (*Mem. di Siena.*) — On le voit, la maison des Toloméi était très prononcée contre les Neuf. La présence d'un de ses membres en ce conseil eût été un événement.

(1) *Vita B. Bernardi apud Boll.* — Carpentiéri. *Vita B. Bernardi.* — Alessandro Bossi. *Vita del Beato Bernardo.*

s'inspirant d'ailleurs les uns des autres, l'affirment ; d'autres (1) et notamment le vénérable Antoine de Barga qui écrivait un siècle après la mort du Bienheureux, ne parlent pas de cette période de relâchement, et au contraire ils représentent Jean Toloméi vivant dans le monde plutôt en cénobite qu'en chevalier ou en homme de loi. La chronique manuscrite de Mont-Olivet se contente de dire, en racontant le fait miraculeux qui détermina sa retraite au désert, qu'il se trouva *changé en un autre homme :* expression un peu vague, et susceptible d'interprétations plus ou moins rigoureuses (2). Parmi toutes ces versions, nous sera-t-il permis d'émettre une hypthèse, qui montrerait assez bien, selon nous, le point par où elles sont conciliables ?

Nos avons donné dans notre introduction une vue d l'Italie au commencement du xiv° siècle. Les passios politiques y bouillonnaient de toutes parts. Les gulfes et les gibelins se disputaient, non pas seulement le pouvoir, mais l'air même du pays natal et la jcissance du foyer domestique. A Sienne, ces division qui n'étaient pas éteintes, quoiqu'elles fussent bien moins vives que là où sévissaient les factions des *blancs* et des *noirs,* se compliquaient d'un sourd montentement de la noblesse contre les classes mchandes qui la tenaient éloignée du pou-

(1) *Chron. Ant. Bargensis.* — Silvano Razzi. *Vita dei santi Tosca* — Lancellotti. *Historia Oliv.*

(2) En tot cas, nous repoussons de toutes nos forces l'imputation mœurs légères émise par certains historiens de date récel. Il n'est rien, absolument rien, dans les anciens docume, qui autorise une pareille supposition.

voir. La famille des Toloméi était à la tête des mécontents, comme on le voit par les échauffourées de
1317 et de 1346, préludes de celle de 1355, dans laquelle devait succomber définitivement la magistrature des Neuf. De plus, l'histoire mentionne les querelles à main armée, où le sang parfois coulait à
flots, entre cette maison et la maison non moins
puissante des Salimbéni. Vers l'an 1310 notamment,
cette rivalité mit toute la ville en feu, et fut même
la cause ou le prétexte des dernières exclusions portées contre la noblesse.

Que fit notre Bienheureux, parmi ce cliquetis d'épés,
au milieu de cette fermentation de passions et d'ité-
rêts? Put-il demeurer dans la sphère paisible de ses
études et échapper entièrement au tourbillon qui
entraînait les siens à des luttes si âpres et parfois
sauvages (1)? Lorsque plus tard des sectaires, gelfes
ou gibelins, peu importe, le rechercheront jusque
dans son désert pour l'empoisonner, ne faut-il pas
voir là un indice qu'il fut mêlé, dans une certaine
mesure, aux agitations de son époque?

Plus tard, jugeant sa propre vie à la lumière de
Dieu, avec la sévérité d'un saint qui se condamne
lui-même là où d'autres ne trouveraient rien de
grave à reprendre, n'aura-t-il pas regretté et pleuré
amèrement une période de son existence où la pureté

(1) Peut-être le bienheureux Bernard fut-il lassé de l'in-
gratitude de ses concitoyens, qui l'enveloppent dans la
défiance dont ils frappaient la noblesse, sans tenir compte
de l'intégrité de sa vie et des services rendus Peut-être,
pour faire diversion à ces amertumes, se plongea-t-il dans
l'étude avec une impétuosité qui ralentit sa première ferveur!

de ses intentions aurait été obscurcie par la fumée
des passions de la terre? N'est-ce pas l'explication la
plus simple de la légende qui le représente livré à
l'ambition du siècle? Nous indiquons cette conjecture
en laissant à d'autres le soin d'en peser la vraisemblance.

En étudiant cette partie de la vie de notre Bienheureux, notre pensée se reporte vers son illustre
contemporain, Dante le fougueux gibelin, Dante
l'exilé de Florence, Dante le divin, le très haut
poète, comme l'appellent ses compatriotes dans leur
légitime enthousiasme. N'a-t-il pas retracé plus ou
moins l'existence agitée de tous les hommes de son
âge quand, dans les premières strophes de son immortel poème, il a déploré ses propres errements?

> *Au milieu du chemin de notre vie,*
> *Je me trouvai dans une forêt obscure,*
> *Ayant perdu la droite voie.*
>
> *Pourrais-je dire sans qu'il m'en coûte*
> *Combien cette forêt était sauvage, âpre et épaisse?*
> *Y penser, renouvelle en moi mon épouvante.*
>
> *Elle était si amère que la mort l'est peu davantage!*
> . . . .
>
> *Comment j'y entrai, je ne saurais le dire,*
> *Tant j'étais ensommeillé au moment*
> *Où j'abandonnai la droite voie* (1).

Ces vers mélancoliques et forts peignent bien,
disons-nous, l'état psychologique de ces hommes des

______

(1) *Enfer*, chant i, 1, 2, 3, 4.

XIIIᵉ et XIVᵉ siècles, qui, malgré leur désir intime de
la paix, se trouvaient enveloppés dans les âpres
passions de leur époque, comme le voyageur est
perdu dans le dédale d'une forêt impraticable et
remplie de bêtes fauves, ou comme le naufragé est
roulé dans les vagues d'une mer irritée. A un moment donné, par un regard et avec l'aide de la bonté
divine, ils parvenaient à gagner la lisière de la forêt
ou le sable du rivage; et alors ils respiraient en
voyant luire de nouveau

> *Les rayons de cette planète*
> *Qui fait marcher droit en tout sentier* (1).

Ainsi en arriva-t-il plus ou moins pour notre bienheureux Bernard. Sa vie, malgré le goût des études
sérieuses qui l'embellissait, malgré l'austère célibat
dans lequel elle s'écoulait loin des enivrements d'une
existence toute séculière, aurait vraisemblablement
fini par se stériliser dans les déceptions et les amertumes, ou du moins elle n'aurait pas eu toute sa
fécondité providentielle, si Dieu, par un coup de sa
main non moins imprévu que merveilleux, ne lui
eût imprimé une direction puissante vers un but entièrement surnaturel et digne de lui.

(1) *Enfer*, chant ı, 6.

CHAPITRE VI

Retraite du B. Bernard au désert d'Accona.

———

L'année 1312. — Conférence annoncée. — Le B. Bernard
devient subitement aveugle. — Il est guéri par la Sainte
Vierge. — Discours sur le mépris du monde. Retraite au
désert d'Accona. — Jean Toloméi devient frère Bernard.
— *Ama nesciri et pro nihilo reputari.*

L'année 1312 fut spécialement calamiteuse ; la chró-
nique de Sienne dit énergiquement que le monde tout
entier y fut mis en décomposition par la guerre (1).
L'Italie était alors, par sa faute, veuve de ses Pontifes, qui venaient de s'installer à Avignon ; et ce
veuvage était pour elle une plaie sans comparaison
plus grande que le veuvage d'empereurs dont le poète
florentin se lamentait si fort (2). En ce moment même
l'empereur Henri VII, cédant aux objurgations de ses
partisans, avait franchi les Alpes, et était allé se faire

(1) Tunc totus mundus in corruptione potius erat propter
guerram. (*Potius est peut-être mis pour positus.*)

(2)   Viens, vois ta Rome qui pleure,
      Veuve, seule, et qui la nuit crie :
      Mon César, pourquoi me délaisses-tu ?
                  Purg., chant vi, 38.

sacrer à Rome par un cardinal en l'absence du pape ;
mais son apparition, loin d'apporter la paix à la Péninsule, avait été le signal d'une prise d'armes générale et des conflagrations les plus vives. Abattus par
la maison d'Anjou, les gibelins relevaient la tête et
se livraient à de cruelles représailles. C'est sous ces
fâcheux auspices que se levait l'année 1313 ; elle
devait voir mourir tristement le pauvre Henri VII,
prince doué de bonnes qualités, mais dont l'ambition
avait souillé la fin.

Jean Toloméi avait alors quarante et un ans. Il
s'appliquait à l'étude des lois humaines avec une
passion d'autant plus vive que sa qualité de noble
l'éloignait, comme nous l'avons dit, du maniement
des affaires publiques. L'étude a été de tout temps
un port où se retirent les esprits rebutés des vaines
querelles et du bruit stérile du monde. Dieu allait
ouvrir devant notre Bienheureux une retraite plus
haute, plus profonde, plus sûre et incomparablement
plus douce.

Un jour il annonça à ses auditeurs qu'il allait
traiter contradictoirement devant eux, dans un délai
qu'il fixa, une des questions les plus ardues de la
jurisprudence. Déjà, et même de pays éloignés, on
se disposait à assister à cette joûte de science et d'é-
loquence ; le savant professeur préparait avec soin
ses arguments, quand un événement soudain mit à
néant tous ses projets.

Laissons la parole à la vieille chronique de Mont-
Olivet ; elle nous le racontera avec une simplicité que
ne saurait égaler aucun artifice de style.

« Le jour de la dispute approchait, et comme il souffrait d'un œil depuis longtemps, il priait Dieu de le guérir. Or, il advint que tout au contraire il éprouva à l'autre œil une douleur très violente, et le mal s'accrut à tel point qu'il perdit presque totalement la vue, et que, bien loin de pouvoir lire, il ne pouvait même plus contempler la lumière du jour. Cette cécité fut cause que, tombé dans l'impuissance de voir les objets extérieurs, il se tourna tout entier à contempler les choses intérieures ; et par là il se trouva changé en un autre homme : il promit à Dieu et à la très sainte Mère de Dieu, *sa bien-aimée Dame*, que, s'il méritait de recouvrer la vue, il prendrait l'habit de pénitent, et embrasserait la vie des serviteurs de Dieu. La bonté divine ne différa pas de faire droit à sa prière et à ses supplications ; il recouvra la vue comme il l'avait auparavant (1). Grandement fortifié dans la foi par ce miracle, le serviteur de Dieu commença par rendre de profondes actions de grâces à son Libérateur ; puis il se mit en devoir de monter à sa chaire comme pour donner à ses disciples la leçon accoutumée. Ils accoururent tous pour l'entendre ; mais ce n'était plus un docteur en jurisprudence, c'était un maître spirituel, un prédicateur ; il prononça devant la foule émerveillée un magnifique discours sur le mépris du monde (2). »

(1) Ne laissons point passer ce mot sans attention. Le Bienheureux ne jouit jamais d'une bonne vue, nous le constaterons plus bas.

(2) Le texte de ce discours est malheureusement perdu,

Quelle chaleur, dit avec raison un récent biographe du Saint (1), quelle chaleur devait avoir la parole de cet homme, tout ému de la grâce qu'il venait de recevoir ! Pareil à un nouveau saint Paul, éclairé jusqu'au fond de son âme d'une clarté supérieure à toute clarté, ravi en Dieu par la reconnaissance et par l'amour, il ne pouvait contenir le flot qui bouillonnait dans son sein ; il le répandait avec une éloquence si brûlante, que toute la jeunesse qui l'entourait se tenait là, devant sa chaire, haletante et frissonnante, et que, pour cette fois, oubliant de l'applaudir, elle fondait en larmes à ces accents vibrants et pathétiques. Lorsque sur la fin de son discours il annonça à ses auditeurs que désormais ils n'entendraient plus sa voix ; quand, en leur adressant ses adieux, il les adjura de penser eux-mêmes

Néanmoins, nous le lisons dans plusieurs auteurs qui l'ont tiré... de leur imagination. — L'un, Carpentiéri, nous donne une harangue dans le goût du xviie siècle, pompeuse et fleurie, semée d'allusions aux dieux de l'Olympe et aux grands conquérants de l'antiquité, écrite d'ailleurs dans un fort beau latin. — Un autre, c'est Torquato Tasso, le grand poëte, développe le thème de la fuite du monde en strophes ravissantes, dans lesquelles il déploie toute la douceur de son génie et la chaleur de sa vive piété. — Un troisième discours se trouve dans un manuscrit du monastère de Settignano près Florence ; il est plus dans la couleur locale ; le Bienheureux y fait une vive peinture des maux qui affligent l'Italie, et de là, conclut à la vanité du monde ; malheureusement, des anachronismes évidents ôtent à cette pièce tout caractère d'authenticité. Par exemple, il y est question de la venue en Italie de Louis de Bavière qui n'était pas encore empereur lors de l'événement.

(1) D. Grégoire Thomas. *L'abb. de Mont-Olivet-Majeur*, p. 18.

et de pourvoir au salut de leur âme, l'assemblée tout entière éclata en sanglots. Deux hommes se levèrent, et se déclarèrent prêts à le suivre partout où il irait ; c'étaient ses deux fidèles amis de la Scala, Patrice Patrizi et Ambroise Piccolomini.

Leur résolution de quitter le monde, prise d'un commun accord, fut aussitôt mise à exécution ; car la grâce du Saint-Esprit, nous dit saint Ambroise, n'admet aucun retard (1). Dociles à la voix de l'Evangile : *Si tu veux être parfait, va, vends tout ce que tu as, donne-le aux pauvres, et puis viens, suis-moi* (2) ; ils partagèrent leurs biens entre les indigents, les pieuses confréries et les communautés religieuses de la ville. Par une attention délicate, Jean Toloméi légua son palais paternel aux frères-prêcheurs de Sienne ; ceux-ci acceptèrent le présent, mais, par une délicatesse non moins admirable, ils s'en dessaisirent en faveur d'une jeune fille de la maison des Toloméi, qui était pauvre et dont il constitua la dot (3).

Il semble qu'il eût été assez naturel à Jean Toloméi de reprendre les brisées de cette ancienne et enfantine vocation qui l'avait attiré autrefois à l'ordre de saint Dominique ; il aurait pu utiliser ainsi, dans le ministère de la prédication, et son grand savoir et

(1) Nescit tarda molimina Sancti Spiritus gratia. (*In Lucam.*)

(2) Matth., xix, 21.

(3) Ce détail touchant est relaté par plusieurs auteurs, notamment par une Vie manuscrite qui se trouve au monastère de Settignano.

son éloquence. Les pensées de Dieu ne sont pas les nôtres ; l'Esprit, *qui souffle où il veut* (1), se fit sentir à lui d'une autre manière. Il l'appelait dans la solitude. Il lui murmura dans le secret de l'âme cette invitation : *Cherche la paix et mets-toi à sa poursuite* (2). De tous ses biens patrimoniaux Jean Toloméi ne se réserva qu'un désert âpre et sauvage, d'un accès très difficile, situé loin des villes et des hommes, nommé Accona ; le doigt de Dieu avait marqué là le lieu de son repos.

Quelles grandes pensées remuaient alors doucement son âme ! Quelles sereines visions passaient devant ses yeux ! Elles se traduisirent par un acte, qui mit le sceau à son renoncement au monde, à ses projets de vie nouvelle. Laissant le nom de Jean sous lequel il était connu dans le monde, il prit celui de Bernard. Guéri de sa cécité, converti tout à Dieu par la Très Sainte Vierge, il voulait, à l'imitation du grand abbé de Clairvaux, devenir à tout jamais le serviteur, l'homme-lige de la Mère de Dieu *sa bien-aimée Dame.*

Après avoir remué si profondément son siècle, saint Bernard était resté l'un des saints les plus populaires du moyen âge. Les révélations de sainte Gertrude et de sainte Mechtilde attestent la dévotion spéciale des âmes du cloître envers le Docteur dont les lèvres distillent le miel (3). Pour tous les chrétiens,

(1) Joan., III, 8.
(2) Psalm. XXXIII, 15.
(3) Doctor mellifluus.

son nom était devenu inséparable du nom de Marie,
dont il avait si mélodieusement chanté les grandeurs
et les miséricordes. Nous avons de ceci un témoignage
bien saisissant dans le poëme de Dante, ce fidèle miroir de tous les sentiments de son époque. Parvenu
au plus haut degré des sphères célestes, en face de
la rose mystérieuse que dessine toute l'assemblée des
saints, le poëte voit descendre vers lui un vieillard.

Il était vêtu comme le sont les phalanges glorieuses.

Dans ses yeux, sur ses joues était répandue
Une joie bénigne, avec un air de compassion,
Ainsi qu'il sied à un tendre père.

Et le vieillard lui dit :

...... Afin de monter au sommet
De toute perfection, apprends ton chemin.

La Reine du ciel, pour qui je brûle
Tout entier d'amour, t'obtiendra toute grâce ;
C'est moi qui suis son fidèle Bernard (1).

Si, dans la belle imagination du poète florentin,
saint Bernard est au ciel l'introducteur des âmes auprès de Marie qui les conduit à son Fils, ne soyons
pas surpris que notre Bienheureux, se revêtant de
son nom comme d'un palladium, l'ait choisi pour
initiateur dans la vie nouvelle à laquelle l'appelait
l'Esprit de Dieu. Comme saint Bernard, il allait au
désert ; comme lui, il vouait à Marie les plus intimes

____

(1) *Paradis*, ch. XXXI, 21, 22, 32, 34.

affections de son âme. Et à voir le pieux chevalier, le savant docteur, le maître illustre, laisser là son épée et sa toge, pour s'ensevelir dans la maturité de l'âge au fond d'une solitude affreuse, on sentait qu'il avait pris pour devise la maxime de l'abbé de Clairvaux que l'Imitation a reproduite et complétée : *Aime à être inconnu et compté pour rien* (1).

Cette maxime est le résumé de la règle bénédictine, elle est l'expression la plus complète de la perfection évangélique ; mise en pratique, elle est le prélude des grandes œuvres divines. L'homme qui s'ensevelit ainsi, qui se tient caché sous le mépris d'un monde assez aveugle pour estimer folie ce qui est sagesse ; celui-là trouve pour lui-même la manne des douceurs divines, il trouve le trésor d'une paix inénarrable. De plus, pareil au germe qui doit mourir pour obtenir toute sa fécondité, il produit des œuvres fortes et impérissables, qui survivent à l'éclat des villes et même à la durée des empires. Et le monde, qui n'était pas digne de comprendre ces obscurs ouvriers de Dieu, s'étonne de voir leurs édifices debout quand tout le reste a disparu sans retour.

Assurément lorsque Bernard Toloméi (car désormais nous ne lui donnerons plus d'autre nom), uni à ses deux fidèles compagnons Patrice et Ambroise, quitta la ville de Sienne pour le désert d'Accona, il ne songeait pas à l'œuvre pour laquelle de toute éternité Dieu l'avait prédestiné. Il ne voulait qu'une

---

(1) Ama nesciri et pro nihilo reputari. — Saint Bernard. *Sermon III sur la fête de Noël*, n° 2. — *Imit.*, liv. I, ch. ii, n° 3.

chose : être oublié. Il ne convoitait qu'une chose : Dieu et sa grâce. Il eut Dieu, il eut la grâce de Dieu. Et l'éclat d'une sainteté reconnue par l'Eglise, l'illustration pure de fondateur d'ordre, lui furent donnés par surcroît.

Moins d'un siècle avant son exode, sept gentilshommes florentins en avaient fait un tout semblable. Epris d'un immense amour pour la bienheureuse Vierge, ils s'étaient retirés sur un mont solitaire de la Toscane situé sur l'arrière-plan des hauteurs de Fiésole, nommé le Mont-Sénario : là ils avaient jeté les fondements de l'ordre des servites, destiné à honorer tout spécialement les sept douleurs de la Très Sainte Vierge. Marchant sur leurs traces, les trois gentilshommes siennois allaient, dans un désert écarté, susciter un monastère bénédictin, où le nom de Marie ne serait ni moins aimé, ni moins honoré que sur la cime du Mont-Sénario.

Leur départ de Sienne ne se fit certainement pas sans causer une vive émotion dans la ville. Bernard et Ambroise comptaient parmi les chefs de la noblesse; Patrice appartenait à cette noblesse de second rang, qui partageait avec les classes marchandes le gouvernement de la cité. Ce fut un grand exemple que le renoncement de ces trois hommes à toutes les délices de la vie, à tous les honneurs du siècle.

Pour eux, lassés du bruit des querelles et des compétitions de partis, l'esprit et le cœur libre de cette liberté que Jésus - Christ nous a donnée, ils pouvaient chanter en gagnant Accona ces paroles qui forment l'introït de la messe du bienheureux

Bernard : *Parce que j'ai vu l'iniquité et la contra-
diction dans la cité, je m'en suis éloigné par la
fuite, et je suis demeuré dans la solitude.* Ecce
elongavi fugiens et mansi in solitudine (1).

(1) Ps. LIV, 8, 10.

DEUXIÈME PARTIE

LE BIENHEUREUX BERNARD ERMITE A ACCONA

CHAPITRE PREMIER

Accona.

A l'ouest des Apennins. — Site sauvage d'Accona. — Son
aspect d'autrefois. — Le grand crucifix du Bienheureux.
— Son entrée à Accona. — Une mort tragique.

A l'ouest des Apennins, dans la direction de la
Maremme, et, pour préciser davantage, entre les
petites villes d'Asciano et de Buonconvento, s'étend
une région qui est loin d'offrir l'aspect riant des
environs de Florence, ou des collines verdoyantes
sur lesquelles Sienne s'élève en amphithéâtre. Elle a
quelque chose d'austère, qui contraste avec le ciel
du midi, et les charmes habituels du *beau pays* dont
parle le poète (1). Ce ne sont plus des montagnes.

(1) *Il bel paëse.* Expression célèbre de Dante.

mais de fortes ondulations de terrain se succédant
les unes aux autres comme ces larges vagues que
l'on rencontre en pleine mer. Le fond des ravins
est garni d'une assez belle végétation ; mais les
crêtes sont généralement dénudées. Couronnées de
la pâle verdure de rares oliviers, entre lesquels se
détache çà et là quelque maison en briques rouges,
elles laissent voir à nu un sol argileux, sillonné de
rides profondes par les pluies d'orage. Le voyageur,
qui, partant soit d'Asciano, soit de San-Giovanni
d'Asso, traverse cette contrée presque déserte, éprouve
comme une sensation de recueillement très caractéristique. Autant le coup d'œil enchanteur des plaines
de la Toscane arrosées par l'Arno invite à sortir de
soi-même, pour se répandre au sein de cette belle
nature ; autant l'aspect mélancolique de ces lieux
contraint l'âme à se replier sur elle-même, et la prépare à comprendre l'abnégation des héros de la pénitence qui sont venus fixer leur tente sur ce sol aride
et désolé.

Lorsque, par la route qui part de San-Giovanni
d'Asso, l'on arrive sur les hauteurs où s'élève le
petit village de Chiusuré, soudain le tableau change,
le paysage jusque-là monotone revêt un air grandiose, et l'on ne peut se défendre d'un cri d'admiration à la vue du site majestueusement horrible que
l'on a sous les yeux.

L'horizon s'est élargi. A droite, à une forte distance, on distingue la ville de Sienne. Tout à gauche,
la vue est bornée par une haute montagne, ancien domaine des fameux comtes de Santa-Fiora ; également

à gauche, elle va se reposer sur les cimes, où apparaît très nettement, pareille à un nid d'aigle, la ville épiscopale de Montalcino. Sur un plan inférieur, et parmi de sombres forêts, se dessine Buonconvento, bourgade située sur la grande route de Rome à Florence. Enfin aux pieds, mais littéralement aux pieds du spectateur, et comme renfermée dans ce beau cadre, apparaît la colline d'Accona, aujourd'hui Sainte-Marie de Mont-Olivet.

Figurez-vous des cimes escarpées, disposées en forme de large hémicycle, dont les flancs sont labourés et comme déchiquetés par la chute des eaux pluviales; au milieu et à mi-côte se détache une sorte de promontoire abrupt, qui s'avance en s'élargissant dans le vide entre les bras de ces montagnes! C'est Accona, c'est le lieu immortalisé par la pénitence du bienheureux Bernard et de ses compagnons.

Du premier coup d'œil on sent tout ce qu'il y eut de hardi, de surnaturellement beau dans le choix de ce site sauvage. C'était vraiment un défi jeté au monde, un acte d'abandon magnifique entre les mains de Dieu.

Pour aborder à Accona, il faut franchir une langue de terre étroite, et qui serpente entre d'affreux précipices. Elle n'a que la bonne largeur d'une route ordinaire; autrefois ce devait être une crête effilée et inégale, où l'on eût à peine osé s'aventurer. Quant à la colline elle-même, représentez-vous une presqu'île rattachée à la terre ferme par un isthme étroit, ou bien un château-fort entouré de fossés profonds sur lesquels est jeté un pont-levis : et vous aurez une idée de ce que la nature a fait pour Accona. De tous côtés la colline est environnée par des abîmes à donner le vertige ; elle est donc absolument inabordable, sauf du côté du nord où elle se rattache, par le mince filet de terre en question, aux escarpements voisins.

Il ne faudrait pas d'ailleurs se figurer tout alentour d'Accona des entassements de rochers quasi perpendiculaires, comme il s'en présente dans les massifs des hautes montagnes. Le caractère spécial de ces terrains est au contraire l'absence complète de toute roche, de tout silex. Ils sont formés exclusivement d'une argile blanchâtre, profondément ravinée par les pluies. Les bords de la colline sont découpés d'une façon si étrange, que Pie II, dans ses Commentaires, a pu la comparer à la feuille dentelée du châtaignier (1).

Suivant ces mêmes commentaires, elle mesure un stade de longueur, ce qui équivaudrait environ à deux cents mètres. Mais nous croyons cette évaluation fort au-dessous de la vérité. Du point où Accona se relie aux montagnes jusqu'à l'extrémité du promontoire où le monastère est bâti, il ne doit pas y avoir loin d'un demi-kilomètre. Quant à la largeur, à cette même extrémité, elle doit être au moins de cent cinquante mètres. La colline est inégale, à savoir déprimée vers les bords, et renflée au milieu. Les travaux des moines, en régularisant ses saillies natu-

____

(1) Si formam quæris, castaneæ folium imitatur. Undique rupes et barathra pergunt profundissima, in qua horror fit inspicere. — Le mot *rupes* signifie ici escarpements.

relles par des terrassements, lui ont enlevé beaucoup
de ses aspérités. Il a fallu aussi, et même de nos
jours, établir sur les côtés des murs de soutènement,
pour obvier aux dégradations et aux éboulements
qui eussent fait peu à peu glisser les édifices du monastère au fond des abîmes.

Aujourd'hui, enrichie par le travail des moines
de plantations de vignes et d'oliviers, garnie de ran-
gées de cyprès et de sapins toujours verts, la cime
d'Accona semble presque un Eden au milieu des escarpements arides et crevassés qui l'entourent. Il n'en
était assurément pas ainsi au temps où s'y fixa le
bienheureux Bernard. Les historiens nous peignent
ce coin du désert comme un fouillis de broussailles
et de ronces, hanté uniquement par les oiseaux de
proie et les bêtes fauves. Les pâtres de Chiusuré
venaient-ils y conduire leurs troupeaux? On pourrait en douter, à cause du danger qu'offraient les
précipices.

Et pourtant ce lieu était-il absolument inexploré?
Nous ne le pensons pas. D'abord c'était un domaine
appartenant aux Toloméi. A cette époque où la chasse
était un divertissement cher à la noblesse, ils devaient
au moins de temps à autre diriger de ce côté leurs
excursions cynégétiques. Et puis certaines paroles
des anciennes chroniques laisseraient à entendre qu'il
y avait à Accona une cabane rustique, faite sans doute
de branchages et cimentée avec de l'argile, suffisante
toutefois pour servir d'abri en cas d'orage (1).

(1) Erat quidem juxta nemora illa et intra montis ambi-
tum domus quædam lutea admodum parva. *Chronique ma-*

Cela eût-il existé, le lieu était suffisamment sauvage, la solitude suffisamment profonde, le changement de vie des trois gentilshommes suffisamment héroïque, pour que leur retraite à Accona puisse compter parmi les actes de pénitence les plus admirables et les plus inimitables, dont les siècles passés nous aient légué le souvenir.

Aussi ne voudrions-nous pas exagérer le dépouillement si complet qu'ils firent des biens de ce monde. Tenter Dieu, en s'exposant à une mort assurée par la privation des choses les plus nécessaires à la vie, n'a jamais été, que nous sachions, un trait de sainteté. Lorsque le vieux chroniqueur olivétain, Antoine de Barga, nous dit que les trois amis emportèrent avec eux leurs livres (1) et les objets de première nécessité ; quand il nous dit que plus tard, tout en se livrant à un travail bien rude pour des hommes accoutumés à toutes les commodités de la vie, ils tiraient aussi leur subsistance de certaines petites possessions (*possessiunculis*) que s'était réservées le Bienheureux (2) : nous ne voyons pas pourquoi nous n'ajouterions pas foi au témoignage si précis d'un écrivain qui fut à même d'être bien renseigné.

nuscrite de *Mont-Olivet.* — Silvano Razzi et Torquato Tasso disent la même chose.

(1) Anno ab incarnati Verbi nativitate 1313 præfati à Deo dilecti viri ad prædictum locum venerunt cum utensilibus suis et libris ut Deo sedulum exhiberent servitium. *Chronica abbreviata Antonii Bargensis.*

(2) Tum exercitio manuali, tum ex possessiunculis Bernardi præfati sufficientem sibi necessitatem carpebant. *Chron. abbr. Ant. Barg.* — Voir la note II à la fin du volume.

En tous cas, il est certain que le bienheureux Bernard ne quitta pas Sienne les mains absolument vides. De son opulence passée il conserva un objet singulièrement touchant ; c'était un grand crucifix, pouvant mesurer un mètre et demi de hauteur, que l'on vénère aujourd'hui encore à Mont-Olivet (1). Le Christ a cette configuration un peu rigide, ces formes un peu grêles, que lui donnent les artistes byzantins ; mais il est d'un grand caractère, les traits du visage expriment une douleur intense, les yeux à demi fermés par l'agonie semblent jeter sur le monde un dernier regard d'amour. Ce crucifix sera le compagnon inséparable des jours et des nuits du Bienheureux ; il s'animera au souffle de ses prières, il prendra vie sous ses baisers brûlants, il ouvrira miraculeusement ses lèvres blêmies pour lui parler ; et les enfants du saint fondateur de Mont-Olivet le recueilleront comme le plus précieux héritage de leur père, comme une leçon immortelle qui les pressera d'aimer, d'aimer encore et d'aimer toujours Jésus crucifié.

Qui donc en effet attira au désert Bernard, Patrice et Ambroise ? N'était-ce pas uniquement l'attrait mystérieux de Jésus crucifié ? Ce qu'il leur fallait pour leur vie nouvelle, sur cette colline déserte, c'était, avant tout et par-dessus tout, le crucifix. Avec cette image,

(1) Ce crucifix est honoré dans la chapelle qui s'ouvre à droite de l'église de Mont-Olivet, et où repose le Saint-Sacrement. Le 20 septembre 1813, il fut enlevé lors de la sécularisation du monastère et porté à Sienne où, déposé dans l'église de Saint-François, il fut en grande vénération. Le 16 août 1817, la famille Toloméi le fit restituer à Mont-Olivet.

tout leur était bon, tout leur devenait aimable, et l'horreur de la solitude se changeait pour eux en paradis.

Et pourquoi ne nous représenterions-nous pas comme il suit leur sortie de Sienne, et leur entrée dans le séjour sauvage qu'ils regardaient comme leur terre promise ? S'il est permis au peintre de rendre par le dessin et les couleurs un sujet historique, pourquoi ne chercherions-nous pas à faire revivre, dans les limites d'une scrupuleuse vraisemblance, la prise de possession d'Accona par les disciples de Jésus crucifié ?

Malgré leur vif désir d'éviter tout éclat, les trois serviteurs de Dieu ne purent tenir absolument dans le secret l'heure et le moment de leur sortie de Sienne. Lorsqu'ils quittèrent la ville, il se joignit à eux un petit cortège d'amis fidèles. Il y avait parmi eux quelques parents, quelques confrères de la Scala, quelques élèves du Bienheureux. Celui-ci et ses deux compagnons avaient le visage plein de sérénité et d'allégresse ; les autres pouvaient à peine dissimuler la poignante émotion qui serrait leur cœur. Quand on fut arrivé sur les hauteurs d'où l'on découvre Accona, les trois serviteurs de Dieu quittèrent leurs chaussures, se prosternèrent pour remercier Dieu, et nu-pieds, chantant des psaumes, ils se dirigèrent vers l'étroit passage entre deux précipices qui mène à la colline. Le Bienheureux tenait la tête, en portant le crucifix ; Patrice et Ambroise marchaient à sa suite. Ils franchirent le petit défilé, et gravirent le tertre qui marque le point le plus élevé d'Accona.

Là, ils se prosternèrent de nouveau, adressèrent à Dieu et à la Sainte Vierge une fervente prière, baisèrent la terre, baisèrent les pieds du crucifix ; puis ils se dépouillèrent de leurs riches vêtements, pour revêtir une robe de bure grossière comme en portent les ermites, et passèrent à leurs pieds d'humbles sandales (1). Ils se présentèrent ensuite à leurs amis sous ce nouveau costume. Ceux-ci fondirent en larmes ; pour eux, ils étaient inondés d'une joie céleste. Bientôt le cortège qui les avait accompagnés se retira ; et ils demeurèrent seuls, les pieds sur la terre, l'âme déjà dans les cieux.

Cependant d'ineffables splendeurs brillaient sur Accona ; une troupe d'anges y descendait, et entourait la colline où les trois gentilshommes siennois étaient demeurés en compagnie du crucifix.

Ceci avait lieu en l'année 1313 ; à quel mois, à quel moment précis, nous l'ignorons. Chose singulière ! En cette même année, et vraisemblablement dans les mêmes mois, il se passait à Buonconvento, cette bourgade que l'on découvre des hauteurs d'Accona à moins de deux lieues à vol d'oiseau, un drame presque lugubre qui est un exemple éclatant de la fragilité des grandeurs humaines.

Nous avons dit comment l'empereur Henri de Luxembourg, VIIe du nom, cédant aux sollicitations

____

(1) Abjecerunt vestimenta sæcularia, induentes se honestiorem habitum, deponentesque etiam caligas calceati sunt calepodiis, sicque paupertatem ultro amplecti nitebantur. *Chr. abbrev. Ant. Barg.* — *Honestior habitus* veut dire un vêtement religieux.

de ses partisans et de Dante en particulier, avait
passé les Alpes. Il fit paraître d'abord une sage
modération ; mais, après son couronnement qui eut
lieu à Rome, il commit la faute de faire la sourde
oreille aux admonestations du Pape, et mit au ban
de l'empire le roi Robert de Naples et d'autres amis
du pontificat romain. Dès lors sa fortune déclina
rapidement. Forcé de quitter Rome précipitamment,
il entra en Toscane avec une armée ; mais il trouva
Florence et Sienne liguées contre lui, et il ne put
forcer aucune de ces deux villes. Il tenta une diversion sur Bologne, puis il revint sur Sienne. Alors,
au moment de porter la guerre dans le midi de l'Italie,
celui que Dante appelait le *très pieux Henri, la
joie du siècle,* s'en vint échouer et mourir tristement à Buonconvento, le 24 août 1313. Les bruits
les plus absurdes circulèrent au sujet de sa mort,
qui fut en effet brusque et inopinée ; ses partisans
affirmèrent qu'on l'avait empoisonné ; la vérité est
qu'il succomba de maladie et peut-être aussi de
chagrin (1).

Cet événement devait avoir les plus funestes conséquences, par les compétitions qui s'élevèrent pour
la succession à l'empire entre Louis de Bavière et
Frédéric d'Autriche. Le bruit qui s'en répandit, et
qui troubla le monde, réussit-il à franchir les quelques milles qui séparent Buonconvento d'Accona ?
Vint-il un seul instant distraire les pieux ermites de

______

(1) Ces faits sont rapportés par Muratori aux années 1312
et 1313.

la contemplation des choses divines ? Il est permis d'en douter.

Ils étaient morts au monde ; et néanmoins, dans leur séquestration absolue, ils allaient travailler puissamment au salut du monde.

CHAPITRE II

Vie érémitique.

———

Les ermites d'Accona. — Le petit oratoire. — Les grottes
creusées dans la colline. — Aspect de celle du Bienheureux.
— Ses austérités effrayantes. — Nouveaux compagnons.

Demeurés sur la colline en société du crucifix et
des anges, les pieux ermites devaient pourvoir à
leur installation telle quelle, et aux nécessités les
plus urgentes de la vie.

La colline d'Accona, comme nous l'avons dit, ne
se présente pas sous forme d'une esplanade régulière.
Au milieu elle forme une éminence qui la sépare en
un double versant, et qui va s'abaissant de chaque
côté, et à l'extrémité sud, en une pente adoucie,
laquelle est brusquement terminée par des précipices béants et énormes.

Les trois serviteurs de Dieu commencèrent avant
tout par se construire un petit oratoire ; ils le firent,
on le comprend, bien pauvre et bien modeste ; car
ils ne purent employer à cet effet que l'argile de la

montagne (1). Il s'élevait au couchant, là où l'on voit maintenant la chapelle de sainte Scholastique avec ses ravissantes peintures. Grande fut leur joie, quand ils purent y chanter pour la première fois les louanges divines. Il devint leur centre. Sept fois par jour, ils s'y rendaient pour payer à Dieu ce tribut de louanges ; et vers le milieu de la nuit, ils y faisaient retentir du chant prolongé des psaumes les échos des montagnes voisines. Délicieuse mélodie, là où jusqu'alors on n'avait entendu que les murmures du vent et les mugissements de la tempête.

En même temps ils se creusèrent des grottes dans le flanc de la colline, c'est-à-dire dans le tertre qu'elle forme en son milieu. Celle du Bienheureux se trouvait au couchant, un peu au sud du petit oratoire, du côté de ces hauteurs où l'on aperçoit, par delà le précipice, un curieux tumulus garni d'une couronne de cyprès. Celles de Patrice et d'Ambroise étaient au contraire à l'est de la colline, dans la partie qui regarde le village de Chiusuré perché d'une manière si pittoresque sur la crête la plus élevée des alentours.

Ces deux dernières grottes ne subsistent plus aujourd'hui ; des éboulements les ont en partie recouvertes, et ont obstrué le sentier qui permettait d'y aborder. Il n'en est pas de même de celle du bienheureux Bernard ; elle existe toujours. Malheureusement, au siècle dernier, par une piété malentendue,

____

(1) In oratione assidui, in silentio maximi, et ad Deo reddendas laudes alacres erant, exercentes, in quadam capella ut melius poterant quam ipsi construxerant, cultum divinum. *Chr. ab. Ant. Barg.*

on lui a fait subir des retouches qui l'ont par trop modernisée. Elle s'ouvre dans une belle et haute chapelle appuyée au tertre où le Bienheureux l'avait creusée ; elle a été élargie, agrandie, et ornée tout entière d'un revêtement de marbres gris et noirs. Ceux qui, dans les siècles précédents, l'ont vue telle que la piété des moines l'avait religieusement conservée, témoignent qu'un homme de haute taille n'aurait pu s'y tenir debout, et que pour y pénétrer il fallait se courber presque jusqu'à terre. C'était plutôt la tanière d'une bête fauve que la demeure d'un homme ; ou plutôt c'était un tombeau dans lequel le Bienheureux s'ensevelit tout vivant avec Jésus-Christ. On ne peut sans frémir penser à la pénitence qu'il y exerça, d'autant plus que cette caverne est très humide, comme l'est généralement le sol d'Accona malgré sa position élevée.

Nous en particulier, enfants indignes du Bienheureux, nous ne saurions nous représenter, sans une vive émotion, sa vie toute crucifiée au fond de cette grotte. Elle est vraiment notre berceau. C'est là que le bienheureux Bernard, dans une complète immolation de lui-même, jeta les fondements de son ordre. Qui dira tous les actes de pénitence héroïque, de crucifiement volontaire, d'ardente et compatissante charité, que Dieu requiert, pour baser l'édifice d'une congrégation religieuse ? O Jérusalem, tes fondements faits de pierres précieuses apparaîtront un jour dans tout leur éclat aux yeux des hommes et des anges ; et ce seront tous les muets sacrifices, toutes les secrètes prières que l'humilité des saints a cachés dans le sein de Dieu. Ce jour-là nous saurons tout ce que nous devons aux saints ; et par quelles supplications, par quelles larmes, par quels flots de sang, ils ont acheté la paternité dont Dieu les a revêtus vis-à-vis de nos âmes.

Le monde a horreur de ce mystère de pénitence ; et cela se conçoit, car rien n'est plus contraire à son esprit. Mais nous, qui avons reçu l'esprit de Jésus-Christ, nous en découvrons les raisons sublimes. Dans cette soif d'immolation, qui a porté tous les saints à des rigueurs si excessives, il y a non seulement l'effet d'une contrition ardente, mais encore un phénomène d'amour et un transport de charité. Lorsqu'une âme a été soulevée par Dieu à une grande hauteur au-dessus des choses de ce monde, elle ne s'y soutient qu'à force d'abnégation et de sacrifice. Sans douleur, nous dit l'*Imitation*, on ne saurait vivre dans l'amour (1). Cette maxime est doublement vraie : d'abord parce que l'amour ici-bas, étant privé de son objet, se trouve dans un état souffrant ; ensuite parce qu'il emporte l'immolation de tout soi-même aux purs attraits de la Beauté divine. C'est en souffrant pour nous que Jésus-Christ nous a aimés ! N'est-ce pas en souffrant pour lui que nous lui rendrons un peu d'amour ?

Profondément pénétré de ces maximes, notre Bienheureux vivait, au fond de sa grotte, tout à la fois dans une grande consolation d'esprit, et dans une grande affliction de corps. Les heures s'écoulaient

______

(1) Sine dolore non vivitur in amore. *Imit.*, lib. III, c. v, 7.

pour lui trop vite dans un doux tête-à-tête avec la Majesté divine ; mais il achetait ces douceurs enivrantes et ces ravissements par des macérations effrayantes.

Il est bon de remarquer ici que les saints de son âge sont tous des géants de pénitence. A la suite de saint Romuald et de saint Pierre Damien, de saint Dominique et de saint François d'Assise, il semble qu'ils veuillent livrer tout le sang de leurs veines à Jésus-Christ en échange de celui qu'il nous a donné avec une profusion si divine. A ce point de vue, les vierges ne restent pas en arrière sur les plus fervents anachorètes : sainte Catherine de Sienne par exemple n'est-elle pas un prodige d'austérité à épouvanter mille fois notre délicatesse ? Le bienheureux Bernard fournit la même carrière de pénitence positivement surhumaine. Sept fois par jour, est-il dit dans sa Vie (1), après avoir offert à Dieu le sacrifice de louange par le chant des psaumes, il lui offrait par une rude flagellation un sacrifice expiatoire, il portait sous ses vêtements un cilice, qu'il serrait autour de ses reins avec une chaîne de fer.

Son abstinence était incroyable. On peut se représenter les privations de tout genre que lui imposait le désert inhospitalier d'Accona. Il ne s'en contentait pas encore. Il se mesurait avec une extrême parcimonie les maigres aliments que le sol lui livrait à force de travail. On eût dit qu'il redoutait les délices de légumes cuits à l'eau, ou d'un pain grossier trempé de ses sueurs et de ses larmes. Il ne buvait jamais de

____

(1) *Act. SS.* Aug., tom. V, 480.

vin, hormis aux jours de fêtes. Il jeûnait régulièrement trois fois par semaine, le lundi en l'honneur de saint Michel archange, le vendredi en union avec la passion de Notre-Seigneur, le samedi en mémoire de la Très Sainte Vierge. Durant le carême, il marchait sur les traces ardues des Pères du désert ; il ne prenait plus que quatre repas par semaine, et quels repas ! à savoir deux le dimanche, un le mardi et un autre le jeudi. Les quatre autres jours, il restait complètement abstème.

De même il mesurait son sommeil. Dans sa pauvre grotte, il n'avait pour lit que la terre nue avec une simple natte, et pour oreiller qu'un tronc d'arbre. Il ne dormait jamais plus de trois heures, et encore plutôt appuyé que couché. A partir de Matines, qu'il chantait au milieu de la nuit, il demeurait en contemplation jusqu'au lever du jour. La nuit du jeudi au vendredi, il ne prenait aucun repos ; il la consacrait tout entière à la méditation des souffrances du Sauveur agonisant au jardin des Olives, traîné devant Caïphe, et exposé aux risées des valets du pontife ; alors que le maître veillait ainsi, il ne convenait pas, disait-il, que le disciple se livrât au sommeil. Cette pratique de dévotion du Bienheureux est infiniment remarquable ; on connaît l'*heure sainte*, dont Notre-Seigneur, par la bouche de la bienheureuse Marguerite-Marie, a recommandé l'observation religieuse aux adorateurs de son divin Cœur. Instruit par l'Esprit-Saint, dans son profond amour de Jésus crucifié, le pieux ermite d'Accona devançait les âges, et inaugurait par avance cette veille de prière

et de pénitence aujourd'hui en usage dans toute
l'Eglise.

Après de semblables nuits, le Bienheureux passait
une partie de ses journées à des labeurs tout nouveaux pour lui. Il y avait tout à faire sur la colline.
Aplanir le sol, y cultiver des légumes, y faire des
plantations soit pour obtenir quelques fruits, soit
pour soutenir les terres et les assainir, enfin chercher
au dehors plusieurs provisions de première nécessité,
ce devait être l'occupation journalière de nos ermites.
Une difficulté spéciale au sol était d'avoir de l'eau. Il
n'y a pas de source ni sur la colline ni à proximité.
Un auteur nous dit que le Bienheureux et ses compagnons entreprirent de creuser un puits ; et il précise
même l'endroit où ils auraient mené à fin ce travail:
c'est là, dit-il, où se développe aujourd'hui le grand
cloître (1). Cette tradition est-elle authentique ? Nous
ne savons. En tout cas, s'ils ne creusèrent pas un
puits, il leur fallut certainement aménager une
citerne pour recueillir les eaux pluviales. Cette précaution s'imposait à eux sur leur promontoire
escarpé.

En décrivant ces austères pratiques du bienheureux
Bernard, nous ne séparons pas de lui ses compagnons
les vénérables Patrice et Ambroise. Eux aussi blan-
chissaient leur âme dans une union constante à la
sanglante passion de l'Agneau divin. Comme la
grotte du Bienheureux, leurs cavernes étroites étaient
journellement arrosées de leurs larmes et même

____

(1) D. Alessandro Bossi.

rougies de leur sang ; elles semblaient s'attendrir aux soupirs de leur amour, aux élans de leur ferveur ; elles cachaient les ravissements et les joies célestes dont la bonté divine ne manquait pas de les combler.

Un pareil spectacle ne pouvait être uniquement réservé aux yeux des anges. Un doux rayonnement de sainteté grandissait peu à peu tout autour d'Accona. Bientôt on accourut soit de Sienne, soit des pays environnants pour contempler la nouvelle Thébaïde et ses pieux habitants qui ressuscitaient les merveilles de ces légendes chères aux peuples chrétiens. Le bienheureux Bernard accueillait les visiteurs avec cet air de douce sérénité et de joie paisible qui indique une âme consommée en toute vertu ; il ne les renvoyait pas, sans leur donner des avis spirituels, visiblement inspirés par Dieu lui-même, tant ils s'adaptaient admirablement à l'état de chacun. Bref plusieurs d'entre eux, touchés jusqu'au fond de l'âme, s'attachèrent à lui ; et bientôt de nouvelles grottes, creusées çà et là dans le tuf argileux de la colline, abritèrent de nouveaux ermites.

Ce mouvement se fit sentir principalement à Sienne, patrie de notre Bienheureux et de ses deux compagnons. Jeunes gens ou hommes faits, nobles ou gens du peuple, ces recrues du Seigneur venaient s'enrôler dans la chevalerie de la pénitence, sans même jeter un regard de regret sur les hautes tours de leur joyeuse ville qui se perdaient au loin derrière eux. C'était un entraînement magnifique.

Une fois enrôlés, tous rivalisaient d'ardeur pour gravir les sommets ardus de la sainteté. Grand était leur dénûment, plus grande mille fois leur allégresse. Dieu met, surtout au commencement des ordres, une source de douceurs infinies dans les débuts de la vie religieuse. La pauvreté paraît toute divine ; la privation devient enchanteresse ; le charme, qu'on trouve en toute chose nouvelle, se tourne en un perpétuel ravissement de l'esprit et du cœur. On se croirait à l'étable de Bethléem, dont on partage le dénûment ; on vit dans l'aimable société de Jésus et de Marie, comme si on contemplait leurs visages, comme si on entendait le son de leurs voix. Et ce n'est pas un jeu d'imagination ; c'est une réalité spirituelle, que Dieu rend en quelque sorte sensible, pour mieux affectionner à son royal service les pauvres créatures dont il convoite l'amour.

Nous le savons, ces joies n'existent pas pour le monde, il les traite volontiers de rêveries et de chimères. Et qu'importe ? Ceux qui ont goûté combien le Seigneur est doux, ceux qui aiment, comme dit saint Augustin, et qui du sein de ce pèlerinage soupirent après la céleste Jérusalem, ceux-là comprennent la différence qu'il y a entre les ensorcellements de la vanité et les pures délices de la vérité. Ils ne s'étonneront pas de l'attraction qu'exerçait le désert d'Accona.

La colline se remplissait donc peu à peu. De plus en plus elle retentissait des soupirs de la pénitence et des chants de la délivrance.

Tous les pieux ermites vivaient séparés les uns des autres. Leurs petites grottes étaient échelonnées de distance en distance, là même, nous dit un historien (1), où se trouvent aujourd'hui les oratoires disséminés sur la colline. Ils regardaient tous le bienheureux Bernard comme leur supérieur et leur père. Celui-ci avait beau se défendre de cette supériorité ; il avait beau s'humilier et se confondre aux pieds de ses compagnons. Il n'est pas donné à l'homme de se dessaisir d'une paternité que le ciel lui impose. Les ermites d'Accona avaient un père ; ils le savaient, ils n'en voulaient pas d'autre ; nul d'entre eux n'aurait voulu s'écarter des conseils que le Saint-Esprit leur adressait par ses lèvres. Ils ne devaient pas tarder à comprendre mieux encore quel inébranlable appui Dieu leur avait donné dans la personne de son serviteur.

(1) D. Alessandro Bossi.

CHAPITRE III

La vision de l'Echelle d'argent.

Les voies de l'homme spirituel sont sillonnées
d'anges bons et mauvais ; il lui faut une lumière
spéciale du Saint-Esprit pour démêler leurs mouvements qui se croisent. Celui-là en particulier qui, sur
les traces de Notre-Seigneur, se retire au désert,
doit s'attendre à partager les tentations du divin
Maître ; il doit se préparer à entamer une haute lutte,
non pas contre la chair et le sang, mais contre ces
esprits méchants qui volent dans notre atmosphère,
et qui sèment tous nos sentiers d'invisibles pièges.

Dieu retirait déjà tant de gloire de l'œuvre naissante du bienheureux Bernard, que l'esprit du mal
ne pouvait la laisser grandir paisiblement. Il lui
livra consécutivement plusieurs assauts furieux.
Mais Jésus pour l'amour duquel notre Bienheureux

s'immolait chaque jour, mais la Sainte Vierge dont l'amour dévorait son âme, mais saint Michel et les anges qu'il honorait d'un culte spécial, toutes les influences du ciel en un mot se réunissaient pour le protéger ; et d'ailleurs il était de la race de ceux que l'ennemi, à toute heure et toujours, trouve debout et vigilants.

Le premier moyen qu'employa Satan pour ruiner la communauté d'Accona est bien digne de celui que saint Jean déclare avoir été homicide dès le commencement (1). Il suscita contre le Bienheureux des hommes pervers qui tentèrent de l'empoisonner.

Il y a là un mystère de haine que nous n'entreprendrons pas d'éclaircir. Plusieurs auteurs dissertent sur la question de savoir si les sectaires, animés contre le bienheureux Bernard d'une haine si sauvage, furent des guelfes ou des gibelins (2). Nous ne voyons pas pour notre part de raison décisive de corriger le vieil auteur de qui nous tenons le fait et qui l'attribue à des guelfes. Ces dénominations, nous l'avons dit, avaient beaucoup perdu de leur signification primitive ; les mêmes familles, au gré des passions politiques, oscillaient de l'une à l'autre de ces factions rivales. Il paraît certain qu'à un moment donné les Toloméi furent à la tête du parti guelfe de Sienne ; mais depuis que ce parti, s'emparant du pouvoir, eut prononcé des exclusions

(1) Joan., VIII, 44.
(2) *Act. SS.* Aug., tom. IV, p. 470. — Carpentiéri substitue les gibelins aux guelfes ; Oraffi maintient les guelfes. Les Bollandistes ne décident rien.

contre les nobles, cette famille se rejeta avec toute la noblesse dans le parti opposé, et les choses en étaient là, quand le Bienheureux se retira au désert. Les auteurs qui, dans l'attentat commis contre ses jours, ont substitué les gibelins aux guelfes, semblent avoir été mus par cette idée que ces derniers étaient incapables d'un pareil crime. Hélas ! à cette époque, le parti guelfe était bien dégénéré de ce que l'avaient fait les souverains pontifes. S'il est vrai, comme Ughelli le rapporte d'après un ancien chroniqueur siennois, que les guelfes de cette ville massacrèrent à l'autel l'évêque Bernard (1) ; si leur animosité s'éveilla contre le bienheureux Ambroise Sansédoni, pour avoir travaillé à réconcilier Conradin avec le souverain pontife (2); l'acte commis contre le solitaire d'Accona, sous une motion satanique évidente,

(1) Le fait est tiré de Sigismond Tizio le chroniqueur siennois. Il est relaté par Ughelli, *Italia sacra*. Le motif du crime serait le refus par l'évêque d'accorder certains privilèges à la puissante famille Gaza du parti guelfe. Le chevalier Pecci, dans son *Histoire de l'Evêché de Sienne*, met en doute l'authenticité du fait. Aussi le rapportons-nous sous toutes réserves.

(2) Il est certain que le bienheureux Ambroise était vu d'un mauvais œil par plusieurs comme étant gibelin. Le fait suivant en est une preuve. Un jour, après sa mort, il apparut, entouré d'une gloire immense, à la pieuse servante de Dieu Néra Toloméi. Celle-ci lui dit naïvement : « Comment se fait-il, saint père, que vous soyez revêtu d'une pareille gloire, alors que vous passiez pour gibelin ?» Le Bienheureux répondit : « Ma fille, je n'étais pas gibelin, mais je voulais la paix et le retour des exilés, et je parlais quand il le fallait contre les vices des gens haut placés. » Ce trait est caractéristique. *Acta. SS. Mart.*, tom. III.

n'aurait rien d'absolument invraisemblable de leur part.

Mais venons au fait lui-même. C'était aux environs de Pâques. En ces jours le bienheureux Bernard se relâchait un peu de son abstinence accoutumée. Il usait d'un peu de vin, et d'aliments moins austères. Un messager se présenta devant lui, porteur, disait-il, de mets que des personnes pieuses lui envoyaient en réjouissance de la résurrection du Sauveur. Le Bienheureux vit aussitôt, par une lumière d'en haut, quelle était la nature du présent qu'on lui destinait. « Je sais, dit-il au messager, ce que contiennent ces « mets, ainsi que le cœur de ceux qui me les envoient. « Puisse Dieu leur pardonner leur crime, comme moi-« même je le leur pardonne ! » En disant ces mots, il traça sur la corbeille qu'on lui présentait le signe de la croix. Ces aliments de mort, comme dit saint Grégoire, ne purent supporter le signe de la vie (1) ; les mets noircirent, le vin se couvrit d'écume, trahissant ainsi le poison qu'on y avait mêlé. A la vue de ce prodige, le porteur tout confus, et craignant la vengeance de Dieu, tomba aux pieds du Saint en implorant son pardon, que celui-ci lui accorda de grand cœur.

Vaincu de ce côté, le diable dressa une embûche plus subtile. C'est un phénomène, observé par tous les maîtres de la vie spirituelle, qu'à cette période d'immenses douceurs qui marque les débuts en religion, succède un temps d'épreuve destiné à aguerrir

(1) S. Greg., Dialog., lib. II, c. III.

le nouveau soldat du Seigneur. Il est sevré du lait des consolations dont jusque-là Dieu l'avait nourri; et sans lui soustraire totalement ces joies que l'on goûte à son service, le Seigneur permet à la tentation d'approcher. Si dans la première période il y a lieu de modérer l'âme dans les élans d'une ferveur parfois inconsidérée, dans la seconde il importe de la prémunir contre le désenchantement et la lassitude. Le moment est décisif : si elle tient bon et résiste vigoureusement au tentateur, elle est affermie dans le beau sentier de sa pacifique vocation, et acquiert une vertu solide. L'antique ennemi avait sans doute observé à Accona, dans l'esprit de plusieurs, cette heure de crise ; il crut le moment venu de renverser par terre l'édifice naissant. Comment s'y prit-il pour en venir à ses fins ? D'une façon bien singulière, mais qui n'est pas sans analogue dans la vie des saints (1). Deux esprits infernaux, sur les ordres du prince des ténèbres, prirent les traits de Patrice et d'Ambroise, les deux compagnons du Bienheureux, pour lors plongés dans la prière chacun en sa grotte ; et sous ce déguisement, ils vinrent le trouver lui-même.

Le Bienheureux ne pénétra pas tout d'abord le mystère de cette métamorphose étrange. Les deux faux ermites le saluèrent, puis ils lui tinrent un langage qui ne manqua pas de l'étonner profondément. « Dieu, dirent-ils, nous a révélé que notre manière « de vivre ne lui était pas agréable. Son bon plaisir

(1) Sainte Françoise Romaine vit plusieurs fois des démons déguisés en ermites venir la trouver et lui tenir un langage insidieux ou révoltant.

« est qu'au lieu de mener au désert une existence
« inutile à notre prochain, nous retournions dans la
« ville où un vaste champ s'ouvrirait à notre zèle (1).
« Debout donc, et ne tardons pas ! En travaillant au
« salut des âmes par la prédication et les œuvres de
« miséricorde, nous aurons assuré le nôtre, et Dieu
« sera glorifié. En enfouissant dans ce désert le talent
« que nous avons reçu, nous courons à notre perte. »
La tentation était spécieuse. Le Bienheureux réflé-
chit un instant ; mais il s'aperçut bien vite, au trouble
de son âme, que les paroles qu'il venait d'entendre
ne venaient point de l'esprit de Dieu. Il se munit de
son arme habituelle, le signe de la croix, et le forma
à l'encontre des deux visiteurs. Aussitôt ceux ci s'é-
vanouirent, en poussant un grand cri, et le piège fut
découvert.

Mais, avant d'aborder le Bienheureux, les deux
faux ermites étaient allés trouver les frères, ils avaient
semé la zizanie dans l'ermitage ; et quelques-uns trop
confiants s'étaient laissés égarer par le mirage de la
tentation. Ils voulaient absolument quitter le désert.
Le Bienheureux eut beau leur découvrir l'artifice de
Satan, ils persistèrent dans leur dessein. Alors ce
tendre père, voyant ses enfants périr, se tourna vers
Dieu son refuge habituel : et Dieu vint à son aide.
Il frappa de cécité les pauvres frères qui s'en allèrent
vaguer à tâtons sur la colline, au risque de tomber
dans les précipices, sans pouvoir trouver le sentier

____

(1) Le diable voulait faire de notre Bienheureux un André
Gallerani ou un Jean Colombini. Rien ne lui plaît tant que
les choses qui ne sont pas à leur place.

qui mène en dehors. A la fin ils revinrent se jeter aux pieds de leur père, dont la bénédiction leur rendit tout à la fois et la paix de l'âme et la vue du corps.

L'insuccès de cette tentative rendit le diable furieux ; il sentit que Bernard était la colonne qui soutenait tout l'édifice, et sa rage tout entière se tourna contre lui. Usant avec habileté, comme il l'avait fait pour saint Benoît, de certains souvenirs du siècle, il déchaîna sur le Bienheureux une tentation impure d'une extrême violence.

Le pouvoir de Satan pour tenter les hommes est bien mystérieux. L'Écriture nous apprend que Dieu restreint cette puissance funeste dans des bornes où l'homme puisse avec le secours de la grâce lui tenir tête : autrement quel est celui qui résisterait ? Voyez ce que saint Grégoire nous raconte de la tentation de saint Benoît (1). Un merle vient voltiger autour de lui, il passe et repasse devant ses yeux, il cherche à détourner un instant son attention de la prière ; aussitôt que l'oiseau s'est retiré chassé par un signe de croix, le saint est saisi par une obsession de Satan d'une telle intensité, qu'à un moment donné le cèdre du Liban chancelle et menace ruine. Ainsi en arriva-t-il au bienheureux Bernard. Satan égara son imagination par un fantôme impur, et en même temps il attisa en lui la flamme d'une convoitise dégradante. Le Bienheureux sentit le trait infernal, il bondit sous cette morsure cuisante. Mais la grâce d'en haut le

____

(1) S. Greg., Dialog., lib. II, c. ii.

soutint. Nourri comme il l'était du souvenir des saints, et en particulier de la vie si universellement connue de saint Benoît, il imita celui qu'il devait prendre pour père. Se dépouillant de ses vêtements, il se roula dans les orties et dans les ronces jusqu'à ce que son corps ne fut plus qu'une plaie ; et il éteignit de la sorte les feux d'enfer que Satan avait allumés dans ses membres.

Ainsi purifié dans son propre sang, orné d'une grâce toute spéciale de pureté, le Bienheureux mérita de pénétrer les secrets du ciel. Il eut une de ces visions qui font époque dans l'histoire des ordres ; nous en extrayons le récit de la chronique de Mont-Olivet.

« Un jour que son oraison se prolongeait plus que de coutume, l'homme de Dieu, étant debout et levant les yeux dans l'acte même de la prière, vit apparaître une échelle qui lui sembla toute en argent, et d'une si étonnante longueur que du haut du ciel elle venait reposer à ses pieds. Au sommet se tenaient debout, à droite le Seigneur Jésus, à gauche la Reine du ciel, sa glorieuse Mère, tous deux avec des vêtements éclatants de blancheur. La Très Sainte Vierge portait sur sa poitrine une étoile d'une splendeur et d'une beauté merveilleuses. Le long de l'échelle apparaissaient une multitude d'anges et de frères habillés de blanc ; ceux-ci montaient, et les anges leur tendaient la main pour les aider à monter. Tout enivré d'une joie céleste à ce spectacle, le bienheureux père ne pouvait en détacher ses regards ; et il le contemplait longuement. Voulant toutefois rendre ses frères témoins de sa joie et les y faire participer eux-mêmes, il en appela plusieurs qui se trouvaient à proximité de là vaquant à la prière ; et la vision céleste ne disparut pas, sans que ceux-ci, accourant auprès de lui, eussent mérité de l'entrevoir. »

Admirable spectacle en effet, et, pourrait-on dire, d'une douceur qui surpasse encore sa splendeur ! Toute l'histoire de l'ordre de Mont-Olivet était renfermée sous ce beau symbole, qu'un prochain avenir devait se charger d'éclaircir. Mais ce qui semble plus admirable encore que la vision elle-même, c'est l'empressement du père à la communiquer à ses enfants. O charité ardente et désintéressée ! Et que les enfants étaient dignes du père, pour entrer ainsi en participation d'une faveur aussi magnifique ! De quelle joie leur cœur demeura inondé aux rayonnements de l'astre qui flamboyait sur la poitrine de la bienheureuse Vierge, et qui était l'emblème de son cœur virginal embrasé pour eux d'un maternel amour !

Le souvenir d'une semblable vision ne devait pas s'effacer. Comme il arrive pour tous les événements inoubliables, le lieu même en fut marqué à tout jamais. C'était au bord des précipices, au couchant et au midi de la colline. La place où priait le Bienheureux, où posa le pied de l'échelle lumineuse, devint plus tard le chœur des moines (1) ; là ces fervents religieux, unis aux anges, s'élevaient à Dieu, par de mystiques ascensions, sur l'échelle d'argent de la

____

(1) Sur la muraille du monastère qui regarde le nord, à côté de l'église, une inscription relate le fait de l'apparition de l'échelle lumineuse.

sainte psalmodie qui, sous les auspices de Marie, les introduisait un à un dans la joie de leur Seigneur.

Non loin d'Accona, sur les hauteurs de Camaldoli, le patriarche saint Romuald avait eu, trois siècles auparavant, une vision analogue, demeurée justement célèbre. Les deux apparitions étaient l'indice d'une même grâce accordée du ciel à la terre, à savoir la fondation d'une congrégation bénédictine, vêtue de blanc, et destinée à servir utilement et à orner l'Eglise de Dieu.

L'heure était venue pour le bienheureux Bernard d'établir son œuvre sur le rocher de Pierre. Mais auparavant il allait subir une suprême épreuve, dont la main de Dieu devait le rendre vainqueur.

CHAPITRE IV

Le voyage d'Avignon.

———

La pullulation des sectes. — Vigilance des papes. — Accusation lancée contre le Bienheureux. — Il est mandé à Avignon. — Il s'y rend. — Il se justifie. — Il est renvoyé à l'évêque d'Arezzo. — Son retour, événements à Turin, à Verceil.

Au commencement dn xiiie siècle, l'Eglise avait eu à lutter contre les formidables soulèvements manichéens qui, plus redoutables que l'invasion musulmane elle-même, mirent un moment la chrétienté en péril ; elle ne parvint à les comprimer que par un des plus grands efforts de sainteté qu'elle ait déployés dans le cours des âges.

Les sectaires rentrés dans l'ombre de leurs repaires, il arriva ce qui arrive toujours après le déchaînement d'une grande hérésie heureusement abattue : l'esprit du mal la reprend en sous-œuvre, et la présente sous une forme mitigée et d'autant plus dangereuse qu'elle est plus subtile (1). Au xive siècle, on n'est plus épou-

(1) Après l'arianisme, on eut le semi-arianisme ; après le pélagianisme, le semi-pélagianisme ; après l'eutychianisme,

vanté il est vrai par les fureurs sauvages auxquelles se livraient les albigeois et les cathares ; mais on voit pulluler une quantité de sectes qui se posent en dehors de la hiérarchie de l'Eglise, et, sous le couvert d'une sainteté apparente, cherchent à séduire les multitudes, et à les entraîner loin du bercail de Pierre dans des pâturages empoisonnés.

Il serait trop long de chercher à analyser minutieusement toutes ces sectes : contentons-nous d'en indiquer les principaux caractères. Les unes sont évidemment un regain du manichéisme, comme bégards et béguines, lollards, faux-apostoliques (1) ; elles sont effroyablement corrompues. Les autres, comme spirituels et fratricelles, constituent une déviation du mouvement franciscain ; elles poursuivent un but chimérique en dehors de la soumission aux pasteurs légitimes. Les unes et les autres ont pour erreur fondamentale de distinguer deux Eglises : l'une charnelle et abandonnée de Jésus-Christ, et c'était, disaient ces hérétiques, l'Eglise catholique gouvernée par le pape et les évê-

le monothélisme. De même après le calvinisme vint le jansénisme ; et après la révolution surgit le libéralisme.

(1) Les bégards et béguines estimaient être arrivés à la perfection, et par suite pouvoir se permettre tous les excès ; les lollards assuraient qu'un jour Lucifer rentrerait au ciel, et que saint Michel serait jeté en enfer avec les partisans du pape ; les apostoliques se donnaient comme les successeurs des apôtres. Leur chef, Dulcino de Novare, périt sur les montagnes voisines de Verceil avec plusieurs milliers de ses partisans. Il fallut exhumer les restes d'un autre hérétique, Pungilupo de Ferrare, et les brûler, parce que le peuple l'honorait comme un saint, etc., etc. Darras et Barrère. *Hist. de l'Eglise*, tom. XXX, p. 238.

ques ; l'autre toute spirituelle, la seule qui pratiquât exactement l'Evangile, et par suite qui possédât la puissance de remettre les péchés, et c'était leur secte. La principale objection qu'ils faisaient contre l'Eglise romaine était qu'elle possédait les biens de ce monde ; or, disaient-ils, la véritable Eglise n'a ni or ni argent. Ces idées étaient tellement dans l'air, que, comme toujours, Dante les a respirées et reproduites dans son poème; selon lui, tout le mal de l'Eglise vient des donations que Constantin lui a faites (1). Mêlées aux grands souvenirs de saint François mal compris, elles composaient un poison subtil qui tuait dans les âmes le respect dû aux pasteurs, cette marque des vrais enfants de Dieu.

Il faut le reconnaître, le relâchement de la discipline et la retraite des papes à Avignon contribuèrent à la multiplication de tous ces conventicules hérétiques en Italie ; l'Ombrie et la Toscane en furent spécialement infectées.

Ce n'est pas que les papes aient manqué de vigilance pour la répression du mal. En l'an 1311, le concile de Vienne condamna toutes ces diverses sectes, avec une grande vigueur, en les précisant chacune fort nettement. Depuis, les pontifes suivirent avec une sollicitude toute pastorale, dans chaque région de la chrétienté, leurs agissements ténébreux. Pour nous borner à la Toscane et à Sienne, en l'an 1314, Uberto, évêque de Bologne, fut envoyé en légation dans cette dernière ville pour procéder contre un certain Jacques de

____

(1) Purgatoire, ch. xxx.

Saint-Géminien et ses compagnons, qui se couvraient de l'habit de saint François, et vivaient sans se soucier de l'approbation ecclésiastique. En l'an 1317, Jean XXII publie une célèbre bulle portant condamnation de tous ceux qui prétendent se former en communauté religieuse sous la simple approbation de l'évêque du lieu, et sans recourir au Saint-Siège. A la même époque, il s'adresse tout spécialement aux frères-mineurs de Sienne, et leur recommande de se tenir en garde contre les fratricelles, *loups dévorants cachés sous une peau de brebis* (1).

Ces préambules projettent une vive lumière sur la partie de l'histoire de notre Bienheureux où nous entrons.

Retiré du siècle en l'an 1313, il vivait à Accona, uniquement occupé de la contemplation des choses divines, et comme si le monde n'eût pas existé pour lui. Il n'avait jusqu'alors d'autre règle que la volonté divine, d'autre approbation que le témoignage de sa conscience. Il était ce que fut au commencement saint Benoît à Subiaco, saint Antoine à Scété. Quelques disciples s'étaient groupés autour de lui ; il refusait d'être leur maître, sans pouvoir se défendre d'être leur père.

Tout cela était beau et bon. Mais il se trouva des hommes qui ne virent pas ce groupement d'ermites

____

(1) Dom Besozzi. *Riflessioni,* etc. La dernière pièce, qui est fort remarquable au point de vue de l'histoire de notre Bienheureux comme attestant la vigilance de Jean XXII sur la Toscane et Sienne, se trouve dans l'*Histoire de l'Evêché de Sienne* du chevalier Pecci, p. 258.

d'un œil parfaitement bienveillant. Que se tramait-il dans ce désert ? N'était-ce pas encore un de ces conventicules de fratricelles qui troublaient sourdement l'Eglise ? Quelle règle suivaient ces hommes ? Où était leur approbation ? Accona se trouvant à proximité des bourgades de Chiusuré et de Buonconvento, plus importantes alors qu'elles ne le sont aujourd'hui, ces rumeurs défavorables se répandirent vite, et furent portées aux oreilles de l'inquisiteur de la foi résidant à Sienne (1).

Quel était cet inquisiteur ? Quelques auteurs ont pensé que cette charge était alors remplie à Sienne par un P. Christophe Toloméi de l'ordre de saint Dominique, différent du premier maître du bienheureux Bernard, mais en tout cas son proche parent. Que ce fût lui ou un autre, le Bienheureux était trop connu à Sienne, pour qu'on ait pu ajouter foi à des inculpations dictées évidemment par la malveillance. Toutefois, les accusations se renouvelant, l'inquisiteur, pressé par le devoir de sa charge, crut devoir déférer l'affaire au souverain pontife afin qu'il avisât.

Vers le même temps, c'est du moins ce que l'on peut conclure du récit d'Antoine de Barga, passait à Sienne un inquisiteur extraordinaire, envoyé spécialement par le pape pour surveiller les agissements des sectes (2). On lui parla des ermites d'Accona. Il ne

______

(1) Le bienheureux Jean Colombini eut à supporter les mêmes accusations d'appartenir aux fratricelles. A cette occasion même, le peuple, passant de la vénération à l'outrage, le traita injurieusement. *Act. SS.* Julii, tom. VII, p. 403.

(2) D. Besozzi distingue ces deux inquisiteurs — ce qui est

voulut s'en rapporter qu'à ses propres yeux ; il les vit, dit le vieux chroniqueur, et il les vénéra (1): mais en même temps il les exhorta, avec bonté, à faire les démarches voulues auprès du Saint-Siège pour obtenir une approbation rigoureusement requise par les règlements ecclésiastiques et les circonstances des temps.

On pense bien que le bienheureux Bernard, en vrai fils d'obéissance, s'empressa de déférer à de semblables conseils qui étaient pour lui des ordres ; ouvrier de lumière, il n'avait rien à redouter de la lumière. Il se disposa donc immédiatement à faire le voyage d'Avignon. Mais auparavant, suivant que le rapporte An'oine de Barga, il alla trouver l'évêque d'Arezzo dans le diocèse duquel se trouvait Accona, et prit conseil de ce prélat pour la conduite de l'affaire (2). Rien n'était plus naturel. Il est même fort probable que l'évêque lui donna des lettres de recommandation pour Jean XXII.

L'année 1317 tournait à sa fin. Qu'allait faire le Bienheureux ? Allait-il laisser son troupeau en proie aux incertitudes de la situation, et le quitter momentanément pour se rendre en personne auprès du souverain pontife ? Enverrait-il à sa place quelqu'un de ses frères ? Il nous semble que l'hésitation n'était guère possible entre ces deux partis. D'un côté l'hu-

bien dans les coutumes du temps — et concilie ainsi le récit des *Acta SS.* avec celui d'Antoine de Barga.

(1) Quos intuitus talis inquisitor veneratus est, benigne hortans parere jussioni catholici principis. *Chr. abbrev. Ant. Barg.*

(2) Aretinum suum consulunt Episcopum quid facto opus sit.

milité du Bienheureux lui persuadait que sa présence n'était d'aucune utilité à son troupeau ; de l'autre, accusé en personne, invité en personne à se rendre auprès du pape, il eût cru manquer à un devoir de déférence envers le Saint-Siège, en déléguant à un autre le soin de sa propre justification (1). Le voyage se présentait à lui comme un office d'obéissance, et aussi comme un exercice de pénitence. Il ne pouvait balancer à l'entreprendre lui-même.

Il remit donc à Patrice Patrizi le soin de l'ermitage d'Accona. Patrice, nous l'avons dit, était un homme mûr, expérimenté dans la conduite des affaires, d'une sagesse consommée, en un mot doué de toutes les qualités requises pour bien gouverner. Pour lui, il prit pour compagnon de route Ambroise Piccolomini, dans l'âme duquel il se plaisait à verser la sienne par les épanchements d'une sainte amitié. Tous deux, après s'être chaudement recommandés aux prières des frères, prirent non sans une vive émotion le chemin d'Avignon (2). Ils suivirent vraisemblablement le littoral de Gênes.

(1) Nous ne saurions taire que les auteurs sont divisés sur ce point, et que les traditions de Mont-Olivet, d'après la chronique de ce monastère, le laissent indécis. Nous avons suivi l'opinion qui nous paraît la plus vraisemblable. — Notons aussi que les auteurs mêmes qui adoptent la négative, comme Lancellotti, conviennent que le Bienheureux est allé à Avignon, mais plus tard et sous Clément VI. L'époque seule du voyage est en litige.

(2) Saint Pierre Célestin s'était rendu en personne à Lyon, durant le concile présidé par le bienheureux Grégoire X, pour faire approuver son ordre. Deux frères l'accompagnaient. Rohr. *Histoire de l'Eglise*, tom. XIV, p. 354.

Les historiens nous disent que les deux pèlerins cheminaient pieds-nus, en demandant l'aumône ; qu'ils eurent grandement à souffrir par les sentiers glacés des montagnes ; que plusieurs fois les démons tentèrent de les égarer ; mais que les bons anges, même sous forme humaine, les remirent dans leur route, et les sauvèrent de tous dangers. Ils n'étaient plus qu'à trois journées d'Avignon, quand, dans une halte qu'ils faisaient après une longue étape, un vénérable ermite se présenta devant eux. « Je suis, leur « dit-il, envoyé de Dieu, pour vous avertir de ne pas « aller plus loin. Le souverain pontife a été indis- « posé contre vous par des rapports mensongers ; « et vous ne pourrez pas échapper aux tortures et « aux supplices qui sont réservés aux hérétiques « notoires (1). Retournez en arrière, au nom du Sei- « gneur ; et laissez passer, sans vous y exposer inu- « tilement, l'orage qui vous menace. » Ces paroles étaient prononcées d'un ton modeste et bienveillant. Néanmoins le piège ne put échapper au Bienheureux ; il n'admettait pas qu'on mît en doute la bienveillance et l'équité du Siège apostolique. « Qui es-tu ? « dit-il à l'inconnu. Et qui t'a envoyé pour me tenir « un semblable langage ? » Et il fit le signe de la croix. Aussitôt le diable — car c'était lui — s'évanouit en laissant dans les airs une vapeur fétide qui fit défaillir les deux pèlerins.

(1) Il y eut quatre *spirituels* relaps et réfractaires brûlés à Marseille le 29 septembre 1318. Longueval. *Histoire de l'Eglise gallicane*, tom. XVII, p. 527. — La menace du faux ermite était assez bien dans la couleur locale, comme on dit.

Après cet incident, ils arrivèrent sans encombre dans la ville d'Avignon ; ce fut vraisemblablement dans les derniers jours de l'année 1317. La cour romaine ne faisait en réalité que de s'y fixer ; son installation était fort précaire, et sentait l'exil. Le grand palais pontifical, qui étonne aujourd'hui le voyageur par ses belles dimensions, n'était pas encore construit (1). Lorsque Clément V entra pour la première fois dans la cité, il alla prendre logement au monastère des frères-prêcheurs ; et peut-être Jean XXII, alors dans la deuxième année de son pontificat, n'avait-il pas encore d'autre résidence (2). En ce moment Avignon comptait peut-être déjà parmi les religieux éminents qui entouraient le pontife, le P. Jean-Baptiste Toloméi, dominicain, illustre par sa sainteté et ses miracles, qui y mourut et fut enseveli en l'an 1320 (3). Le bienheureux Bernard pouvait se présenter en toute confiance devant sa Sainteté : nous croyons pouvoir le dire, il n'était pas absolument un inconnu.

L'histoire vraie, qu'il ne faut pas confondre avec les chroniques italiennes trop intéressées à dénigrer les papes d'Avignon, relève la haute perspicacité et les grands talents de gouvernement de Jean XXII. Pontife instruit et habile dans le maniement des affaires, de mœurs pures et d'une piété sincère, il se connaissait en hommes. Il ne tarda pas à apprécier à sa

(1) Ce fut Benoît XII qui en commença la construction.
(2) Darras et Barrère. Tom. **XXX**, passim.
(3) Voir sur ce saint religieux notre introduction. Le pape l'avait mandé à Avignon pour combattre les hérétiques.

juste valeur le bienheureux Bernard. Quand il le vit se présenter devant lui avec l'humble et modeste assurance d'un saint, quand il l'entendit s'expliquer avec netteté sur la droiture de ses intentions, quand il l'eut fait examiner par des commissaires nommés à cet effet sur son genre de vie et sa doctrine, il fut entièrement gagné à sa cause ; et il resta convaincu que les solitaires d'Accona, loin d'être un danger pour l'Eglise, étaient une troupe d'élite suscitée de Dieu pour l'orner et la défendre.

Il assura donc les deux pèlerins de sa haute protection. Avec une sagesse tout apostolique, il leur enjoignit de se choisir une règle approuvée afin de prendre rang parmi les milices régulières de l'Eglise : prescription conforme aux canons des Conciles IVe de Latran, et IIe de Lyon qui défendaient l'institution de nouveaux ordres. En même temps, par une discrétion vraiment admirable, il se défendit de leur assigner lui-même telle ou telle forme de vie, et les renvoya pour prendre une décision sur ce point capital à l'évêque d'Arezzo qui était leur ordinaire. Il daigna même écrire à ce prélat des lettres où il lui confiait la suite de l'affaire, avec des paroles de grande bienveillance pour les pieux ermites.

Bernard et son compagnon quittèrent la ville pontificale en rendant à Dieu d'immenses actions de grâces. Leur passage a laissé dans l'histoire une trace que nous ne saurions manquer de relever, si légère soit-elle. Dans une ancienne Vie de Jean XXII, citée par Odéric Raynald, on lisait ces mots : *En l'an 1317, commencement de l'ordre de Mont-Olivet sous la*

*règle de saint Benoît, dans le comté de Sienne
et dans le diocèse d'Arezzo, par Bernard Toloméi
et deux Siennois ses compagnons.* Cette mention,
rapportée à pareille époque par un annaliste pontifical, semble se référer à la comparution du bienheureux Bernard par devant le souverain pontife
Jean XXII. C'est la réflexion d'un savant critique, et
nous y adhérons pleinement (1).

Les affaires du Bienheureux à Avignon deman-
dèrent un certain laps de temps, qu'on peut évaluer
à plusieurs mois. On était au commencement du
printemps 1318, quand il reprit le chemin de l'Italie.
Son retour fut signalé par plusieurs incidents remarquables.

Tout d'abord, on peut se demander pourquoi le
Bienheureux, au lieu de prendre la voie du littoral,
gagna les plaines de la Haute-Italie. L'histoire con-
temporaine fournit à cette question une solution fort
vraisemblable et fort intéressante. Au printemps 1318,
toute la Ligurie était en feu; les gibelins, chassés
de la ville de Gênes, essayaient d'y rentrer avec les
armes des Visconti; serrés de près, les guelfes recoururent au roi Robert de Naples, et lui cédèrent même
temporairement le *dominium* de la cité. Mais celui-
ci ne put accourir assez promptement à leur secours.
Après avoir pris Savone par surprise, les troupes
gibelines, sous les ordres de Marc Visconti, s'avan-
cèrent sous les murs de Gênes; et le siège de cette

____

(1) Dom Bezozzi, qui cite le passage en question. — *An
Eccl.*, tom. XXIV, p. 92. Edition de Bar-le-Duc.

ville, ouvert le 25 mars 1318, ne fut levé que l'année suivante (1). Ces luttes épouvantablement acharnées n'étaient pas faites, on le comprend, pour assurer la sécurité des voyageurs. On s'explique très bien que le Bienheureux, évitant le théâtre de la guerre, soit remonté à Turin, puis à Verceil.

A Turin, il arriva aux deux voyageurs une étrange aventure que d'anciens auteurs nous racontent comme il suit. Ils reçurent l'hospitalité chez un homme connu pour sa haute piété. Un serviteur de la maison, par une inspiration vraiment diabolique, profita de l'arrivée des pèlerins étrangers, pour dérober à son maître plusieurs objets précieux ; et afin de faire tomber sur eux les soupçons de ce crime, il cacha un vase d'argent dans leur modeste bagage, puis il les accusa de vol. Ils se défendirent, comme ils purent, d'une telle accusation ; mais, on fouilla leurs effets, et on découvrit l'objet qui s'y trouvait caché ; dès lors, on ne les écouta plus, et on les jeta outrageusement dans les prisons publiques. Au bout de trois jours, ils obtinrent d'être confrontés avec leur hôte ; alors, le Bienheureux découvrit à cet homme l'auteur, le lieu, les circonstances du vol, ainsi que la cachette où l'on avait déposé les autres objets volés, toutes choses qu'il ne pouvait connaître que par une révélation surnaturelle. Aussitôt le méchant serviteur fut mandé, et, comme on se le figure, il fut aisé de le confondre ; il tomba éperdu aux pieds

____

(1) Darras et Barrère. *Hist. de l'Eglise*, tom. XXX, p. 242. — Il y a peu d'exemples, même en ces temps, de luttes aussi furieuses que celles qui déchirèrent alors l'Etat de Gênes.

du serviteur de Dieu qui eut la charité de se faire son intercesseur et obtint son pardon. Quant au maître lui-même, il n'éprouva pas une moindre commotion de tout cet événement. La patience, la douceur, la charité du Bienheureux lui parurent tenir du prodige. Bref, après s'être confondu en excuses à ses pieds, il lui demanda le temps de mettre ordre à ses affaires, puis il s'en fut le rejoindre à Accona, où il prit de sa main l'habit religieux. On le nomma frère Basile de Turin ; il mourut en grande réputation de vertu.

Cet événement donna une haute idée de la sainteté des deux voyageurs, et il faut croire que le bruit s'en répandit de tous côtés. A Vercеil, on vint présenter au Bienheureux une femme possédée du démon ; et lui, d'un signe de croix, chassa l'esprit immonde. C'était l'ordinaire, nous dit son biographe, que sa bénédiction, donnée à des malades, leur procurât à l'instant même un merveilleux soulagement.

Il semble d'ailleurs que la simple présence d'un saint dans un pays suffit pour y déposer des germes précieux, qu'on voit infailliblement éclore au jour que Dieu a marqué, dût ce jour ne luire qu'après plusieurs siècles. Et qui pourrait s'en étonner ? Chaque pas des saints est signalé par une effusion de prières ardentes ; ces prières ne retombent pas en vain sur le sol qui les a vues naître. Dans cet ordre d'idées, nous ne pouvons suivre, sans un retour sur nous-mêmes, l'apparition du bienheureux Bernard sur la terre de France. C'est une joie pour nous de penser qu'il fut excité par l'Esprit du Seigneur à prier pour

ce beau royaume, et qu'un des fruits de cette prière
s'y fait voir aujourd'hui dans les humbles rejetons
de la famille olivétaine qui cherchent à s'y développer.

L'idée que nous exprimons nous est suggérée par
la mention du passage du Bienheureux à Verceil.
En cette même ville, vers la fin du siècle, devait
naître un de ses disciples les plus éminents, appelé
comme lui Bernard, et qui porta en Hongrie les
livrées de son ordre (1). De même, ces plaines de la
Lombardie, que traversait notre saint, étaient destinées à recevoir au siècle suivant les blanches légions de ses enfants qui y construisirent ou y réta-
blirent de tous côtés de florissants monastères (2).
N'avons-nous pas raison de dire que chacun de ses
pas était accompagné d'une secrète bénédiction de
Dieu ?

De la Lombardie, il est probable que Bernard et
Ambroise regagnèrent la Toscane par Plaisance et
Bologne. Ils avaient grandement à cœur de rejoindre
Accona le plus tôt possible. Mais il leur parut que

(1) Né vers la fin du xiv° siècle, il fut, en l'an 1422, vicaire
général de la Congrégation; fonda plusieurs monastères en
Hongrie en l'an 1435, et écrivit un traité mystique. Ses ossements, au dire de Pie II, étaient vénérés en Hongrie. *Chronol. brevis* D. Belforti, p. 125.
(2) Il y avait à Milan un célèbre monastère olivétain autour duquel six autres moins importants étaient groupés. Il
y en avait également à Lodi, à Crémone, à Plaisance, à
Parme, et en d'autres lieux encore. Cette province produisit
grand nombre de religieux illustres par leur sainteté, leur
doctrine, ou leur habileté dans le gouvernement de la Congrégation. *Belforti*, p. 125-154.

l'obéissance aux ordres du souverain pontife leur faisait un devoir de gagner préalablement Arezzo, pour exposer à l'évêque de cette ville les désirs du Saint-Père, et se mettre sous sa direction à l'effet de les exécuter. Laissant donc de côté le chemin de Florence et de Sienne qui les eût ramenés à Accona, ils gagnèrent vraisemblablement le val du Casentino, qui les conduisit directement à Arezzo.

CHAPITRE V

La vision de l'évêque d'Arezzo.

———

Guy Tarlati de Piétramala, évêque et seigneur d'Arezzo. — Un triduum de prières. — Apparition de la Sainte Vierge à l'évêque. — Le blason de la Congrégation nouvelle. — Les habits blancs, vêture du Bienheureux et de ses deux premiers compagnons.

Guy Tarlati, de la puissante famille des Piétramala, évêque et seigneur temporel de la cité d'Arezzo, est certainement une des figures les plus étranges de ce commencement du xive siècle. Sortie d'un château-fort situé dans les Apennins, cette famille avait si bien pris l'autorité à Arezzo, qu'elle s'en était fait un fief. Les frères aînés de Guy étant morts l'un après l'autre, lui-même devint le seigneur temporel de la cité dont il était déjà l'évêque ; et il en prit en main les rênes avec une telle vigueur, que son nom y est demeuré longtemps populaire.

Aidé de son neveu connu dans l'histoire sous le diminutif de Tarlatino, il mit à la raison les voisins turbulents qui inquiétaient par leurs excursions la contrée d'Arezzo ; il prit d'assaut plusieurs châteaux, et les rasa; puis, il entoura la ville d'une solide ceinture de bonnes murailles avec de hautes tours, et assura la tranquillité des campagnes par les forteresses qu'il éleva de place en place (1). Après avoir ainsi conquis la paix au dehors, il s'occupa de l'intérieur de la cité, il en fut le législateur, il la dota de sages règlements, il remit le bon ordre dans les finances. Bref, Arezzo jouissait dans une paix profonde, du bonheur, si rare à cette époque agitée par les factions, de n'avoir qu'un chef, et un chef d'une trempe d'âme vigoureuse qui savait tout ensemble se faire craindre et se faire aimer.

Au temps où nous sommes, à savoir, en l'année 1317, Guy Tarlati était dans les meilleurs termes avec le pape Jean XXII. Nous en trouvons une preuve bien intéressante dans Odéric Raynald : cet annaliste mentionne, en l'an 1318, parmi les présents offerts au Pontife, *une croix et deux statues en argent représentant des anges*, dons de l'évêque Piétramala (2). C'est seulement en l'an 1321 que d'âpres dissentiments s'élevèrent entre le pontife et l'évêque (3). Il n'entre pas dans notre plan de les raconter. Contentons-nous de dire, sans vouloir excuser la conduite de l'évêque, qu'il se laissa tromper, comme tant d'autres, par l'illusion d'un saint-empire

---

(1) Lancellotti. *Hist. Ol.*, p. 8. — Nous avons puisé plusieurs renseignements sur Guy Tarlati à Arezzo même; nos très humbles remerciements au marquis F. G., qui daigna nous les communiquer avec une parfaite bienveillance.

(2) *Ann. Eccl.*, tom. XXIV, p. 92. Edition de Bar-le-Duc.

(3) *Storia d'It.*, t. II, p. 673. — Rohr. *Hist. de l'Egl.*, passim.

pacificateur de l'Italie; et qu'après les graves errements où le jeta son caractère impétueux, il mourut
sincèrement repentant dans un château situé sur les
confins de la Maremme, et reçut les honneurs de la
sépulture dus à sa dignité (1).

Les soucis temporels de Guy Tarlati ne l'empêchaient pas de remplir avec sollicitude ses fonctions
d'évêque. Le diocèse qu'il gouvernait était considérable. Il comprenait tout le massif des Apennins du
sud de la Toscane; d'un côté, il pénétrait jusqu'à
Camaldoli et aux sources de l'Arno ; de l'autre jusqu'à Sienne dont, chose singulière ! une des paroisses
était dans sa dépendance (2) ; à l'ouest, il atteignait
les confins de la Maremme. Aujourd'hui, il est dé-
membré en quatre diocèses : Arezzo, Borgo San-
Sépolcro, Montalcino et Pienza. Ce dernier diocèse,
qui fut érigé par Pie II, enclave l'abbaye de Mont-
Olivet, soit l'ancien ermitage d'Accona.

Tel était l'évêque Tarlati, *pasteur paissant son
troupeau sur le dos gelé des Apennins* (3), aux pieds
duquel le bienheureux Bernard et son compagnon

---

(1) On voit dans la cathédrale d'Arezzo le tombeau de Guy
Tarlati, qui est un mausolée magnifique. L'évêque est repré-
senté couché sur la pierre sépulcrale. Au-dessous de lui sont
sculptés en bas-relief les principaux faits de sa vie orageuse.
Rien n'est omis : on le voit, par exemple, couronnant à Milan
Louis de Bavière. Il était gros et court, mais sa prestance
était imposante. — Douze ans après sa mort, les Tarlati ven-
dirent à Florence la seigneurie d'Arezzo, moyennant 25.000
florins. Ainsi finit leur domination. — Ils figurent parmi les
donateurs du sanctuaire de l'Alvernia.

(2) Renseignement donné par le marquis F. G. d'Arezzo.

(3) Torquato Tasso. *L'Uliveto.*

vinrent se jeter au retour d'Avignon. Nous le répétons, ce serait une erreur de croire que le caractère bouillant du fier évêque fût incompatible avec une piété vive et affectueuse, avec un sens élevé des choses de Dieu. Qu'on veuille bien prêter l'oreille aux suaves accents de Dante, lorsqu'il fait monter vers la Sainte Vierge la plus mélodieuse des prières (1) ; et on ne sera pas surpris des rapports de Piétramala avec la Reine du ciel, tels que nous allons les raconter dans leur simplicité touchante, d'après la chronique manuscrite de Mont-Olivet.

Le prélat accueillit de la manière la plus affable les deux voyageurs ; il s'entretint avec eux de la réception que leur avait faite le souverain pontife ; il prit connaissance des lettres de Jean XXII, puis il se mit à réfléchir quelques instants. « L'affaire, dit-il, « est délicate, et je ne saurais la décider de moi- « même, si le Seigneur ne m'éclaire. Retournez pour « le moment à Accona, faites-y avec vos compagnons « un triduum de ferventes prières ; Dieu, j'en ai la « confiance, daignera nous manifester sa volonté par « des signes évidents ; il nous fera connaître quelle « règle religieuse vous devez suivre, pour lui être « pleinement agréables. Allez, et revenez ici même « au bout de trois jours ! »

Bernard et Ambroise se retirèrent, et rentrèrent à Accona où, comme on peut aisément se le figurer, ils furent accueillis avec des transports de joie. Durant trois jours, la colline présenta un spectacle digne de

______

(1) Paradis, ch. xxxiii, *Vergine Madre*, etc.

l'admiration des anges ; les pieux ermites étaient prosternés devant Dieu dans une prière continuelle, interrompue seulement par des flagellations et des exercices de pénitence ; ils ne formaient qu'un cœur et une bouche pour demander au Seigneur la manifestation et l'accomplissement de sa sainte volonté sur eux et par eux. Des supplications si humbles ne pouvaient manquer leur but.

Cependant, l'évêque méditait sur le choix d'une règle. Il se sentait porté par un secret mouvement à prendre la règle de saint Benoît, ce résumé des Pères, ce code si discret de la perfection la plus haute ; mais il était dit que la nouvelle congrégation aurait une origine toute céleste. La nuit du troisième jour, Guy eut un songe merveilleux.

Il vit paraître la Reine du ciel avec un vêtement éblouissant de blancheur, et accompagnée d'une multitude d'anges : « Tu feras, dit-elle à l'évêque, une « chose agréable à la divine Majesté et à moi-même, « en donnant à mes serviteurs la règle de saint Benoît ; « mais tu me seras plus agréable encore si tu les re- « vêts de blanc, car je les ai choisis pour mes enfants « bien-aimés. Et je veux que cette congrégation soit « fondée sous mes auspices et porte mon nom. » Puis, étendant la main, l'auguste Vierge présenta à l'évêque, sous forme de blason, trois petits monts tout blancs unis ensemble ; le plus élevé au milieu était surmonté d'une croix empourprée ; et sur les deux autres, de chaque côté de la croix, verdoyait un rameau d'olivier. La bienheureuse Vierge ajouta : « Tu « donneras ces armes à la congrégation nouvelle,

« elle s'appellera Notre-Dame de Mont-Olivet. » Et la vision disparut.

L'évêque demeura tout ravi. L'apparition portait avec elle une assurance qui ne laissait place qu'à la joie et à l'action de grâces. Aussi, quand, le lendemain matin, Bernard, Patrice et Ambroise, au nom de tous leurs compagnons, se présentèrent devant lui pour recevoir une réponse de sa bouche, il ne les eut pas plus tôt aperçus qu'il courut à eux et les embrassa avec effusion. Il leur raconta en détail la vision qu'il avait eue, et se félicita avec eux des maternelles prévenances de la Sainte Vierge à leur égard ; puis, il leur annonça que, sans plus tarder, il se préparait à les revêtir des blancs vêtements que leur destinait la Reine du ciel.

Tandis que, sur l'ordre du prélat, on préparait ces vêtements et tout ce qui était nécessaire pour la cérémonie, les trois serviteurs de Dieu se retirèrent auprès des pieux confrères de la Sainte-Trinité, dont l'église, aujourd'hui dans l'enceinte de la ville, était pour lors en dehors des murailles. Là, ils passèrent quelques jours dans le recueillement et dans la prière, traités par les confrères avec les démonstrations de la plus cordiale charité (1).

Enfin, arriva le jour de l'inauguration de la nouvelle famille religieuse. L'évêque Piétramala se transporta à l'église de la Très Sainte Trinité, accompagné de son vicaire ou proévêque Jean, moine camaldule de l'abbaye de Sasso du diocèse d'Arezzo, et suivi

____

(1) Lancellotti. *Hist. Ol.*, p. 9.

d'un grand nombre de personnes attirées par le bruit
de l'événement. Il célébra le saint sacrifice de la messe,
et communia de sa main les pieux ermites; puis,
par la main du moine Jean (1), il les revêtit des
habits blancs qui devaient être l'insigne de leur ordre,
et leur remit la règle bénédictine. Ensuite, il prit la
parole, et les exhorta à travailler au relèvement de
la discipline monastique, comme à l'œuvre pour
laquelle Dieu paraissait les avoir suscités. « A vos
« blancs vêtements, leur dit-il, doit correspondre une
« parfaite pureté d'âme et de corps; au nom de votre
« congrégation, qui est Notre-Dame de Mont-Olivet,
« un tendre amour et une dévotion filiale pour la
« bienheureuse Vierge. Dans la triple montagne, qui
« supporte une croix rouge entourée d'oliviers, vous
« devez contempler comme dans un miroir la passion
« du Sauveur, et sa mort cruelle doit être la mesure
« de votre abnégation et la règle de votre vie. » Ces
paroles et le spectacle des nouveaux moines blancs
émurent vivement les assistants; ils sentaient passer
dans leur âme ce souffle ineffable qui indique la présence de l'Esprit d'amour, et qui ferait fondre en larmes un cœur de pierre; ils se retirèrent pénétrés de
cette pensée, que de grandes choses venaient de s'accomplir sous leurs yeux.

(1) Il était naturel que l'évêque confiât à un moine la
mission de vêtir des moines. Ajoutez à cela que l'habille-
ment des camaldules est également de couleur blanche. Augustin de Florence, au livre II de l'*Histoire des Camaldules,*
mentionne l'office rempli par le moine Jean. L'abbaye de
Sasso, à laquelle il appartenait, située à mi-chemin entre
Bibbiena et Arezzo, est aujourd'hui ruinée.

C'était en effet une merveilleuse création de Dieu que la congrégation nouvelle. Elle se présentait aux regards avec un attrait de douceur céleste, et de surnaturelle beauté. Il était impossible de voir plus clairement paraître la main et le cœur de la Sainte Vierge qui *dispose tout* dans les œuvres de Dieu (1). Les blancs vêtements, dont elle avait couvert ses enfants bien-aimés, rappelaient par avance la *confrérie élue qui prend part à la grande cène de l'Agneau béni* (2). Quant à leur blason, il nous remet en mémoire, par sa triple couleur, la femme mystérieuse qui conduisit le grand poète florentin au seuil du Paradis :

> *Sous un voile blanc, couronnée d'olivier,*
> *M'apparut une dame, sous un vert manteau*
> *Revêtue de couleur de flamme vive* (3).

Ces trois couleurs, disent les interprètes, représentent la foi, l'espérance et la charité. Nous les retrouvons dans les armes mystiques de la famille olivétaine. La couleur blanche est répandue sur les trois petites montagnes coagulées ensemble, emblème des trois fondateurs de l'ordre ; elle désigne la pureté de leur foi et l'innocence de leur vie. Deux vertes branches d'olivier, comme un frais symbole d'espérance, s'élèvent sur les côtés ; elles encadrent une croix empourprée, couleur de sang et de flamme, qui figure la royale charité de Jésus-Christ dominant,

(1) Cum eo eram, cuncta componens. (*Prov.*, VIII, 30.)
(2) *Divine Com.* Parad., ch. XXIV, 1.
(3) *Id.* Purg., ch. XXX, 11.

attirant, et consommant toutes choses. L'appellation de Notre-Dame de Mont-Olivet vient couronner cet ensemble ; elle rappelle, avec la céleste fondatrice de l'ordre, la montagne de l'onction (1), la montagne de myrrhe et d'encens qui fut témoin, et de la douloureuse agonie du Sauveur et de son admirable ascension. En vérité, nous ne croyons pas qu'il fût possible de grouper, dans une harmonie plus divine, des pensées plus grandes et de plus pressantes invitations à la sainteté.

Les trois serviteurs de Dieu avaient hâte de rejoindre leur famille d'Accona, devenue désormais Notre-Dame de Mont-Olivet. Ils étaient attendus avec une impatience que tempérait seulement la confiance dans la bonté divine déjà si hautement manifeste à tous les yeux. Enfin, Bernard et ses deux compagnons arrivèrent d'Arezzo, blancs de vêtements, plus blancs encore d'âme et de cœur (2). Ce fut comme une apparition du ciel. Les frères ne pouvaient se lasser de baiser les mains et les vêtements de leur père ; bientôt ils reçurent de lui les blanches livrées de la Sainte Vierge ; le désert, fleurissant comme un lis, retentit de cantiques d'actions de grâces. Le songe prophétique de Fulvia, la vision de l'échelle lumineuse, étaient devenus une réalité.

Le souvenir de la vêture des trois fondateurs de la congrégation de Mont-Olivet se perpétua dans la

(1) Perrexit Jesus in montem Oliveti, in montem fructuosum, in montem unguenti, in montem chrismatis. *S. Aug.* Tract. XXX in Joan.

(2) In candido habitu animo candidior. *Acta SS.*

ville épiscopale d'Arezzo. Le crucifix devant lequel
la cérémonie s'était faite, fut tenu en grande vénération par les Arétins. Quand les moines olivétains
fondèrent à Arezzo le monastère de saint Bernard,
ils entrèrent en relations toutes fraternelles avec les
membres de la confrérie de la Très Sainte Trinité,
qui avaient donné l'hospitalité à leur père ; aux Ro-
gations, par exemple, les pieux confrères escortaient
les moines se rendant processionnellement à la cathédrale (1). Longtemps on vit, à l'église de la Sainte-
Trinité, une terre cuite fort remarquable du style
de Luca della Robbia ; elle était divisée en plusieurs
compartiments, et représentait au milieu le crucifix
traditionnel, d'un côté le bienheureux Bernard, de
l'autre l'évêque Piétramala, en bas les confrères eux-
mêmes. Ce précieux mémorial des origines de Mont-
Olivet a été transporté par l'évêque Albergotti à la
cathédrale, où les touristes l'admirent sans comprendre le plus souvent quel doux et saint événement il
retrace (2).

(1) Lancellotti. *Hist. Ol.*, 14.
(2) Renseignement communiqué par le marquis F. G. d'A-
rezzo. L'église de la Sainte-Trinité, qui existe actuellement
à Arezzo, n'est plus celle où le bienheureux Bernard reçut
l'habit monastique ; elle n'est pas même bâtie exactement
sur l'emplacement de l'ancienne, mais un peu en contre-bas.

CHAPITRE VI

La charte de fondation de Mont-Olivet.

———

Profession solennelle des trois serviteurs de Dieu, Bernard
  Patrice et Ambroise. — Charte de fondation délivrée par
  Guy Tarlati. — Ce qu'était un monastère dans la pensée
  de nos pères.

Le vénérable chroniqueur olivétain, Antoine de
Barga, dit clairement que la profession religieuse
des trois fondateurs de Mont-Olivet fut distincte de
leur vêture (1). Il eût pu en être autrement. En ces
temps anciens, les règles de l'Eglise ne prescrivaient
pas strictement de laisser écouler un temps déterminé
entre l'une et l'autre de ces fonctions. D'un autre
côté, l'œuvre du bienheureux Bernard avait tous les
caractères d'une œuvre divine, et sa vocation à l'accomplir ne pouvait faire l'ombre d'un doute pour
personne. Toutefois, certaines raisons militaient pour
faire différer quelque temps la profession. Il était

(1) Post non multum temporis, homines dicti ad præfatum
Aretinæ diœcesis Episcopum revertentes, etc. *Chron. abbrev.
Ant. Bar.*

juste que le Bienheureux et ses compagnons, avant de prendre rang définitivement sous la bannière de saint Benoît, fissent l'apprentissage de la règle bénédictine, et se formassent à la comprendre et à la pratiquer. On ne pouvait opérer comme par enchantement la transformation de l'ermitage d'Accona en communauté monastique. Le Bienheureux eut préalablement la mission de préparer cette transformation et de tout disposer pour l'érection du monastère.

Au bout d'un laps de temps que le chroniqueur ne détermine pas, mais qu'il dit avoir été assez court, les trois serviteurs de Dieu revinrent trouver l'évêque d'Arezzo qui les reçut avec honneur ; et ils le supplièrent humblement qu'il daignât les admettre à la profession des vœux solennels. Le pasteur accueillit favorablement leur demande ; il voulut cette fois que la cérémonie eût lieu à l'église cathédrale (1). Il célébra solennellement la sainte messe, assisté du moine Jean qui, en son nom, reçut la profession des nouveaux religieux, et leur donna la coule blanche, signe irrévocable de l'investiture monastique, après l'avoir bénite par les prières et les encensements d'usage.

Ceci se passait en l'an de grâce 1319, le vingt-sixième jour de mars, date par conséquent de la naissance de la congrégation olivétaine. C'était le lendemain de l'Annonciation, quelques jours après la fête de saint

---

(1) En distinguant la profession de la vêture, on s'explique très bien pourquoi les souvenirs olivétains se partagent entre l'église de la Sainte-Trinité et la cathédrale d'Arezzo. La première fut témoin de la vêture des trois fondateurs, la seconde de leur profession.

Benoît, un lundi, jour où le Bienheureux honorait saint Michel archange, à l'anniversaire même, lisons-nous dans un auteur, de l'entrée de saint Bernard **en** religion (1). La messe chantée par Piétramala **fut** vraisemblablement celle de l'Annonciation, remise de la veille en raison du dimanche.

Le même jour, et même avant la cérémonie, la charte de fondation de l'abbaye de Notre-Dame de Mont-Olivet fut dressée dans la teneur suivante en présence de l'évêque, de son neveu Berthold de Piétramala et d'autres personnes.

« Guy, par la miséricorde divine évêque d'Arezzo, à nobles et discrètes personnes, Bernard fils de messire Mino Toloméi, et Patrice fils de François Patrizi, nos bien-aimés, salut éternel dans le Seigneur.

« La puissance de Dieu se levant dans les hauteurs du ciel, illumine le cœur de ceux qu'elle a choisis pour ses élus, elle leur donne par la grâce dont elle les remplit de pratiquer les œuvres de la charité, et les fait croître de jour en jour en toutes sortes de vertus. Ceux-ci, par contre, afin de pouvoir méditer en paix sur les bontés de Dieu, prennent la résolution de se dédier eux et leurs biens au service de Jésus-Christ, et se proposent de pieuses fondations qui permettent d'édifier des églises, d'y célébrer les divins mystères, en un mot d'immoler sur les autels, suivant les rites accoutumés et par la main des prêtres, le corps de Jésus-Christ livré à la mort pour la rédemption du genre humain.

(1) D. Alessandro Bossi.

« Nous savons pertinemment, Bernard et Patrice
nos bien-aimés, que jusqu'à présent vous vous êtes
appliqués à des œuvres de charité, que vous avez
persisté dans la louable entreprise d'une vie pénitente ; et maintenant, enflammés par la grâce divine,
en notre présence et en celle du chapitre de notre
église cathédrale d'Arezzo, vous offrez vos domaines
d'Accona et de Mélanino (1) à Dieu et à la Bienheureuse
Vierge, à l'effet de construire à Accona, en l'honneur
de celle-ci, un monastère sous la règle de saint Benoît
et dans l'observance de la vie monastique, où soient
célébrés les divins mystères à la louange de Dieu et
de sa Mère, et pour le salut et profit de vos âmes et
des âmes de tous les chrétiens fidèles. Vous nous
demandez donc humblement qu'il nous plaise de
commettre à des personnes discrètes le soin de faire
la consécration de vos personnes et de vos compagnons à Dieu et à la bienheureuse Marie sa Mère,
sous la règle en question, dans le susdit monastère,
selon l'intention par vous exprimée ; de bénir les
blancs vêtements que vous désirez porter, et de vous
en revêtir suivant le rite monastique (2) ; enfin de
déterminer à Accona le lieu propice à l'emplacement
d'un monastère, d'y planter la croix avec les prières
d'usage, enfin d'en poser la première pierre par nous

(1) Mélanino était un domaine, situé sur le finage de la
petite ville d'Asciano, qui fut donné à la communauté naissante par le vénérable Patrice Patrizi ; plus tard il fut attri-
bué au monastère de Sienne.

(2) Autrefois, lors d'une vêture, on ne bénissait pas les
habits mais seulement le jour de la profession.

bénite. En outre vous implorez de nous, pour le monastère en question, les exemptions et autres faveurs qui dépendent de notre charge, avec l'assentiment de notre chapitre.

« Nous donc, prenant en considération votre vie si méritante et vos œuvres passées où tout est digne d'éloge, voyant dans votre consécration au Seigneur et dans l'érection d'un monastère un moyen de glorifier Dieu, d'accroître le culte divin, de faire retentir la louange de Jésus-Christ et de sa sainte Mère sur les harpes et les instruments de musique de plusieurs (1), nous avons jugé de science certaine devoir admettre votre demande ; nous approuvons donc, du consentement de notre chapitre ici présent, pour valoir ce que de droit, tout ce qui se trouve contenu dans votre supplique, et nous vous l'accordons et octroyons par le présent privilège. Et afin que votre supplique et son contenu, ainsi que nos concessions et nos faveurs, viennent à la connaissance de tous, nous en donnons le détail dans le présent acte.

« Nous déléguons nos pouvoirs à religieuse et discrète personne, Dom Jean, moine de l'abbaye de Sasso de notre diocèse, maintenant résidant en notre église cathédrale (2), afin qu'il reçoive en notre nom la consécration que vous, Bernard, Patrice et Ambroise, désirez faire de vos personnes à Dieu et Notre-Dame de Mont-Olivet d'Accona, pour construire au dit lieu un monastère sous la règle de saint Benoît avec

---

(1) In chordis et organis plurimorum.
(2) Et attaché à l'autel... ici manquent quelques mots.

l'habit et l'observance monastiques, et qu'il bénisse les vêtements blancs que vous souhaitez de porter et vous en revête.

« De même nous déléguons nos pouvoirs à discrète personne, Restauro, prêtre et chapelain de l'église de Morello, et maintenant demeurant dans la maison de la fraternité de la Sainte-Trinité d'Arezzo, afin qu'il se transporte au lieu dit Accona, y désigne un lieu pour l'emplacement d'un monastère, y plante la croix avec les prières d'usage, et en pose la première pierre bénite par nous.

« En outre nous concédons, aux termes de ce privilège, qu'au lieu dit Accona, de notre diocèse, sis au comté de Sienne sur la paroisse de Saint-Ange de Luco (1) soit érigé le monastère en question avec clocher et cloches, en l'honneur de la bienheureuse Vierge, sous la règle de saint Benoît, et qu'il prenne nom Notre-Dame de Mont-Olivet, selon qu'il nous est demandé.

« De même, que ce lieu ou monastère soit gouverné à perpétuité par des abbés, jamais par des laïques ou par des clercs séculiers ; et que la règle bénédictine y soit observée ainsi que la discipline monastique.

« De même, pour que l'abbé, les moines, les convers et autres familiers qui habiteront au dit monastère, puissent vaquer à Dieu plus librement et tranquillement, nous déclarons le monastère exempt de toute dîme exigible par droit épiscopal, de toute rede-

_____

(1) Autrement dit Chiusuré, village à proximité d'Accona, autrefois assez important.

vance, impôt, collecte, charges et corvées, enfin de out droit de juridiction diocésaine ; notre volonté expresse étant que ni le monastère lui-même, ni aucun des susnommés qui y habiteront, ne soit molesté à l'occasion de ces charges. Nous ne réservons, à nous et à nos successeurs catholiques, que l'unique droit de confirmation des abbés et de visite du monastère.

« De même nous concédons qu'il y ait ou puisse y avoir auprès du monastère un cimetière où abbés, moines, convers et familiers puissent être ensevelis.

« De même, pour amplifier encore la liberté du monastère, nous accordons que l'abbé qui y sera présentement élu ou qui le sera par la suite, puisse, par lui-même ou par quelque autre revêtu de son autorisation, entendre les confessions des moines, convers et familiers du dit monastère, leur imposer pour leurs fautes une salutaire pénitence, les corriger et les absoudre tous et chacun selon qu'il conviendra.

« De même que l'abbé et les moines puissent y établir les règlements, qu'ils auront jugés utiles pour son bon gouvernement.

« De même que l'abbé, qui sera pour lors à la tête du dit monastère, puisse se confesser au prêtre qu'il trouvera bon, et être absous par lui, et aussi recevoir les ordres sacrés de l'évêque catholique qu'il lui aura plu de choisir ; et nous étendons cette faculté aux moines, convers et familiers du monastère, pourvu qu'ils aient le consentement de l'abbé.

« Toutes ces concessions et privilèges, octroyés par nous, sont déclarés valables et exécutoires, sans préjudice toutefois du droit des tiers. Car notre intention n'est nullement de déroger aux droits acquis.

« Nous ajoutons que l'abbé, les moines, convers et familiers du monastère ne peuvent ni ne doivent recevoir *ad divina* les paroissiens des autres églises, ni leur conférer les sacrements, sans la permission expresse de leurs pasteurs respectifs.

« En foi de quoi, nous avons fait dresser et libeller le présent privilège par Guadagnus notre secrétaire, et nous l'avons revêtu et muni de notre sceau.

« Donné et fait dans la cité d'Arezzo, dans la salle du palais épiscopal, l'année du Seigneur 1319, notre Saint-Père Jean XXII étant pape, un lundi de mars, en présence de Berthold Mascio de Piétramala... »

Tel fut l'acte épiscopal qui posa les fondements de Notre-Dame de Mont-Olivet. Nous l'avons donné en son entier. Car, outre que ces vieilles chartes, comme le dit fort justement D. Grégoire Thomas (1), recèlent un parfum de poésie, elles précisent fort nettement ce qu'était un monastère dans la pensée de nos pères, ce qu'il devait demeurer à toujours par la fidélité des moines à leur vocation. Lieu de la louange divine, école des plus solides vertus, retraite paisible pour la vie contemplative, enfin petite cité autonome se développant et se mouvant avec une entière liberté d'action sous l'autorité de l'abbé et la haute surveillance des supérieurs ecclésiastiques ; on ne croyait pouvoir entourer sa naissance et sa formation d'une sollicitude trop attentive ; le placer avec trop de soin

(1) *L'abbaye de Mont-Olivet-Majeur*, p. 23.

dans les conditions les plus favorables d'un heureux développement, le munir avec trop de précaution contre les ingérences du dehors. A ce point de vue, la charte de Piétramala est un document précieux pour l'histoire, non seulement de Mont-Olivet en particulier, mais de l'ordre monastique tout entier.

Cependant il restait à réaliser les lignes du plan tracé par l'évêque d'une main si sûre et si vigoureuse. Il n'y avait encore ni abbé, ni église, ni monastère. Nous verrons paraître l'abbé, surgir l'église, s'édifier le monastère ; en un mot l'œuvre de Dieu s'accomplir par la main de son serviteur, le bienheureux Bernard.

TROISIÈME PARTIE

LE BIENHEUREUX BERNARD ABBÉ DE MONT-OLIVET

CHAPITRE PREMIER

Mont-Olivet et l'Ordre monastique.

Le dessein de la Providence sur Mont-Olivet. — Décadence
de l'ordre monastique, d'après les écrivains contemporains.
— La Bulle bénédictine. — Refleurissement de la discipline
par la congrégation nouvelle.

Avant de suivre les humbles commencements de
l'abbaye de Notre-Dame de Mont-Olivet, il ne sera
pas hors de propos de jeter un coup d'œil sur l'état
de l'ordre monastique au commencement du xive siècle. Nous comprendrons mieux ainsi l'opportunité de
la fondation nouvelle.

Lorsque le bienheureux Bernard quittait Arezzo
tenant en main la charte de Piétramala, il pouvait
ouvrir son âme à l'espérance et à la joie. La période
critique était passée pour lui et ses pieux compa-

gnons. Après avoir heureusement franchi les écueils, le navire gagnait le large, poussé par un vent favorable. Dieu avait pourvu à la consolidation définitive de l'œuvre de son serviteur, par les moyens mêmes que la malveillance avait employés pour la détruire. Quelle allégresse n'y a-t-il pas dans le cœur d'un saint, lorsque, voyant le succès répondre à ses efforts, il peut se dire : Dieu sera glorifié, les âmes seront sauvées !

Et toutefois le bienheureux Bernard ne prévoyait probablement pas alors toute l'étendue des desseins de la Providence sur lui et sur son œuvre. Il ne savait pas que la source, qui commençait à sourdre sur le sol d'Accona, était destinée à faire refleurir par toute l'Italie la discipline monastique. Il ne se savait pas appelé à être un restaurateur de l'ordre de saint Benoît au xive siècle.

Et néanmoins telle était la haute vocation pour laquelle Dieu l'avait suscité à une époque particulièrement critique de l'histoire de l'Eglise.

Les ordres religieux, qui entrent si intimement dans l'économie de l'Eglise, participent à sa vitalité divine. Si d'un côté ils subissent le sort des choses humaines, si leur période d'épanouissement est suivie d'un déclin presque inévitable; de l'autre, on sent qu'à la différence des institutions purement terrestres, ils portent en eux-mêmes un principe d'immortalité. Au moment où on pourrait les croire près de disparaître, Dieu fait sortir de leur décadence même les germes d'un merveilleux rajeunissement.

Quelles péripéties n'a pas traversées le grand ordre bénédictin !

Au commencement du moyen âge, il paraît concentrer en lui-même toute la puissance civilisatrice de l'Eglise placée en face des peuples barbares ; aux XIe et XIIe siècles, il lui donne une série de grands pontifes et de grands saints, qui chassent les vendeurs du temple, restaurent le sanctuaire profané, et rendent à la maison de Dieu la pureté et l'éclat des temps apostoliques.

Au XIIIe siècle, le spectacle change. Dieu suscite de nouveaux ouvriers. C'est à saint Dominique et à saint François qu'il incombe de soutenir sur leurs épaules le poids de l'Eglise chancelante. Il semble que les moines soient rélégués au second plan ; il semble que le flambeau qu'ils tenaient soit passé en d'autres mains.

Au XIVe siècle, le mouvement de décadence s'accélère ; les belles congrégations des siècles précédents ne sont plus que l'ombre d'elles-mêmes ; les grands cloîtres s'étonnent, moins encore du vide qui s'est fait dans leur vaste sein, que des moines dégénérés qui y ont installé un train de vie toute séculière.

A ce moment l'ordre monastique ne commande plus le respect. Il est devenu le point de mire des conteurs et des chanteurs satiriques. Ils criblent de leurs sarcasmes le luxe des moines, leur table bien servie, leurs beaux habillements, les somptueux équipages des prieurs et des abbés (1). Par-dessus toutes

____

(1) Tandis que la pure et généreuse indignation de Dante s'exhalait dans les vers fameux qu'il place dans la bouche de saint Benoît, des invectives plus frivoles, fondées sur des indications plus précises et plus dangereuses, se faisaient jour

ces voix railleuses, retentit la grande voix du poète
florentin, qui met au chant XXIIe de son *Paradis*,
dans la bouche de saint Benoît, cette sanglante
invective :

> *Le patriarche Jacob vit jusque là-haut*
> *Atteindre le sommet de l'Echelle d'or,*
> *Alors qu'elle lui apparut si chargée d'anges.*
>
> *Mais aujourd'hui, pour la gravir, nul ne détache*
> *Ses pieds de la terre, et ma Règle*
> *Ne sert plus là-bas qu'à perdre du papier.*
>
> *Les murs, qui autrefois étaient des abbayes,*
> *Sont devenus des cavernes, et les coules*
> *Des sacs remplis de méchante farine.*
>
> *Pierre commença sans or ni argent,*
> *Et moi par la prière et le jeûne,*
> *Et François humblement fonda son couvent.*
>
> *Si tu considères l'origine des choses,*
> *Et puis que tu regardes où chacune en est venue,*
> *Tu verras le blanc changé en noir* (1).

Et le poëte conclut que Dieu ferait une plus grande
merveille en remédiant à une situation aussi déses-

dans les nouvelles de Boccace... elles éclataient dans les
chansons de tous les poètes féodaux ou populaires des royau-
mes de l'Occident. La corruption monastique devint le lieu
commun de la satire, en même temps que la matière constante des doléances trop légitimes de toutes les âmes pieuses
comme des plus hautes autorités de l'Eglise. (*Montalembert.
— Moines d'Occident, Introduction*, CXLIV.)

(1) Paradis, ch. XXII, 24-27 ; 30-32.

pérée, qu'en ramenant le Jourdain en arrière ou en mettant la mer en fuite.

Assurément il faut tenir compte, en toute cette sortie, de la véhémence habituelle de Dante qui le portait à forcer les couleurs : toujours est-il que le relâchement des moines était grand, pour rendre possibles des reproches si amers. Ils sont d'ailleurs confirmés, du moins en partie, par des témoins plus calmes et moins passionnés.

Vers ce temps, un évêque espagnol, Pélage Alvarez, publia un livre intitulé : Des lamentations de l'Eglise. *De planctu Ecclesiæ*. Au dire de l'historien olivétain Lancellotti (1) qui avait sous les yeux cet ouvrage, le prélat y trace un tableau lamentable de l'état des ordres monastiques. D'après lui, sauf dans les cloîtres des chartreux, toute observance régulière était perdue, principalement en Italie, où l'absence du pape laissait la porte ouverte à tous les dérèglements.

Le vieux chroniqueur olivétain Antoine de Barga (2), ami intime de saint Bernardin, tient le même langage. « A l'époque où commençait Mont-Olivet, dit-il, la discipline religieuse était singulièrement déchue en Gaule, en Italie, et dans tout le monde romain, chez les cisterciens, les camaldules et à Vallombreuse, voire même chez les frères-prêcheurs et mineurs. Saint Bernardin, qui m'était uni par le lien d'une grande familiarité, est l'auteur de l'Observance des frères-mineurs actuellement en vigueur. »

(1) *Hist. Oliv.*, lib. I, vi. Lancellotti apporte également comme autorité les lettres de Pétrarque.
(2) *Chronica abbreviata Ant. Barg.*

Là-dessus le vénérable religieux se laisse aller à des réflexions mélancoliques : « J'ai entendu des religieux âgés et expérimentés émettre cette pensée, qu'une religion demeure rarement plus d'un siècle dans la ferveur de ses débuts ; car il est fort difficile de se maintenir dans ce qui est ardu. Ainsi voit-on les arts manuels eux-mêmes se développer et fleurir par une heureuse émulation, et décroître insensiblement par la négligence. Tout fardeau nous lasse et nous rebute, si la grâce du Seigneur ne renouvelle journellement nos forces. Aristote a raison de faire consister la vertu en ce qui est difficile. Si notre religion nouvellement fondée a pu atteindre si promptement un beau développement, cela tient d'abord à ce que l'Esprit du Seigneur se répandit dans le cœur de plusieurs, puis à ce que tous les autres ordres hormis celui des Chartreux étaient pour lors en décroissance. Ah ! que de raisons n'avons-nous pas de répéter sans cesse avec le prophète : *Convertissez-nous, Seigneur, et nous serons convertis ; renouvelez nos jours selon ce qu'ils étaient au commencement.* »

Mais le document le plus frappant et le plus irrécusable sur la décadence des ordres monastiques au commencement du xive siècle, est sans contredit la bulle de réforme, lancée par le pape cistercien Benoît XII, et appelée *bénédictine*. Ce document est évidemment libellé dans le but d'amener des religieux relâchés à une observance non pas stricte, mais tolérable. Le remède fait connaître l'étendue des plaies à guérir. Le pontife défend aux moines : de posséder des biens ou de se livrer au négoce ; de laisser les femmes pénétrer dans l'intérieur des monastères, fussent elles leurs mères ou leurs sœurs ; d'entretenir des chevaux et des équipages, excepté s'ils ont quelque office public à remplir ; de sortir du monastère, sans la permission du supérieur ; enfin de se vêtir à la façon des séculiers. Il renouvelle l'autorisation, déjà donnée par Clément IV, d'user de la viande quatre jours par semaine. On voit clairement que le pape demandait peu, parce qu'il n'y avait pas beaucoup à espérer.

Cette bulle, accueillie avec empressement, eut certainement l'effet de retrancher plusieurs abus, et de resserrer le lien de la discipline. Mais elle eut peu d'influence en Italie d'où le pape était exilé ; et en tout cas elle ne rendit pas à l'ordre bénédictin cette force d'expansion qui provient d'une observance stricte et vigoureuse.

La tradition en était-elle donc perdue ? La vie austère et mortifiée des anciens moines allait-elle être réduite à l'état de légendaire souvenir ? Non, car l'Esprit du Seigneur s'était reposé sur le bienheureux Bernard Toloméi. Grâce à lui, un monastère s'élève où la règle du saint patriarche d'occident sera observée sans mitigation, où des religieux fervents réaliseront l'idéal du vrai moine. Il n'y aura pas de lacune dans la vie pleinement régulière du grand ordre. Le feu sacré ne s'éteindra pas ; pendant les rudes traverses de l'exil de la papauté à Avignon et du grand schisme, il sera conservé et entretenu par la congrégation nouvelle née au cœur de la Toscane sous les auspices de la Sainte Vierge.

Il ne fut pas dans le plan de Dieu que cette congrégation jetât un grand éclat extérieur. Elle naquit humblement, et grandit humblement. Elle ne se mêla pas au grand mouvement des affaires de l'Eglise ; aussi passe-t-elle à peu près inaperçue dans l'histoire, du moins à ses origines. Mais elle atteignit son but : recevoir et transmettre dans leur pureté les traditions monastiques ; venger, par le spectacle d'une vie régulière et édifiante, l'ordre monastique des sarcasmes dont il était l'objet.

Dieu la fit naître à peu près au centre de l'Italie sur un sol qui avait vu surgir les illustres congrégations de Camaldoli et de Vallombreuse ; qui naguère encore était témoin, à l'un de ses sommets les plus élevés, des stigmates sanglants du séraphin d'Assise ; dans la Toscane en un mot, terre privilégiée, féconde en grands hommes et surtout en grands saints.

Dans un curieux opuscule, Antoine de Barga se plaît à relever les dons que le ciel a prodigués à cette contrée. Il exalte les avantages de sa position climatérique, la variété de ses productions, son air vif et salubre merveilleusement propre, dit-il, à nourrir des esprits subtils et pénétrants, la police et l'aspect enchanteur des villes, le goût des beaux-arts qui s'y trouve développé plus que partout ailleurs, enfin l'esprit hautement religieux de ses habitants. Nous ne voudrions rien retrancher de ces éloges. Le voyageur qui séjourne en Toscane partage volontiers l'admiration si naïvement exprimée par le vénérable chroniqueur. La note caractéristique de cet heureux pays, c'est le sens esthétique, la passion du beau.

Nous plaçant à ce point de vue, nous disons que la vie et l'œuvre du bienheureux Bernard furent belles. Repassez les *événements de son existence*, depuis le berceau jusqu'à la tombe ; méditez sur les emblèmes que lui remit la Sainte Vierge ; visitez Mont-Olivet, et parcourez-en les souvenirs ; faites revivre surtout sous vos yeux la glorieuse mort du saint abbé entouré de ses enfants : vous trouvez partout ce je ne sais quoi d'achevé, de pur, d'harmonieux, qui constitue la vraie beauté !

Puissions-nous reproduire quelque peu cette impression dans les pages qui vont suivre !

CHAPITRE II

L'Abbé, le Monastère, l'Eglise.

Nomination du premier abbé de Mont-Olivet. — Refus du
Bienheureux. — Le vénérable Patrice est élu. — Ambroise
Piccolomini, second abbé. — Simon de Turi, troisième abbé.
— Le Bienheureux contraint d'accepter le titre abbatial.
— Premiers édifices réguliers. — La première église de
Mont-Olivet. — Vision de saint Michel.

Il y avait loin de la vie érémitique à la vie bénédictine qu'il s'agissait d'inaugurer à Mont-Olivet.
Les frères, jusque-là dispersés dans des grottes,
devaient être réunis sous un même toit, en un mot
dans un monastère ; à ce monastère il fallait un abbé
régulièrement élu et confirmé ; enfin il s'agissait
d'édifier une église assez vaste pour que toute la
communauté pût y vaquer décemment au service
divin.

Aussitôt de retour d'Arezzo, le Bienheureux réunit
les frères ; il leur exposa ce qui était fait et ce qui
restait à faire ; il leur annonça qu'ils avaient à se
choisir un abbé.

Le mot abbé signifie père. Un père, la petite com

munauté en avait un que Dieu lui-même lui avait donné. Le Bienheureux était père dans toute l'acception du mot ; par ses exemples et ses exhortations, il avait engendré à Jésus-Christ tous ses compagnons dans le service du divin Maître. L'abbé, c'était donc lui, et ce ne pouvait être un autre que lui.

Les frères en jugeaient ainsi. Mais leurs désirs unanimes se brisèrent contre un obstacle insurmontable, c'était l'humilité du serviteur de Dieu. Il allégua, dit Antoine de Barga, l'extrême faiblesse de sa vue, et refusa d'accepter la charge d'abbé (1). En vain les frères lui représentèrent-ils que jusqu'alors il avait pris soin de leurs âmes avec une visible bénédiction de Dieu. Il puisa dans le bas sentiment qu'il avait de lui-même une telle énergie de résistance, qu'on dut renoncer à le presser davantage. Et l'on put appliquer à notre Bienheureux le mot qui a été dit de saint Bernard : il eut plus de force à lui seul pour se tenir abaissé, que tous n'en eurent pour l'élever.

Ainsi donc, par un exemple rare même dans la vie des saints, les suffrages des solitaires d'Accona durent se reposer sur une autre tête que sur celle de leur fondateur. Et ce fut Patrice Patrizi qui le premier fut revêtu du titre d'abbé de Mont-Olivet. Après le bienheureux Bernard, nul assurément n'était plus digne de fixer le choix de ses frères. Il les avait gouvernés avec une grande sagesse durant le voyage

______

(1) Primus abbas fuit fr. Patritius de Patritiis de Senis. Quia fr. Bernardus propter defectum visus, nam non longe videbat, non poterat eligi in abbatem. *Chron. abbrev. Ant, Barg.*

d'Avignon. Il était le bras droit et le conseil du Bienheureux. Nous aimons à saluer cette sainte et austère figure, qui veilla avec tant de sollicitude sur le berceau de l'abbaye de Mont-Olivet.

On pourrait croire que ce grand religieux était appelé à garder longtemps la crosse abbatiale entre ses mains vénérables. Il n'en fut rien : par une disposition qui ne manquera pas de nous étonner, car elle est loin d'être d'accord avec la règle bénédictine dans ses termes et dans son esprit, les nouveaux moines avaient réglé que les fonctions abbatiales ne dureraient qu'un an. Ils prirent sans doute cette mesure par un sentiment d'humilité, et pour enlever aux supérieurs toute idée de domination sur leurs frères. Mais aussi, il faut le dire, ils suivirent le mouvement de leur époque. Le gouvernement de Mont-Olivet se trouva calqué sur le gouvernement de Sienne, et généralement de toutes les cités italiennes d'alors : de même que le *podestat* était contraint de se démettre après une année passée au pouvoir, ainsi l'abbé ne devait tenir qu'un an la houlette pastorale. Ou vit donc au bout d'une année d'un gouvernement ferme et paternel le vénérable Patrice rentrer dans les rangs des moines, et il fallut procéder à une nouvelle élection. Cela se passait, suivant Lancellotti, le 1er septembre 1320 (1).

De nouveau les suffrages se tournèrent vers le Bienheureux ; de nouveau son humilité triompha du vœu des frères. Il fallut porter ses regards vers un

____

(1) *Hist. Oliv.*, lib. I, xv.

autre que lui. Ambroise Piccolomini fut élu ; et les frères se réjouirent d'avoir, à défaut de leur fondateur, un autre lui-même, l'un de ses deux compagnons de la première heure, son confident le plus cher.

L'année suivante, à la même date, nouvelle déposition, nouvelle élection. Cette fois encore, il dut y avoir un combat héroïque entre le père et les enfants ; mais cette fois encore, le père l'emporta. Le moine Simon de Turi fut élu. Il était de Sienne et appartenait à la noble famille Albizeschi, qui donna à l'Eglise saint Bernardin. Il ne resta pas au-dessous de ses prédécesseurs pour la sainteté de sa vie, et la sagesse de son gouvernement. Nous voyons par un document historique, touchant la fondation d'Arezzo, qu'il fut honoré du sacerdoce. L'était-il déjà quand on lui remit la crosse abbatiale ? Il est probable que non. Car Antoine de Barga nous dit que les solitaires d'Accona faisaient venir de pieux prêtres de leur connaissance pour célébrer les saints mystères dans leur chapelle (1). Cette situation dut se prolonger quelque temps.

En l'an 1322, les fonctions de ce fervent religieux vinrent à expirer. Cette fois les remparts de l'humilité du bienheureux Bernard furent emportés de haute lutte. La persistance de ses enfants fut couronnée d'un plein succès. Il céda devant des signes évidents de la volonté divine, et prit en main la

(1) In dicta capella, quam ipsi nos oculis propriis perspeximus, a cognitis devotisque presbyteris divina sibi celebrare faciebant mysteria. *Chronica abbreviata.*

crosse abbatiale qu'il devait garder pendant vingt-
six ans, jusqu'à sa précieuse mort. Son élection arriva le 1er septembre 1322.

Durant les trois années qui s'étaient écoulées, il
n'avait pas été moins utile à la communauté en
obéissant qu'en commandant. Quelle puissante édification n'avait-ce pas été pour ces pieux moines de
voir leur père se tenir dans une parfaite dépendance
des moindres volontés de l'abbé, observer toutes les
règles monastiques avec l'exactitude la plus religieuse,
revendiquer pour soi avec une touchante insistance
les offices les plus bas, les travaux les plus pénibles ?
Il était ainsi devenu la forme de son troupeau, l'exemplaire que tous s'attachaient à reproduire sans parvenir à l'égaler, l'image de Notre-Seigneur qui se fit
homme pour nous apprendre l'obéissance. En même
temps, il apparaissait tout perdu dans les délices de
la contemplation, et apprenait à ses enfants quelle
liberté puise l'âme, dans un humble assujettissement,
pour s'élever jusqu'à Dieu. La leçon était grande
Lorsque Dieu jugea qu'elle pouvait suffire, il con-
traignit doucement le Bienheureux à prendre la place
qui lui convenait sur le siège abbatial.

Et ce ne fut pas tout : il maintint sur le chandelier
cette pure et éclatante lumière. La loi du renouvellement annuel de l'abbé se trouva virtuellement abro-
gée par la force des choses. Chaque année le Bienheureux se démettait, et chaque année il était réélu.
Il eut beau désormais essayer des résistances ; il
était devenu le captif de ses enfants.

Nous nous demanderons maintenant en quel état se

trouvait la naissante abbaye, lorsque le bienheureux Bernard en prit le gouvernement définitif. Pour nous en rendre un compte au moins approximatif, il faut de toute nécessité que nous revenions en arrière, et que nous reprenions la chronique de Mont-Olivet à l'élection du vénérable Patrice.

Certes on pouvait bien dire que la fonction de premier abbé de Mont-Olivet était une charge, et non un honneur. La communauté qu'il gouvernait n'avait pour abri que quelques grottes avec un petit édicule pour chapelle. Afin d'ériger le monastère, il avait pour trésorier le dénûment et la pauvreté comme pourvoyeuse. Les frères acceptaient toutes les privations avec une immense allégresse ; mais l'abbé en connaissait les amertumes. Il en est souvent ainsi à l'origine des maisons religieuses ; c'est une joie pour des frères fervents de vivre au jour le jour sur le compte de la Providence ; mais le supérieur sent la détresse et le serrement de la pauvreté, dont ses heureux subordonnés ne savourent que la douceur.

Quand nous considérons tout cela, nous n'admirons guère moins le dévouement du vénérable Patrice, acceptant le titre d'abbé que l'humilité du Bienheureux le refusant. Tous deux étaient guidés par les motifs les plus purs, aucun ne se cherchant lui-même, mais seulement la gloire de Dieu.

La prise d'habit et la profession religieuse des trois fondateurs de Mont-Olivet à Arezzo avaient déterminé un mouvement de vocations plus accentué encore qu'auparavant. Lancellotti nous montre les nobles et les hommes du peuple se faisant inscrire à

l'envi dans la nouvelle milice (1). La communauté
monastique ne fut pas plus tôt constituée, qu'il fallut
de toute nécessité songer à bâtir, même avant que
l'évêque d'Arezzo eût envoyé son délégué officiel pour
désigner l'emplacement d'un monastère ; ce qu'il ne
fit que l'année suivante 1320.

Le sol d'Accona et des contrées voisines est, nous
l'avons dit, d'une nature particulière. Il est composé
d'une argile blanchâtre, sans aucune veine de silex
ou de pierre quelconque. Les paysans des environs
prenaient autrefois cette argile, la pétrissaient et en
formaient des moellons qu'ils exposaient simplement
au soleil pour les faire sécher et durcir ; et c'est avec
ces matériaux rudimentaires qu'ils se construisaient
des habitations grossières. Les solitaires d'Accona ne
s'y prirent pas autrement pour élever les premiers
abris que requérait une nécessité impérieuse, et
notamment une infirmerie pour les malades dont
l'état demandait une installation plus commode.
Quant au bois qui était nécessaire pour ces constructions, ils pouvaient s'en procurer dans les forêts qui
tapissent le fond des ravins tout alentour de la colline ;
mais le transport nécessitait un travail très pénible,
vu l'abord presque inaccessible de celle-ci.

« Bref, dit Lancellotti (2), usant de cette argile
malléable et des matériaux qui leur tombaient sous
la main, ils bâtirent à la sueur de leur front une
sorte de petit monastère, avec les lieux réguliers les

____

(1) Eo concursu intra paucos menses monachis oppletur
mons Acconensis. *Hist. Oliv.*, lib. I, xiv.
(2) Lancellotti. *Loco citato.*

plus indispensables, tels que les comporte l'institut bénédictin. Il n'y fallait chercher ni beauté, ni coup d'œil d'ensemble. C'était une juxtaposition de masures, juste suffisante pour mettre à couvert du vent, du froid, de la pluie et des autres intempéries. Ces pauvres constructions indiquaient assez par leur simplicité et leur modestie la simplicité et la modestie de ceux qui s'y logeaient. C'était un merveilleux spectacle de les voir accomplir chacun la tâche qui lui était assignée, garder en plein jour le silence qui semble réservé au calme de la nuit, ne le rompre que par le chant en commun des louanges divines, enfin parmi la foule des visiteurs garder le pur esprit de la solitude. »

Ces constructions évidemment provisoires datent de l'année 1319 ou même 1318. En l'an 1320, l'évêque d'Arezzo songea à s'acquitter de la promesse qu'il avait consignée dans l'acte de fondation de Mont-Olivet. Il envoya aux nouveaux moines le prêtre Restauro, autrefois chapelain de Sainte-Marie de Mugello, afin de déterminer l'emplacement d'une église et d'un monastère proprement dit, d'y planter la croix, afin de placer dans les fondements la première pierre bénite et consacrée. La cérémonie eut lieu suivant les rites de l'Eglise, avec le concours de Lando desservant de l'église de Saint-Ange de Luco à Chiusuré. Le lieu choisi pour l'église était celui où se trouve aujourd'hui la sépulture des moines. Un acte fut dressé de la fonction accomplie, et conservé aux archives de Mont-Olivet où il fut tenu et consulté par l'historien Lancellotti.

Cependant il s'agissait de mettre à exécution ce projet de construction d'une église. Grande difficulté, si l'on considère la pénurie des moines, et leur nombre qui nécessitait un local assez vaste. Les saints religieux n'hésitèrent pas, confiants qu'ils étaient en la divine Providence. Et ils vinrent à bout de l'entreprise, grâce aux pieuses libéralités qui leur furent faites, grâce surtout à leur travail personnel ; mais ce ne fut pas une affaire de quelques jours.

On ne pouvait décemment construire l'église avec des moellons d'argile détrempée et durcie au soleil. Les moines commencèrent tout d'abord par bâtir une briqueterie, qui leur fournit des matériaux plus convenables. Antoine de Barga, qui nous donne ce détail, nous les montre, comme de vaillants soldats du Christ, exposés à la rude chaleur des fourneaux, et s'y purifiant par l'esprit de pénitence comme l'or dans la fournaise (1). C'était là en effet, pour ceux des religieux qui avaient été élevés dans les délices, un assez dur apprentissage de la vie religieuse.

Bientôt, par leur travail assidu, l'église commença à sortir de terre. Cette construction fut signalée par des faits surnaturels. Autour des humbles murs, que les pieux moines élevaient avec tant de peine et tant de joie, il se livra un combat entre les bons et les mauvais anges. L'édifice était déjà monté à une certaine hauteur, quand un matin les ouvriers de Dieu trouvèrent les murs abattus. Ils essayèrent de

____

(1) A fundamentis enim fornacem ædificaverant, quæ et nunc permanet. *Chronica abbreviata,*

réparer le dommage ; mais à plusieurs reprises ils constatèrent que des bras invisibles ruinaient leurs efforts. Le Bienheureux, plus que tous, était en sollicitude ; il rejetait sur lui-même et sur ce qu'il appelait ses péchés la cause de l'insuccès de ses frères, et priait Dieu ardemment de leur tendre une main secourable. Or un matin qu'il était en oraison non loin du chantier désert, il vit paraître, auprès des constructions à demi ruinées, un jeune homme costumé en guerrier, d'une taille élevée, d'un visage très beau et tout étincelant ; l'épée à la main, il faisait le tour de l'église, et chassait à la lueur de son glaive une troupe de noirs démons. C'était l'archange saint Michel, qui s'annonçait ainsi comme le protecteur céleste et le gardien vigilant de la communauté nouvelle. Saisi de joie, le Bienheureux communiqua à ses frères la vision qu'il avait eue. Ils se remirent à l'œuvre plus allègrement que jamais ; et purent achever l'église. Dès qu'elle fut construite, ils y dressèrent un autel en l'honneur de saint Michel archange, qui fut choisi pour l'un des patrons de la congrégation de Mont-Olivet (1).

Le lieu précis où le bienheureux Bernard eut cette vision a été marqué par la tradition ; c'est là où l'on voit, au-dessus d'une petite porte qui conduit du grand cloître au chœur, les trois portraits en buste des fondateurs de la congrégation, peints en fresque d'un style grave et saisissant.

D'autres faits merveilleux relevèrent à cette même

____

(1) *Acta SS*. Augusti, tom. IV, 480.

époque la sainteté du serviteur de Dieu. Celui que nous allons raconter est digne des plus grands saints.

Durant la construction de l'église, et vraisemblablement dans les moments où le diable cherchait à l'entraver, un maçon étranger à la communauté, du nom d'Etienne et habitant au village voisin de Lucignano, fit une chute si malheureuse, qu'on le releva sans signe de vie sous les décombres d'un pan de mur. Les moines consternés apportèrent au Bienheureux ce cadavre à moitié écrasé. Le serviteur de Dieu, saisi de pitié, se prosterna et demeura un assez long temps en prière ; puis il se releva, et, se sentant intérieurement exaucé, il prononça ces simples mots de l'Evangile : « *Celui-ci n'est pas mort, mais endormi* », et il rappela l'ouvrier à la vie (1).

On peut penser si de semblables merveilles exaltaient le courage des moines, et s'ils comprenaient que Dieu était avec leur père, lui communiquant sa puissance.

Une autre fois, sans doute qu'il y avait pénurie d'argent, le diable essaya de faire illusion au Bienheureux. Sous une forme empruntée, il le conduisit à l'écart, et lui découvrit un soi-disant trésor. Insensible à la vue de l'or autant qu'inaccessible aux artifices du tentateur, le serviteur de Dieu dissipa la tentation d'un signe de croix.

Cependant l'église, heureusement terminée, fut consacrée au culte divin. Quand et par qui se fit la

_____

(1) Id., 484.

dédicace ? Aucun monument n'est resté pour nous le dire. Le Bienheureux était-il abbé ? nous sommes portés à le croire, et voici nos raisons. Le prêtre Restauro ne se rendit à Mont-Olivet de la part de l'évêque d'Arezzo que vers le temps où expirait le généralat du vénérable Patrice, en l'an 1320. L'année suivante 1321 dut être employée à la construction de la briqueterie. Les travaux de l'église ne purent être poussés avec énergie que durant le cours de l'année suivante, qui fut celle où le Bienheureux prit les rênes du gouvernement. Les épisodes de la vision de saint Michel et de la résurrection du pauvre maçon écrasé semblent indiquer qu'il était alors vraiment le chef vers lequel tout convergeait, et auquel incombait toute sollicitude.

D'après ces calculs, l'église fut consacrée en l'année 1323, au plus tôt, le bienheureux Bernard étant abbé de Mont-Olivet. Elle fut dédiée, comme il était juste, à la Très Sainte Vierge mère et patronne de la congrégation. Parmi les mystères de Marie sous le vocable desquels on pouvait la placer, les pieux moines choisirent la Nativité, ou si l'on aime mieux la Sainte Vierge enfant, *Maria Bambina*. Touchante inspiration de ces héros de la pénitence ! Ils venaient s'incliner sous la petite main de Marie au berceau ; ils la saluaient comme leur dame et maîtresse.

Après avoir bâti l'église, les moines de Mont-Olivet construisirent un monastère régulier en rapport avec elle, c'est-à-dire très humble, très modeste, quoique suffisant. Nous n'avons aucune donnée particulière sur cet édifice.

Aujourd'hui, tant de ce monastère que de cette église il ne reste rien. L'une et l'autre ont cédé la place à des monuments grandioses, d'une ampleur qui répondit à l'étendue de la congrégation olivétaine. Le dirons-nous ? en admirant cette église aux larges dimensions avec son beau campanile ; en parcourant ce monastère immense qui put abriter Charles-Quint avec sa suite évaluée à deux mille hommes : on se prend parfois à regretter les modestes édifices que les premiers pères de Mont-Olivet bâtirent à la sueur de leur front, et qui nous raconteraient avec une si touchante éloquence leur pauvreté, leur pénitence, leurs héroïques vertus.

CHAPITRE III

Gouvernement du bienheureux Bernard.

———

Portrait du Bienheureux. — Acte de Jean XXII en faveur de
l'abbaye de Mont-Olivet. — Acte de Jean, cardinal de
Saint-Théodore, relatif au Bienheureux. — Vertus, miracles, dons surnaturels de celui-ci.

Quand le bienheureux Bernard fut élu abbé de
Notre-Dame de Mont-Olivet, il avait cinquante ans.
C'est ici le lieu de donner une idée de sa personne,
telle que nous pouvons la recueillir des portraits tra-
ditionnels qui sont parvenus jusqu'à nous (1).

Il était d'une haute taille, et on retrouvait dans sa
tenue et dans sa démarche quelque chose de l'aisance
du chevalier et de la gravité du jurisconsulte. Il avait
le front large et découvert, le nez fortement dessiné,
la bouche comme un peu resserrée, le cou puissamment attaché au buste. Son visage, légèrement allongé,
et presque toujours absorbé dans une méditation profonde, aurait pu paraître sévère. Mais ses yeux, à

(1) *Acta SS.* Augusti, tom. IV, p. 472.

demi éteints par une infirmité persistante, où ne tarissaient pas les saintes larmes, indiquaient assez la douceur et l'humilité de sa grande âme. Ses traits, pâlis et desséchés par les austérités de la pénitence, avaient cette expression indéfinissable qui tient tout à la fois de l'ange et de l'enfant, et qui fait dire de quelqu'un : Cet homme est un saint ! En un mot il paraissait en lui un tel mélange de force et de bonté, que Dieu l'avait évidemment prédestiné à exercer un grand empire sur les âmes.

Une des premières occupations du serviteur de Dieu une fois monté sur le siège abbatial, avec l'achèvement des constructions de l'église et du monastère, fut de négocier auprès du Saint-Père pour obtenir la confirmation de son Institut. La charte de l'évêque d'Arezzo ne suffisait pas pour conférer à la nouvelle abbaye la sanction canonique, elle ne pouvait émaner que du Saint-Siège. Bien plus, celui-ci, par de récents décrets, faisait une obligation de s'en munir au plus tôt.

En ces temps-là, de profonds dissentiments avaient éclaté entre le souverain pontife et Guy d'Arezzo ; celui-ci se trouvait même frappé d'excommunication et de suspense. Ces malheureuses conjonctures eurent vraisemblablement pour effet d'entraver les négociations relatives à Mont-Olivet. Le Bienheureux, ne pouvant pas se servir de l'intermédiaire de l'évêque, envoya deux de ses compagnons directement à Avignon pour obtenir la ratification pontificale des privilèges accordés par Piétramala.

Le Saint-Père ne se refusa pas aux vœux qui lui

étaient exprimés au nom de la nouvelle famille monastique. Toutefois pour le moment, au lieu d'accorder ce qu'on nomme la confirmation canonique, il se contenta de prendre sous la protection de saint Pierre l'abbaye de Mont-Olivet. Cet acte nous semble assez bien l'équivalent du *décret de louange,* qui est dans la législation actuelle le prélude obligatoire de l'approbation proprement dite. Le Saint-Siège avait suivi la même marche vis-à-vis des servites de la Sainte Vierge : leur institut, qui commença en l'an 1233, fut reçu sous la protection papale en l'an 1255, et approuvé solennellement quelques années plus tard (1).

Voici la teneur de l'acte de Jean XXII, en faveur de l'abbaye de Mont-Olivet :

« Jean, évêque, serviteur des serviteurs de Dieu, à ses fils bien-aimés, l'abbé et les moines du monastère de Notre-Dame de Mont-Olivet en Accona, de l'ordre de saint Benoît, du diocèse d'Arezzo, salut et bénédiction apostolique.

« Lorsque la requête qui nous est présentée ne contient rien que de juste et d'honnête, l'équité nous fait un devoir d'en accorder le contenu pour l'acquit de notre charge pastorale. C'est pourquoi, nos très chers fils dans le Seigneur, agréant bénévolement votre demande, nous prenons sous la protection de saint Pierre et la nôtre, et vos personnes, et le lieu où vous vous êtes consacrés au service de Dieu, avec tous les biens que vous possédez présentement ou que plus tard vous pourrez acquérir suivant la vo-

____

(1) Nous tirons ces détails de D. Besozzi. *Riflessioni,* etç,

lonté du Seigneur par des voies légitimes ; nous vous
confirmons donc par autorité apostolique en la possession des décimes, granges, cours, terres, vignes,
maisons, prés, bois, et biens quelconques dont vous
avez, ou dont vous pourrez avoir la paisible et légitime jouissance, nous les mettons sous le couvert de
notre patronage, sauf en ce qui concerne les décimes
l'observation des règlements du concile général. Qu'il
ne soit permis à personne d'aller à l'encontre de cette
charte de notre protection et confirmation. Si quelqu'un avait cette audace, qu'il sache qu'il encourrait
l'indignation du Dieu tout-puissant et des saints
apôtres Pierre et Paul. — Donné à Avignon, le seize
des calendes de juin, la huitième année de notre
pontificat (l'an 1324) (1). »

Par cet acte, l'abbaye de Mont-Olivet acquérait une
existence régulière ; elle n'avait pas encore le dernier
sceau de la consécration canonique ; mais elle était
visée et touchée par le Saint-Siège. Un grand pas
était fait.

L'année suivante 1325, Jean XXII rendit encore un
décret en faveur de cette abbaye ; il y approuvait les
exemptions accordées par l'évêque d'Arezzo.

En l'an 1327, il intervint un acte du légat du Saint-
Siège en Toscane, touchant une difficulté soulevée au
sujet du bienheureux Bernard. Nous allons donner
brièvement un aperçu de toute cette affaire, qui eut
pour résultat la confirmation authentique et, on peut

______

(1) *Privilegia Sacræ Congr. monachorum S. Mariæ Mon-
tis-Oliveti concessa.* (Bononiae, apud Jo. Bossium. MDLXXX.)

le dire, perpétuelle du serviteur de Dieu sur le siège abbatial.

Le Bienheureux, on le sait, avait été guéri par la Sainte Vierge d'une cécité complète. Toutefois il ne recouvra pas la pleine jouissance de ses yeux ; toute sa vie, il garda une vue faible et languissante. En l'an 1319 il avait allégué cette infirmité, pour détourner de lui les suffrages des frères ; en l'an 1326, il l'allégua de nouveau, et ne voulut pas consentir à sa réélection à la charge d'abbé. Le siège abbatial demeura donc vacant durant un certain temps. Cette situation ne pouvait se prolonger sans inconvénient. Les instances de la communauté de Mont-Olivet pour obtenir la ratification de l'élection du bienheureux Bernard, aussi bien que les objections de celui-ci, furent portées par devant Jean cardinal de Saint-Théodore, légat du Saint-Siège en Toscane. Celui-ci, après avoir entendu les délégués de la communauté parmi lesquels figurait l'ancien abbé Simon de Turi, confia l'information de l'affaire aux curés ou, pour parler le langage du temps, aux prieurs séculiers des églises de San-Giovanni d'Asso et de Sainte-Marie de Grossemano. Et sur leur rapport, il rédigea l'acte suivant adressé au bienheureux Bernard, et dont nous donnons la conclusion si honorable pour le serviteur de Dieu :

« Voulant pourvoir au bon état du monastère qui pourrait souffrir d'une longue vacance, et ayant pleine confiance que vous rachèterez amplement l'infirmité dont vous souffrez par vos vertus et vos mérites, et que sous votre conduite le monastère avec ses per-

sonnes et ses biens prospèrera de toute manière par
la grâce du Seigneur : nous accueillons favorablement
la requête des moines, et par l'autorité dont nous
sommes revêtus, nous vous constituons en la charge
d'abbé, et nous vous commettons pleinement, tant
au spirituel qu'au temporel suivant les coutumes en
vigueur, le soin et l'administration du monastère.
Recevez donc cette charge, acquittez-vous-en, comme
nous l'attendons de vous, avec sagesse et prudence,
faisant en sorte que le mérite de votre vie rachète la
débilité de votre vue, et que cette infirmité soit amplement compensée par la grâce de votre administration et votre zèle dans le gouvernement de vos frères.
Donné à Florence, le dix des calendes de janvier,
l'année onzième du pontificat de notre très saint Père
et Seigneur en Jésus-Christ, le pape Jean XXII. »

Il semble qu'une pièce si péremptoire aurait dû
trancher définitivement la question en litige. Il n'en
fut rien. On se demanda si le cardinal avait qualité
pour confirmer l'élection d'un abbé en pareilles circonstances. Peut-être pensait-on qu'il fallait l'inter-
vention formelle du Saint-Siège. A cette époque, le
souverain pontife s'était réservé un grand nombre
de cas litigieux et d'affaires ecclésiastiques d'importance secondaire : telle était la fréquence des recours
au Saint-Siège, qu'en l'an 1318 Guy d'Arezzo sollicita
un bref pour le transport, au dedans des murs de la
cité, d'un couvent franciscain qui se trouvait en
dehors. Que ce fût d'ailleurs pour ce motif ou pour
un autre, le cas du Bienheureux, la validité de son
élection, et la validité de la décision prise à son sujet

par le cardinal-légat, furent soumis à l'examen de
jurisconsultes célèbres, Paul de Azariis et André
de Guantariis (1). Ceux-ci déclarèrent bonne et vala-
ble l'approbation de l'élection par le Légat ; et leur
décision fut contresignée par Dino archevêque de
Pise. Cette fois tout fut terminé ; le Bienheureux
inclina la tête ; et, tout en faisant sa démission annuelle, il garda jusqu'à sa mort le soin de sa famille
religieuse.

Les documents cités plus haut portent expressément
qu'il n'était pas prêtre, et n'avait que les ordres
mineurs. Ils ne font preuve à la vérité que jusqu'à
l'époque où ils furent rédigés ; il pourrait se faire,
absolument parlant, que par la suite le Bienheureux
ait été revêtu du sacerdoce. Mais la tradition est
muette sur ce point. Il est probable que la demi-cécité
du serviteur de Dieu lui servit à décliner le ministère
des autels, devant lequel reculait sa grande humilité.
Mais il est certain que plusieurs de ses disciples furent
prêtres, notamment Simon de Turi.

D'ailleurs, si le bienheureux Bernard n'avait pas le
caractère du sacerdoce, il en avait éminemment l'esprit. Par les austérités de sa vie pénitente, il se rendait victime avec Jésus-Christ ; par sa vigilance sur
son troupeau, il était, dans toute la force du terme,
pasteur et bon pasteur.

Dieu l'assistait visiblement. Il lui avait donné ce
qu'il donne volontiers aux saints fondateurs d'ordres,

____

(1) La lettre du cardinal-légat et la consultation des jurisconsultes se trouvent dans Lancellotti. *Hist. Oliv.*, lib I, 18-20.

la grâce de lire dans le fond des cœurs et de discerner les esprits. En vertu de cette lumière, le Bienheureux suivait les bons et mauvais mouvements qui s'élevaient dans l'âme de ses enfants; et ses conseils étaient si précis, et en même temps animés d'une charité si tendre, que rarement ils manquaient de produire un effet durable.

L'histoire nous a conservé quelques traits relatifs à ce don de discernement (1). Un moine nommé Placide, venu de ces contrées lointaines connues sous le nom générique de Sarmatie, était depuis plusieurs mois agité d'une tentation de quitter la vie religieuse; et l'incendie, qui couvait dans son cœur, y faisait de grands ravages. Le Bienheureux l'appela par devant deux témoins, il lui fit de vifs reproches de son mutisme plus encore que de ses pensées dangereuses, et le ramena à des sentiments dignes de sa belle vocation. — Il en agit de même vis-à-vis du frère Damien de Venise, qui était tourmenté par des pensées impures, et qui rougissait de les découvrir à son Père; il le réprimanda fortement de sa fausse honte, lui indiqua les moyens les plus propres pour chasser la tentation, et le renvoya d'auprès de lui tout consolé. — L'un et l'autre frère ne furent pas peu surpris d'entendre leur Père les interroger sur des pensées qu'ils n'avaient manifestées à personne.

Quand il s'agissait de recevoir des novices, le Bienheureux usait de ce don de discernement des cœurs. Un jour deux hommes, l'un d'une famille noble de

____

(1) *Acta SS.* Aug., tom. IV, 483-484.

Milan, l'autre du village voisin de Lucignano, vinrent se jeter à ses pieds en lui demandant l'habit monastique soi-disant par le pur désir de servir Dieu et de sauver leurs âmes. Or l'un d'entre eux, qui était du parti guelfe, venait pour espionner les pieux cénobites ; l'autre était poursuivi pour un crime et cherchait un abri contre la justice. Le Bienheureux découvrit la fraude, il la mit sous les yeux des faux postulants, et les renvoya pleins de confusion.

Les visiteurs eux-mêmes, qui venaient à l'abbaye chercher les avis spirituels du serviteur de Dieu, éprouvaient les effets de sa lucidité surnaturelle. Une de ses parentes, Catherine Toloméi, lui recommanda un jour une noble dame, sur laquelle l'adversité semblait s'acharner. « Cette personne, dit le Bienheureux, « est affligée par sa faute ; elle avait promis à Dieu « d'entrer en religion, et néanmoins elle a pris un « mari ; et maintenant que celui-ci va mourir, elle « songe à de secondes noces : or, sachez que, si elle « se remarie, elle périra de mort violente. » En apprenant cette sentence, la dame en question, dont le cœur avait été mis à nu, rentra en elle-même ; et, son mari étant mort suivant la prédiction du Bienheureux, elle s'acquitta du vœu qu'elle avait fait au Seigneur.

C'est ainsi que notre saint, dont les yeux corporels étaient à demi voilés, jouissait dans son âme d'une vue perçante qui sondait les cœurs et les reins. En même temps, il avait le don des miracles : Dieu lui communiquait sa puissance pour seconder les mouvements de compassion qui le remplissaient à l'égard de ses frères. Ici encore, nous raconterons les quelques faits qui nous sont parvenus, parmi le grand nombre de ceux dont la mémoire s'est perdue.

Un jour, le frère Pacifique, occupé à couper du bois, s'était blessé si grièvement d'un coup de hache, que des crises nerveuses s'ajoutant à la perte du sang le mettaient à deux doigts de la mort. Touché d'une grande commisération, le bon père s'approcha du malade; et, d'un signe de croix, lui enleva comme avec la main et la souffrance et la fièvre et jusqu'à la plaie hideuse qui le réduisait à l'extrémité. Il n'en resta pas même une cicatrice.

Le frère Bon était au lit, pris d'un violent accès de fièvre quarte qui le mettait dans l'impuissance de s'occuper au moindre travail. Le Bienheureux, qui pour lors avait besoin de son aide, le bénit affectueusement et lui dit : « Allons ! mon frère, au nom de « Jésus-Christ, levez-vous ! » Et le frère se leva ; il avait été instantanément guéri.

La tradition rapporte encore un miracle opéré sur un frère, dont le nom est fort intéressant pour nous. Il s'appelait Marin de Paris. Il était boiteux ; et cette infirmité lui venait d'une affection nerveuse qui le faisait cruellement souffrir. Le Bienheureux consentit à prier pour sa guérison. Aussitôt le frère vit sa jambe se redresser, et sentit la souffrance disparaître.

Tous ces faits merveilleux, dont nous ne connaissons que la moindre partie, grandissaient encore l'autorité que le serviteur de Dieu devait à ses héroïques vertus. En outre, il était favorisé de nombreuses extases ; plus d'une fois ses enfants le surprirent ravi hors de lui-même, entouré de lumière, et même élevé à une certaine hauteur au-dessus du sol. Mais nous nous réservons de décrire tout au long ces faveurs célestes, quand nous traiterons de l'esprit intérieur du bienheureux Bernard.

Pour le moment, nous jetterons les yeux sur la communauté de Mont-Olivet ; et nous y verrons resplendir, comme dans le plus fidèle des miroirs, l'éminente sainteté de celui qui en était le père, qui en était l'âme.

CHAPITRE IV

J.a vie monastique à Mont-Olivet.

———

Caractère propre de la vie monastique. — Vie de stabilité,
de charité. — Tableau de la communauté de Mont-Olivet.
— Esprit de prière, de pauvreté, de pénitence des premiers
pères. — Ferveur et discrétion. — Bonne odeur de Jésus-
Christ répandue aux alentours, et même en des contrées
lointaines.

Si des hommes réunis ensemble dans une grande
intimité de vie finissent par s'imprégner des mêmes
sentiments et par contracter des habitudes identiques,
cela est vrai surtout pour les communautés monastiques où le vœu de stabilité force l'individu à demeurer sous les influences destinées à le purifier et
à le sanctifier. Là, nul moyen de se dérober à l'esprit
commun par la dissipation du dehors ou le changement de domicile. Quand la communauté est sainte,
il faut de toute nécessité se sanctifier ou la quitter.

Cette influence, d'ailleurs, n'a rien de violent; c'est
une pénétration lente et douce, une assimilation
d'autant plus profonde qu'elle est plus insensible,
et qu'elle use la résistance au lieu de l'abattre. Il

peut y avoir des luttes, et même des luttes aiguës.
Mais l'esprit de prière, qui circule dans une communauté fervente et qui fond les âmes ensemble, est un baume céleste qui adoucit les déchirements les plus aigres de la nature révoltée, et qui, au besoin, rendrait le calme et la confiance à des désespérés.

La vie érémitique, où l'athlète du Seigneur combat en champ clos contre les puissances des ténèbres, est, certes, un théâtre grandiose, mais fait pour les âmes fortes et bien équilibrées qui sont toujours en petit nombre. Pour les petites âmes, pour les âmes qu'on pourrait appeler inachevées et incomplètes, la vie de communauté est incomparablement plus profitable et plus sûre. Elles y trouvent le complément d'elles-mêmes dans la société de leurs frères ; et, par le sentiment de leur indigence, elles ont une voie toute frayée vers la plus solide humilité. Elles sont encouragées, soutenues, entraînées, portées même au besoin. Leur salut réciproque se réduit à une chose qui n'exige ni hautes macérations, ni profondes contemplations : s'entr'aimer et s'entr'aider par une charité sincère et désintéressée.

Oh ! ce n'est pas qu'on ne rencontre dans les communautés des âmes héroïques par la pénitence et sublimes par la contemplation ! Quand l'homme a été dépouillé de lui-même par les mille renoncements de la vie commune, il devient la proie de l'Esprit du Seigneur qui le transforme en saint. Parfois alors, il le conduit par des voies extraordinaires ; le plus souvent, il purifie tellement ses intentions que, suivant ce qui a été dit de saint Bernard, il lui fait accomplir les actions les plus communes avec une dévotion non commune, et la vaine gloire n'a pas de prise sur lui.

Ces réflexions nous sont suggérées par le spectacle des vertus des premiers pères de Mont-Olivet. La vie des ermites d'Accona était admirable avec l'âpreté de ses privations ; la vie des bénédictins de Mont-Olivet ne le fut pas moins dans la ferveur de charité qui les unissait tous sous le regard de Marie. En prenant authentiquement possession de sa nouvelle famille, la Reine du ciel couronna toutes les vertus dont elle était ornée par un esprit de dilection fraternelle, qui est le lien de toute perfection.

Nous avons le bonheur de trouver dans Antoine de Barga un tableau peint sur le vif de l'âge d'or de la communauté de Mont-Olivet. L'auteur, qui vécut au commencement du siècle suivant, put connaître plusieurs des contemporains du Bienheureux. La page qu'il nous a laissée est un chef-d'œuvre de véracité et de naïveté, dont rien ne saurait égaler le charme ravissant (1).

« La colline d'Accona, dit-il, se nomme aujourd'hui Mont-Olivet ou Mont-des-Oliviers. Bien qu'elle diffère notablement de cet autre Mont-des-Oliviers, où le Seigneur avait coutume de se livrer à la prière, de s'asseoir pour instruire ses disciples et d'accomplir des mystères que la langue humaine est insuffisante à exprimer, elle ne laisse pas pourtant d'en reproduire une certaine image. On y voit ruisseler l'onction

---

(1) *Chron. abbrev. Ant. Barg.*

de vertus nombreuses, humilité, charité, obéissance, chasteté et autres que nous devons passer sous silence pour ne pas trop nous étendre. On peut dire sans hésitation que ce lieu a été choisi par le Seigneur et donné par lui à ses serviteurs afin qu'il y fût glorifié, comme autrefois l'Egypte et la Thébaïde. Nos Pères y ont construit à la sueur de leurs visages un monastère et une église qui ne sont pas sans beauté. Combien strictement y fut observée la discipline monastique, à quelle hauteur de vertus ces bons moines cherchaient à s'élever, c'est ce qu'il n'est pas facile d'expliquer par des paroles. »

« Ils étaient si assidus à l'oraison, qu'on pouvait leur appliquer, quoique à un degré moindre, ce qui est dit de saint Martin, qu'ils maintenaient leur esprit invinciblement fixé dans la prière. Après Complies, durant l'espace d'un *Miserere* et d'un *De profundis* suivi de l'oraison pour les morts, ils se frappaient rudement avec des verges, ce qui présentement s'observe encore. Ils mirent en usage qu'après l'office de la nuit nul ne prendrait le moindre sommeil; chacun vaquait soit à la prière, soit à la lecture, soit même à l'étude s'il en était besoin (1). Au point du jour, après Prime, ils célébraient la messe, puis ils chantaient dévotement Tierce et Sexte. Ensuite ils sortaient pour le travail, et faisaient de leurs propres

(1) Ceci nous montre la haute estime de ces Pères pour l'étude. Le temps entre Matines et Prime était pour eux un temps sacré. S'ils permettaient l'étude en ces moments, c'est d'une part qu'ils y attachaient une grande importance, de l'autre qu'ils la considéraient comme l'auxiliaire de la prière.

mains tous les ouvrages que requérait la nécessité, en tout silence et en toute humilité, sans le moindre murmure. C'est ainsi que des fondations au sommet ils édifièrent un fourneau, qui subsiste toujours, où ils cuisaient les briques nécessaires pour leurs constructions; et à ce rude travail les soldats du Christ mettaient leur courage à l'épreuve comme l'or dans la fournaise. »

« Ils observaient le silence avec une perfection telle que non seulement après Complies et durant les Heures canoniales de la nuit et du jour où c'eût été un crime de le rompre, mais durant le travail manuel lui-même, au réfectoire, au cloître, au dortoir, à toute heure enfin, on se fût cru dans un désert et non dans un couvent. Il fut établi, à ce que rapporte la tradition, que quiconque aurait violé la loi du silence religieux ne boirait pas de vin ce jour-là. Jamais ces bons moines ne recoururent au Saint-Père, pour obtenir une dispense quelconque. Personne ne se permettait d'appeler sien un objet à son usage, ce qui continue à s'observer; mais, suivant l'institution apostolique et la règle de saint Benoît notre père, toutes choses étaient et sont communes à tous. Aucun n'avait à son usage plus de deux tuniques, et un scapulaire avec la coule. Dans un très pauvre vestiaire étaient déposées quelques vieilles tuniques que l'on prêtait à ceux qui avaient besoin de laver les leurs; après quoi, ceux qui les avaient empruntées les remettaient à leur place; et ainsi tous vivaient dans une très grande et volontaire pauvreté. »

« Ils n'avaient pour couches que de simples paillasses assujetties avec des pointes au bois de leurs lits; ce qui existe toujours. Possédant quelques brebis, nos Pères se faisaient avec leurs toisons un drap où ils se découpaient des pélerines et des manteaux; la nuit, ils s'en servaient comme de couvertures; le jour ils s'en revêtaient dans leurs allées et venues à travers le monastère, soit au réfectoire, soit à l'église. Ce drap était rustique, épais, de couleur sombre, semblable à celui dont usent les gens de la campagne. Cela ne doit pas surprendre, après ce que j'ai dit des habits blancs dont se revêtaient nos Pères. Ils savaient le mot de saint Benoît, qui nous avertit de ne pas nous inquiéter de la couleur des vêtements; et d'ailleurs leurs manteaux seuls avaient cette teinte brune. A quel moment renoncèrent-ils à en porter de couleur, je ne sais; le fait est qu'aujourd'hui nous avons tous le manteau blanc. »

« Ils étaient très tempérants dans le boire et le manger. Au temps de la vendange, après avoir tiré le vin, ils jetaient de l'eau sur le marc, laissaient fermenter deux ou trois jours, et c'était là leur boisson pendant l'hiver. Se conformant à la lettre de la Règle, ils n'usaient d'aliments gras que si une grave maladie leur en imposait l'usage. Leur monastère étant situé dans une vaste solitude, à une grande distance de la mer ou des fleuves, il n'arrivait jamais ou presque jamais qu'on servît à table du poisson. Ils décrétèrent que le jeudi et le dimanche chaque frère recevrait deux œufs, et de même aux fêtes com, mand éespar l'Eglise. Aux solennités plus grandes chacun recevait pour sa portion, au repas du matin, également deux œufs, pourvu que ce ne fût pas en un temps de jeûne. Aux vigiles des saints commandées par l'Eglise, nul ne mangeait d'aliments cuits. Pendant l'été, au repas du soir, ils mangeaient simplement du pain et du fromage avec quelques condiments, pourvu que ce ne fût pas jour de jeûne. Quant au Carême, ainsi que je l'ai appris de plusieurs anciens, ils avaient réglé par une décision conventuelle qu'on fermerait les portes du cellier, afin de mettre en pratique au moins en ce temps la parole des Pères, que le vin n'est pas fait pour les moines. En ce temps aussi on fermait les portes de la cuisine, et personne n'usait plus d'aliments cuits, et c'est ainsi que d'une âme allègre et dévote ils attendaient le saint jour de Pâques. »

« Bien plus, il leur arriva, en un temps de vendange, de jeter leurs tonneaux dans les précipices qui entourent le monastère, afin de n'avoir plus à s'occuper des soins de cette vie caduque et misérable et de pouvoir répéter avec le Prophète : *Que désirerais-je au ciel? Et en dehors de vous, ô mon Dieu, qu'ai-je souhaité sur la terre? Ma chair et mon cœur sont tombés en défaillance, ô Dieu de mon cœur, ô Dieu mon héritage pour l'éternité! M'attacher à Dieu, voilà tout mon bien; c'est de placer dans le Seigneur toute mon espérance!* »

Le dernier trait si original, auquel fait allusion le chroniqueur, nous est raconté avec plus de détails par Lancellotti qui l'avait également recueilli d'une tradition antique (1). Il nous dit que les premiers pères de Mont-Olivet furent touchés de l'exhortation tant de saint Paul assurant que c'est *une bonne chose de s'abstenir de vin*, que de saint Benoît protestant que *le vin n'est pas fait pour les moines*. Dans un élan de ferveur, ils résolurent donc de n'en plus boire. Et afin de se mettre hors d'état de transgresser cette mesure de rigoureuse abstinence, ils se mirent à couper leurs vignes aux alentours, et même ils brisèrent les tonneaux qui étaient au monastère et en jetèrent les débris dans les précipices. Mais bientôt ils s'aperçurent que cette privation à laquelle ils n'étaient pas accoutumés, jointe à tant d'autres, excédait leurs forces. Ils devinrent presque tous languissants et malades, et durent prendre pour eux l'avis de saint Paul à Timothée : *Use d'un peu de vin pour soulager ton estomac !* Ils en reprirent donc l'usage, mais avec une telle sobriété, que le soin de leur santé n'altéra pas leur esprit de pénitence.

On ne doit pas s'étonner de ces excès de pieuse ferveur, surtout au commencement des communautés. L'histoire de tous les ordres nous offre des traits analogues. On ne se plaint pas des jets vigoureux que pousse un jeune arbre, dût-on corriger avec la serpe cette exubérance de sève. La nature humaine allant toujours en se relâchant davantage, il faut qu'elle soit fortement serrée au début. Là où les pères lui ont fait saintement violence, les enfants rougiront de trop lui accorder.

(1) *Hist. Ol.*, lib. I, 16,

Aussi admirons-nous sans réserve la vie tout angélique des disciples du bienheureux Bernard. Avec ces âmes transportées d'un brûlant désir de s'immoler à Jésus-Christ, il n'avait qu'à user du frein et non de l'aiguillon. Certes, leur mortification était bien complète ; et néanmoins, étant donnée l'austérité de leur vie érémitique antérieure, il s'y mêlait une discrétion très remarquable.

Il se trouvait en cette sainte communauté, oui, il se trouvait des athlètes de pénitence qui tempéraient leur force en l'assujettissant à la faiblesse de leurs frères moins avancés dans les voies du Seigneur, et qui pratiquaient la plus éminente abnégation en acceptant par charité certains adoucissements sanctionnés par la règle commune. Le Bienheureux leur donnait l'exemple de cette sage condescendance. Il était la forme de tout son troupeau. Le premier au chœur, au travail, aux jeûnes et aux veilles, il se modérait pour permettre qu'on pût le suivre. Il réservait pour les heures de solitude et ses macérations et ses contemplations. Vivant au milieu de ses frères, il s'appliquait à faire parfaitement ce que tous faisaient en ayant les yeux fixés sur lui.

Après cette vue générale de la communauté de Mont-Olivet, il nous serait doux de pouvoir entrer dans certaines particularités, touchant les principaux disciples du Bienheureux. Malheureusement les documents nous font défaut. Il ne nous reste qu'un mot bien court, mais aussi bien précieux d'Antoine de Barga. Ce vénérable religieux se proposait d'écrire un ouvrage sur les plus illustres de ses devanciers, *sur les miracles qu'ils ont faits*, et aussi *sur les livres qu'ils ont mis au jour* (1). Cette simple parole est toute une révélation. Ainsi les dons surnaturels, et notamment celui des miracles, n'étaient point rares parmi les premiers pères de Mont-Olivet. De plus la science était en honneur parmi eux ; ils ont composé des traités et des livres malheureusement perdus. Ce double aperçu, tout sommaire qu'il soit, nous ouvre le jour le plus intéressant sur l'esprit primitif de la congrégation. L'étude y apparaissait unie à la piété la plus favorisée du ciel ; on y voyait fleurir les plus pures traditions bénédictines.

Cependant la bonne odeur d'une vie si édifiante se répandait de tous côtés ; et de tous côtés elle attirait au Seigneur de nouveaux soldats. Dans une fondation religieuse, l'attrait ne vient pas de la chair et du sang, mais de l'Esprit de Dieu : par suite, plus la chair et le sang sont réprimés par la mortification, plus la vie de la foi se manifeste par un entier renoncement à toutes les convoitises, plus l'attrait se fait puissamment sentir, plus les âmes courent allègrement dans la voie nouvelle que Dieu leur ouvre pour les amener à lui. Ce beau phénomène se vérifia à Mont-Olivet. De près et de loin, il surgissait au bienheureux Bernard des enfants que la Sainte Vierge lui donnait.

Le nécrologe de l'antique abbaye permet de suivre ce qu'on pourrait appeler les zones de cette irradia-

---

(1) Si vita comes fuerit, alio in libro viros quos ordo noster vegetavit, narrabimus illustres, et miracula ab ipsis facta, atque libros quos feliciter ediderunt. *Chron. abbrev. Ant. Barg.* Prologus.

tion et de cette attraction mystérieuses. Les premiers disciples du Bienheureux sortirent presque tous de Sienne ; ensuite il en accourut d'Arezzo, de Florence, en un mot de toute la Toscane ; enfin on en vit venir de presque tous les points de l'Italie, et même de France et d'Allemagne, comme ce frère Marin que le serviteur de Dieu guérit miraculeusement (1). Ceci est très remarquable, et montre jusqu'à quel point s'était répandue la renommée de sainteté de la congrégation nouvelle.

Il est clair qu'après avoir attiré à soi les âmes, elle demandait à se dilater, et à multiplier ses centres d'action. On ne tarda pas à demander au Bienheureux des colonies monastiques. Il n'eut garde de se refuser à des désirs, qui entraient manifestement dans la volonté de Dieu sur son œuvre. Et l'on vit se répandre un peu de tous côtés les moines blancs, enfants de la Sainte Vierge, tenant en main leur rameau d'olivier.

(1) Voir, pour les Français qui firent partie de la congrégation olivétaine, la note III à la fin du volume.

CHAPITRE V

Premières Fondations olivétaines.

———

Lorsque Dieu, par la voix des saints, donnait des instructions à sainte Françoise Romaine pour la fondation et la direction de son monastère de la Tour-des-Miroirs, il employait volontiers la comparaison d'une ruche à établir. Cette comparaison indique admirablement ce que doit être un monastère bénédictin.

On conçoit à peine que l'abeille puisse vivre isolée de son essaim et de sa ruche. De même le moine bénédictin est inséparable de la communauté à laquelle l'attache un vœu de stabilité. Il a son rôle dans l'Eglise. Mais ce n'est pas lui qui agit individuellement, c'est le monastère tout entier, pareil à un faisceau de lames aimantées dont la puissance

est d'autant plus grande que leur cohésion est plus
étroite. Placé au milieu d'une contrée, il y répand
des aromes de foi, il en sature en quelque sorte l'atmosphère ambiante ; et cette influence de bénédiction
est encore sensible après de longs siècles.

Il n'est pas contraire à la vocation du moine qu'il
sorte quelquefois du monastère soit pour la prédication, soit pour quelque œuvre de miséricorde, pourvu
toutefois qu'il ne s'écarte pas d'un certain rayon aux
alentours. De même que l'abeille, il faut qu'il puisse
facilement regagner la ruche. Si la volonté de Dieu
l'appelle à élargir son cercle d'action, alors une
colonie se détache de l'abbaye-mère ; et un nouveau
monastère se fonde dans la contrée qu'il s'agit d'édifier et d'évangéliser.

C'est ce qui arriva pour l'abbaye de Mont-Olivet.
Etant abondamment pourvue de moines fervents, sol-
licitée à se répandre pour l'honneur de l'ordre monastique et le bien de toute l'Eglise, elle détacha des
essaims qui allèrent porter au loin l'édification dont
elle était le foyer lumineux.

Nous réunissons toutes ces fondations dans un
même chapitre, bien qu'elles se soient faites à différentes époques. Il nous a paru préférable de les
grouper sous une vue d'ensemble, que de les dissé-
miner tout le long de cet ouvrage.

Elles nous paraissent avoir un double caractère
qu'il est bon de faire ressortir. Elles sont pauvres, s
pauvres que plusieurs durent être abandonnées ou
plutôt remplacées par suite de l'insuffisance de l'installation et des revenus. En second lieu, bien que

faites dans les villes, elles s'établissent autant que possible en des endroits solitaires soit à proximité des portes, soit en dehors des murailles, soit même à une certaine distance de la cité. On voit clairement que le bienheureux Bernard ne craignait pas le dénûment, et qu'il cherchait la solitude. D'ailleurs il allait de l'avant avec générosité et grandeur d'âme, confiant en la Providence divine et aussi dans l'esprit de religion de ses enfants.

La première colonie de Mont-Olivet se dirigea vers Sienne. C'était justice. La ville natale du Bienheureux et de ses premiers compagnons revendiquait ce privilège. La date de la fondation de ce monastère remonte à l'an 1323, c'est-à-dire au commencement du généralat de notre Bienheureux. Est-ce à dire que l'acte en fut passé à cette époque, ou que les moines prirent alors possession du local qui leur était destiné? Nous inclinons pour la première hypothèse. Le fondateur, qui prit entièrement à sa charge tous les frais tant de la construction des bâtiments réguliers que de l'installation des moines, était Bonaventure Valcherini de la première noblesse de la ville, et recteur de l'hôpital de la Scala, sans doute ancien compagnon du Bienheureux dans la confrérie de Sainte-Marie de la Nuit. Le monastère fut dédié à saint Benoît; il s'élevait hors des portes de la cité, dans la région nommée Tusia (1).

Nous retrouverons cette sainte maison dans le cours de cette histoire. C'est là qu'eut lieu la scène

____

(1) Lancellotti. *Hist. Ol.*, lib. II, p. 115.

sublime où le Bienheureux s'offrit avec ses enfants en holocauste de charité; c'est là qu'il mourut, là qu'il fut enseveli. Durant la guerre qui se termina par la prise de Sienne, le monastère de saint Benoît, si cher à la piété olivétaine, fut complètement rasé sauf l'église; on le releva quelques années plus tard. Aujourd'hui monastère et église ont disparu : leur emplacement est occupé par un Campo-Santo magnifique, dans lequel s'ouvre une vaste crypte où l'on célèbre des offices pour les morts; longtemps un religieux olivétain eut la garde de ce champ funéraire, auquel se rattachent de si précieux souvenirs.

La seconde fondation eut lieu à Arezzo (1). Elle eut pour auteur le fameux Guy Piétramala, et témoigne de son attachement à la famille monastique dont il favorisa les origines. Le prélat choisit pour élever le nouveau monastère olivétain les restes d'un vieil amphithéâtre qui se trouvait auprès de la porte Saint-André, à proximité des nouvelles murailles de la ville. Quand les moines y entrèrent, l'évêque n'était plus de ce monde. Il avait voulu, par une attention délicate, qu'il fût dédié à saint Bernard patron du saint abbé de Mont-Olivet. On fait remonter cette fondation à l'an 1324; mais c'est la date où l'acte fut passé. Il résulte d'une pièce authentique, figurant dans l'ouvrage de Burali sur les évêques d'Arezzo (2) que le bienheureux Bernard députa, en l'an 1333, Simon de Turi son prédécesseur au siège abbatial

____

(1) Lancellotti. *Hist. Oliv.*, lib. II, p. 117 et seq.
(2) Burali, p. 15.

pour prendre possession du monastère, et y célébrer la première messe solennelle. La maison d'Arezzo n'était pas très vaste, elle subsiste toujours, mais elle est occupée par des religieuses camaldules.

La troisième colonie olivétaine fut envoyée à Florence (1). A l'ouest de la ville, en dehors de la porte Saint-Frigdien, on aperçoit une éminence tapissée de verdure et couronnée par des cyprès, le long de laquelle se prolonge un vaste bâtiment accosté d'une église. C'est l'ancien monastère olivétain de Saint-Barthélemy, ou pour parler plus exactement c'est Mont-Olivet de Florence. Au temps du Bienheureux, cette petite colline portait un simple oratoire dédié à Notre-Dame du Châtaignier, *de Castaneo*, où se réunissait une pieuse confrérie. Les confrères eurent la pensée de céder ce lieu aux moines de Mont-Olivet, pour y bâtir un monastère; et l'acte en fut passé l'an 1334 entre eux et frère Innocent de Turrita procureur de l'abbaye. De nouvelles donations permirent aux moines de construire une église qui, d'après la volonté des donateurs, fut dédiée à saint Barthélemy. L'église et le couvent existent toujours; mais ce dernier est transformé en hôpital militaire; un prieur olivétain est gardien de l'église, qui possède une série de beaux tableaux représentant les plus insignes religieux de l'ordre.

La même année 1334, fut fondé le monastère de Sainte-Anne de Campréna, dans le comté de Sienne, autrefois du diocèse d'Arezzo, maintenant de Pienza,

____

(1) Lancellotti, p. 119.

à dix milles environ de Mont-Olivet dans la direction de Monte-Pulciano (1). Il dut son origine aux libéralités d'une dame siennoise. Il ne put tout d'abord recevoir que quatre moines. Il s'accrut d'un legs tout d'abord destiné aux chartreux pour une fondation que ceux-ci ne purent accepter, et qui, par une permission expresse du bienheureux pape Urbain V, fut affecté aux olivétains. A cette occasion le saint pontife rendit aux moines de Mont-Olivet ce témoignage qu'ils passaient pour un miroir et un modèle d'observance et de régularité. Pie II visita l'humble couvent de Campréna, et fut émerveillé du travail des moines qui, par des plantations d'amandiers et d'autres arbres, avaient réussi à fertiliser un mont pierreux et stérile. Ce monastère n'appartient plus aux olivétains, mais il est toujours debout. On peut admirer sa belle église ornée de peintures représentant plusieurs traits de la vie du bienheureux Bernard ; ainsi que le réfectoire des moines, où Antonio Razzi dit le Sodoma a déployé les richesses de son pinceau.

En l'an 1339, Rainutio, évêque de Volterra, excité par le renom de piété des disciples du bienheureux Bernard, écrivit à celui-ci une lettre qui est un des plus beaux témoignages rendus à l'ordre au berceau.

« Sachant de bonne source, lui dit-il, que vous êtes, vous et vos frères, religieux de conduite exemplaire et de sainte vie, capables de former les peuples à la vertu et d'animer le clergé lui-même à la sain-

(1) Lancellotti, p. 129 et seq.

teté, aussi bien par vos paroles que par vos exemples, et qu'il n'y a pas en ce moment de religieux de votre ordre ni même d'un ordre quelconque qui puisse exercer une influence aussi salutaire (ce dont nous nous sommes informé par une enquête attentive), nous vous prions instamment de nous envoyer quelques-uns de vos disciples à l'effet de fonder un monastère, etc. »

Au reçu de cette lettre si honorable, le serviteur de Dieu dépêcha à l'évêque frère Christophe d'Arezzo son syndic pour négocier la fondation. Elle se fit en un lieu écarté, nommé Saint-André de Postierla, où se trouvait une chapelle abandonnée, à une certaine distance de la ville de Volterra. L'évêque exempta les moines de toutes dîmes et redevances, à condition toutefois que deux d'entre eux assisteraient à l'église cathédrale aux solennités de l'Assomption, de saint Octavien confesseur et de saint Victor martyr (1).

A peine les moines olivétains étaient-ils installés à Volterra, que la ville de Saint-Géminien du même diocèse voulut également en recevoir une colonie. Les fondateurs de cette maison furent Jean Salvutio de la meilleure noblesse de la ville, et Marguerite son épouse de la famille Bardia de Florence. L'acte fut passé en l'an 1340 entre eux et frère Jean d'Arezzo muni des pouvoirs du bienheureux Bernard. Le monastère fut consacré à Notre-Dame et à saint Jean-Baptiste. Il s'élevait hors des portes de la cité, dans

(1) Lancellotti, p. 130 et seq.

un lieu dit *Vico Barbiano*. Le noble fondateur s'affectionna tellement aux olivétains, qu'il voulut être enseveli parmi eux avec les blanches livrées de leur ordre (1).

Vers ce même temps il y eut une fondation faite, à un mille de Gubbio, sous les auspices de Pierre Gabrielli évêque de cette ville ; et une autre qui s'établit à Foligno, à la requête de Paul Trincio également évêque du lieu. Ces deux maisons étaient si indigentes, qu'elles disparurent. Les moines olivétains ne laissèrent pas de posséder des monastères à Gubbio et à Foligno, mais sur d'autres emplacements que ceux où ils s'étaient fixés primitivement (2).

Nous avons trouvé, dans un recueil manuscrit, deux lettres de l'évêque de Gubbio au sujet des moines olivétains établis près de sa ville épiscopale. Elles sont on ne peut plus honorables pour l'ordre ; et nous regrettons de ne pouvoir les citer en leur entier. Le prélat déclare que le bienheureux Bernard et ses enfants ont ressuscité les merveilles des anciens pères, et que leur conduite est la vivante expression de la règle bénédictine. Ces lettres sont adressées au pape Clément VI.

Enfin Rome elle-même ne tarda pas à solliciter l'envoi d'une colonie olivétaine (3). Elle s'établit sur la pente du mont Cœlius, derrière les sanctuaires de Saint-Grégoire, et des Saints Jean-et-Paul, dans la petite église de Sainte-Marie in Domnica autrement dite de la Navicella. Il n'existe aucun document qui

(1) Lancellotti, p. 132. (2) Id., p. 17. (3) Id., p. 133.

puisse nous éclairer sur les origines et les circonstances de cette fondation, nous savons seulement que les enfants du bienheureux Bernard débutèrent par elle dans la ville éternelle, pour passer ensuite, à la requête du cardinal Pierre Roger de Beaufort, à Sainte-Marie la Neuve sur le Forum. L'histoire de ce nouvel établissement sortirait de notre plan ; il nous suffira de dire que c'est à Sainte-Marie la Neuve que sainte Françoise Romaine alla s'abreuver aux sources de la piété ; que c'est là qu'elle cueillit la branche d'olivier dont elle fit l'insigne de la congrégation des sœurs oblates de la Tour-des-Miroirs.

Cette fondation de Rome couronna toutes celles qui marquèrent la carrière de notre Bienheureux. Il dut s'en réjouir profondément ; car toucher Rome, c'est avoir un sceau d'immortalité. Lorsqu'il mourut, l'abbaye de Mont-Olivet avait neuf filles ; la congrégation olivétaine était fondée.

Nous nous représentons le déchirement du cœur des enfants qui devaient quitter leur père, pour être semés çà et là : douleur ressentie plus profondément encore par le père lui-même ! mais il éprouvait une joie plus haute que toutes les émotions sensibles, à voir l'œuvre de Dieu se propager, et la vie monastique renaître en tous les lieux sous le patronage béni de la Sainte Vierge.

D'ailleurs il n'abandonnait pas ses enfants, il les assistait et les couvrait de ses puissantes prières ; et puis il leur adressait des lettres, pleines de saints encouragements et de sages conseils, qui respiraient l'affection la plus expansive et la plus tendre charité.

Ces lettres ne sont point parvenues jusqu'à nous, mais le vénérable Antoine de Barga atteste qu'elles se trouvaient de son temps aux archives de Mont-Olivet; elles sont, nous dit-il, un monument de la science et de la piété qui distinguaient le Bienheureux, elles font ressortir à la fois son érudition dans les lettres humaines et son intelligence des secrets de la vie spirituelle (1).

Enfin au besoin le serviteur de Dieu prenait en main les intérêts de ses enfants, et savait les défendre. Ainsi nous le voyons protester juridiquement à Sienne, par la voie d'Innocent de Turrita son procureur, contre les prétentions de l'évêque Donisdeo Malavolti et Philippe son vicaire général, qui voulaient soumettre les moines du monastère de saint Benoît au paiement de la taxe dite la quarte pour les défunts. Nous ignorons la conclusion de l'affaire. Elle fait ressortir la vigilance du Bienheureux toujours en éveil pour les plus minimes intérêts de ses enfants.

Sa grande sollicitude était de cimenter puissamment l'unité de la congrégation. Dès lors l'abbaye de Mont-Olivet se dessine nettement comme le centre de tout le gouvernement. Ce fut évidemment la pensée du saint fondateur de maintenir tous les

____

(1) Il existe un recueil des lettres du bienheureux Bernard. Mais on ne saurait en soutenir l'authenticité. Néanmoins il serait injuste de n'en tenir aucun compte. Dans ces fragments généralement informes, il y a par intervalles comme des lueurs de véracité. On serait tenté de croire qu'une main inhabile a essayé de reconstituer ce recueil, alors que la mémoire des vraies lettres du Bienheureux n'était pas tout à fait perdue.

monastères liés ensemble comme les membres d'un même corps, dont l'abbé de Mont-Olivet fut le chef incontestable et incontesté. Ce lien de dépendance devait protéger et perpétuer l'unité d'esprit, au fur et à mesure que s'étendrait la famille olivétaine.

Cette préoccupation constante du Bienheureux se révèle à nous par plusieurs actes caractéristiques (1). Ainsi en l'année 1334, douzième de son généralat, il régla que la liste des moines envoyés annuellement en chaque monastère serait inscrite sur un registre conservé à Mont-Olivet. Cette simple mesure nous en dit plus long qu'il ne paraît. Elle suppose que chaque année les *familles* de chaque monastère, suivant l'expression consacrée, étaient renouvelées au moins partiellement. Ainsi il se faisait un continuel mouvement de religieux entre l'abbaye-mère et ses filles ; alternativement ils venaient se retremper à la source où ils avaient puisé le pur esprit de leur vocation, puis ils repartaient où les envoyait l'obéissance (2).

L'an 1337, une décision analogue fut prise par rapport à tous les défunts de la congrégation, moines, convers, oblats et oblates. Leurs noms étaient inscrits sur un nécrologe qui restait à Mont-Olivet, et dont on donnait lecture au réfectoire durant le chapitre général. En tête figurait une exhortation chaleureuse à payer aux morts la dette de prière qui leur est due. De plus il fut réglé que la nouvelle du décès d'un mem-

(1) Lancellotti, p. 20.
(2) Antoine de Barga atteste que cela se pratiquait de son temps.

bre de la congrégation serait aussitôt portée à la
connaissance de tous, afin qu'il pût recueillir le béné-
fice des suffrages tant communs que spéciaux pres-
crits par les coutumes en vigueur. Commencé du
temps du Bienheureux, ce nécrologe s'est continué
sans interruption jusqu'à nos jours ; et tout incomplet
qu'il puisse être dans les commencements, il constitue un document d'un haut intérêt pour l'histoire
olivétaine.

Ajoutons qu'un chapitre général se tenait chaque
année à Mont-Olivet ; l'abbé en exercice y faisait sa
démission, et il était procédé soit à sa réélection soit
à son remplacement ; on fixait le chiffre des familles
destinées à chaque monastère, et on choisissait les
religieux dont elles devaient être composées ; enfin
on prenait toutes les mesures propres à assurer la
prospérité de chaque maison en particulier, et de la
congrégation prise dans son ensemble. Jusqu'en
l'année 1338, le chapitre général se tint le premier
septembre ; alors il fut décidé qu'on le tiendrait le
premier mai, et cette date fut observée dès l'année
suivante 1339.

Ces règlements divers, où apparaissent tous les
linéaments de la législation olivétaine, nous révèlent
dans le Bienheureux un grand talent de gouvernement. Il ne suffit pas de créer, de lancer une œuvre ;
il faut en assurer l'avenir. Ce dernier point est de
beaucoup le plus difficile ; car il demande un tact,
une discrétion, une sagesse, bien plus rares à rencontrer que l'élan d'une vigoureuse initiative.

Le saint fondateur de Mont-Olivet réunissait en lui

ces qualités presque opposées de l'initiateur et du
législateur. Et elles étaient vivifiées dans sa grande
âme par cette charité sainte, qui partant de Dieu
aboutit droit à Dieu. En prenant toutes les mesures
propres à établir parmi les siens une ferme unité de
corps, il se proposait, nous le répétons, de faire ré-
gner au milieu d'eux l'unité d'esprit ; la suite de
l'histoire nous dira qu'il réussit pleinement.

CHAPITRE VI

Vie intérieure du bienheureux Bernard.

—

Le bienheureux Bernard, type du moine bénédictin. — Sa
mission à Sutri. — Sa vie claustrale. — Ses extases. —
Ses luttes avec l'esprit des ténèbres. — Ses rapports merveilleux avec le grand Crucifix de Mont-Olivet. — Révélations et prédictions.

Nous sommes arrivé au point le plus délicat de
notre tâche, nous voudrions donner un aperçu de
la vie intérieure et contemplative du bienheureux
Bernard.

Dans les chapitres précédents, nous avons été témoins des fruits de sanctification qu'il avait produits
au sein de sa fervente communauté monastique ; nous
avons vu toute une couronne d'enfants entourer son
âge mûr ; nous avons vu refleurir la discipline religieuse sous son influence bénie, à la grande édification des prélats et des peuples. Toutes ces merveilles
ne pouvaient provenir que d'une âme profondément
humble, et étroitement unie à Dieu. Il s'agirait maintenant de montrer cette âme : grande difficulté ! Car
l'âme des saints est toute perdue en Dieu. Mais le

peu qu'on réussit à en découvrir est tellement beau, qu'il efface encore l'éclat de leurs œuvres extérieures, si grandes soient-elles.

Le bienheureux Bernard nous apparaît comme un type du moine bénédictin. Si détaché qu'il puisse être des choses de ce monde, le moine contracte une alliance étroite avec le coin de terre où Dieu l'a placé. Il est avant tout l'homme du cloître ; c'est à son ombre qu'il veut vivre, à son ombre qu'il souhaite de mourir.

Il est impossible de prononcer le nom de saint Benoît, sans rappeler le Mont-Cassin ; de parler de saint Bernard, sans évoquer l'image de Clairvaux. De même le bienheureux Bernard Toloméi est pleinement identifié à Mont-Olivet. Toute sa carrière religieuse peut se résumer en quelques lignes. L'Esprit du Seigneur l'a transporté dans cette solitude ; il y est resté, il l'a fait germer et fleurir ; il y a groupé une communauté, il y a élevé un monastère ; et cette communauté, ce monastère, c'est une expansion de lui-même. Il est inséparable de ce cadre ; on ne peut en détacher un seul instant sa physionomie douce et austère.

Dans les siècles précédents, les grands abbés bénédictins étaient souvent employés, par une sorte de force majeure, au service extérieur de la sainte Eglise. On les voyait, soit auprès des princes, soit auprès des peuples, s'entremettre pour le bien des âmes et la paix des consciences. En toutes ces légations, leur cœur demeurait attaché à leur monastère, dont la pensée ne les quittait pas ; une fois leur mission terminée, ils s'y replongeaient avec bonheur. On sait la violence que souffrait saint Bernard d'être ainsi traîné malgré lui, à demi mort de maladie et d'épuisement, dans les cours et dans les assemblées conciliaires.

Notre Bienheureux échappa presque complètement à ces nécessités. De son temps les grandes affaires de l'Eglise étaient traitées en bonne partie par les religieux mendiants. Il put donc rester, comme saint Benoît, l'homme du cloître, l'homme de la solitude.

Une fois seulement l'histoire nous le montre employé à une mission qui atteste la haute confiance dont l'honoraient les souverains pontifes. Il s'agissait de remettre la paix à Sutri, petite ville située dans la région que l'on appelle le patrimoine de saint Pierre, entre les deux lacs de Bolséna et de Bracciano (1). Voici, d'après l'opinion la plus plausible, dans quelles circonstances eut lieu cette légation. On sait le schisme qui fut suscité par Louis de Bavière : ce prince impie nomma un antipape, Pierre de Corbario, franciscain de la secte des spirituels ; celui-ci à son tour fit en l'an 1328 une promotion de huit cardinaux. Parmi eux figurait, au dire d'Ughelli, Thomas évêque de Sutri. Par suite, cette petite ville se trouva profondément troublée et agitée, les uns tenant pour le pape légitime, les autres pour l'antipape. Le bienheureux Bernard eut charge de ramener les esprits à la concorde, en effaçant les traces du schisme. Il s'acquitta de cette mission délicate avec un plein

(1) *Acta SS.* Aug., tom. IV, p. 483-484.

succès. Un miracle ne contribua pas peu à lui concilier tous les cœurs. On lui amena un aveugle nommé Romulus, pour qu'il lui rendît la vue. Se souvenant de la guérison personnelle qu'il avait obtenue de la Sainte Vierge, le Bienheureux exhorta l'aveugle à se tourner vers elle par une supplication filiale, et il se mit avec lui en prière. A un moment donné, l'aveugle s'écria : Je vois ! Ses yeux s'étaient subitement ouverts à la lumière du jour. Le peuple cria au prodige, et, malgré les protestations du saint abbé, il l'attribua à ses mérites.

Au cours de cette même légation, le serviteur de Dieu, passant dans la ville de Bolséra, soit à l'allée soit au retour, y fut l'objet d'une tentative vraiment diabolique, dont il y a d'ailleurs plus d'un exemple dans la Vie des saints. Tandis qu'il veillait en prière dans la maison d'un pieux personnage qui avait tenu à grand honneur de le recevoir, une femme eut la criminelle audace de se glisser auprès de lui et de le solliciter au péché. Mais le Bienheureux s'arma de son bâton de voyage, et, à l'imitation de saint Bernard, il chassa la malheureuse en faisant du bruit et en criant au secours, comme s'il se fût agi d'un voleur.

Rentré auprès de ses frères, on ne voit plus que le Bienheureux les ait quittés. D'après une tradition assez vague, il se serait transporté à Florence, au moment où il fonda un monastère en cette ville. Mais cette tradition n'est pas confirmée par des documents positifs. Au contraire, on constate, en se rapportant aux actes authentiques de ses fondations diverses, qu'il se faisait toujours représenter par le procureur de l'abbaye ou par un moine muni de ses pouvoirs. Il tenait évidemment à garder la résidence, à ne pas s'éloigner légèrement de Mont-Olivet. C'est là qu'il faut le saisir, là qu'il faut le contempler, là qu'il nous apparaît tel que nous le dépeint Antoine de Barga comme un homme *de tous points grandement admirable et grandement saint* (1).

Le fondement de cette sainteté était un esprit de componction profonde. Le Bienheureux nous semble plein de cette pensée de saint Bernard, que la vie monastique est une vie de pénitence, que la fonction du moine est de pleurer plutôt que d'enseigner. Il avait le don des larmes, il les répandait abondamment dans la prière ; on craignit même qu'elles ne le rendissent complètement aveugle. Nous voyons par plusieurs témoignages que ce don précieux passa comme en héritage à ses enfants.

Le bienheureux Bernard était docte et savant ; il avait été autrefois un maître illustre, *doctor eximius* (2). Converti tout à Dieu, il continua à cultiver l'étude et à l'honorer. Mais il la voulait de telle nature, qu'elle entretint en lui et dans ses enfants l'esprit de componction et de prière. Il scrutait la Sainte-Écriture avec un grand respect et un grand amour. Ses biographes nous apprennent qu'il lui arrivait d'employer le jeûne pour obtenir de Dieu l'intelligence d'un texte ; ils nous disent aussi que plusieurs fois saint Michel

(1) Fuit vir per omnia valde mirabilis et sanctus. *Chron. abbrev. Ant. Barg.*

(2) Id.

et la Sainte Vierge, se montrant à lui dans des apparitions familières, daignèrent lui expliquer plusieurs passages de l'un et de l'autre Testament.

Ce feu de componction qui purifiait son âme des taches les plus imperceptibles et qui la rendait claire comme le cristal ; ce désir si vif de la science divine, qu'il sut communiquer à ses enfants, comme on le voit par l'histoire olivétaine, le disposaient merveilleusement à la contemplation la plus sublime. Le soin pourtant si absorbant de sa congrégation n'entravait pas le vol de son esprit dans les régions célestes ; et l'état extatique lui était devenu comme habituel.

D'ordinaire il réussissait à cacher les faveurs dont il était inondé. Elles pleuvaient sur lui, comme la rosée, dans le silence des nuits, lorsque, de retour dans sa cellule après l'office de Matines, il prolongeait son oraison jusqu'au soleil levant. Mais parfois aussi elles le surprenaient en plein jour ; et alors le secret en était découvert par ses frères, non sans qu'il en éprouvât une vive confusion.

Cela arrivait principalement aux fêtes qui sollicitaient plus spécialement sa dévotion. Ainsi, en un jour de la Nativité de la Sainte Vierge, fête titulaire de l'église de Mont-Olivet, le Bienheureux, ravi par les charmes de Marie enfant, demeura longtemps en extase à la vue de ses chers compagnons, Patrice et Ambroise. Un jour d'Ascension, transporté sans doute en esprit sur la montagne des Oliviers, il éprouva un ravissement prolongé durant lequel un moine nommé Jean et plusieurs autres avec lui, le contemplèrent tout à leur aise. En la fête de saint Benoît, il demeura

une fois soulevé de terre durant quatre heures, à la
vue de plusieurs de ses disciples. Un jour de fête de
saint Bernard, *il perdit l'usage de ses sens depuis
None jusqu'à Complies*, et pendant tout ce temps resta
suspendu à un palme au-dessus du sol. Mais c'était
surtout le souvenir de la Passion de Notre-Seigneur
qui excitait dans l'âme du Bienheureux ces mystérieux transports, auxquels il fallait, bon gré mal
gré, que le corps lui-même s'associât. Là était le foyer
principal de sa vie contemplative ; *et on peut dire*
que la Sainte Vierge l'avait allumé de ses propres
mains, quand elle lui remit, pour être l'emblème de
son ordre, la croix rouge et les rameaux d'olivier.

Ce symbole devenait pour lui une réalité. Au contact
des plaies du Sauveur, il s'abreuvait de consolations
ineffables, représentées par l'olivier mystique ; mais
il puisait aussi des douleurs intimes qui étaient une
véritable participation de son âme à l'agonie et à la
mort de Jésus. Dieu semblait parfois livrer son corps
à l'esprit des ténèbres. Le diable entrait en des fureurs
étranges contre le saint moine, dont la prière silencieuse lui enlevait tant d'âmes ; il lui apparaissait
sous des formes hideuses, et il le battait cruellement,
comme il faisait pour saint Romuald, comme il fit plus
tard pour sainte Françoise Romaine. Les saints ont
ce privilège qu'ils forcent leur ennemi à *se démas-
quer* ; après avoir déjoué ses embûches les plus sub-
tiles, ils en viennent à le terrasser dans une lutte
ouverte et pour ainsi dire corps à corps.

Un jour, des démons, par un singulier déguisement,
se présentèrent au Bienheureux sous forme d'envoyés

du pape, comme pour lui offrir un évêché. Il demeura
insensible à toute cette fantasmagorie. Alors les pré-
tendus messagers se transformèrent en serpents, puis
en géants monstrueux qui se jetèrent sur lui, et l'acca-
blèrent de coups à lui faire rendre l'âme. Cependant
saint Michel son patron céleste vola à son secours, il
oignit avec une sorte de baume ses membres endoloris
et tout rompus, et à l'instant même disparut toute
trace de coups et de blessures.

Une autre fois — c'était en la fête des saints Innocents — le bienheureux Bernard repassait doucement
en son esprit le mystère d'élection de ces victimes
enfantines, quand le diable se dressa devant lui sous
une forme terrible et repoussante. Il se jeta sur le
serviteur de Dieu avec un fouet, et le traita si outrageusement, qu'il le laissa comme à demi mort. A ce
moment, Notre-Seigneur daigna se montrer au Bienheureux, tel qu'il était suspendu au gibet de la croix,
le visage souillé et livide, les membres déchirés, cou-
verts de caillots de sang, et si violemment tirés qu'on
eût pu compter tous ses os. Bernard comprit alors,
dans une pénétrante et inoubliable lumière, que toutes
les souffrances humaines sont à peine l'ombre de la
Passion de l'Homme de douleur; et comptant pour
rien ses blessures, il s'anima à de nouveaux combats.

Le grand crucifix, d'un aspect si étrangement saisissant, qu'on vénère à Mont-Olivet, semble redire cette
scène. La tradition nous apprend que le Bienheureux
aimait à prier devant cette sainte image, et qu'elle
avait le don d'embraser puissamment ses affections.
Plusieurs fois il se passa entre elle et lui des choses

merveilleuses. Le Bienheureux plongeait sur le crucifix des regards séraphiques, il lui adressait des
paroles enflammées ; et soudain, au lieu d'une froide
image, il avait devant lui le Sauveur lui-même qui
lui parlait, qui le consolait, qui lui révélait des secrets
prophétiques tour à tour joyeux et douloureux.

L'histoire et la tradition se sont réunies pour nous
apporter un écho de ces colloques miraculeux.

C'était un jour de Vendredi-Saint. Le Bienheureux,
agenouillé en face du crucifix, se mourait littéralement d'amour et de compassion. Tout en repassant
une à une les phases de la Passion, il recommandait
chaudement à Notre-Seigneur, selon sa coutume, et
ses enfants et l'avenir de son ordre. Tout à coup, la
sainte image remua miraculeusement les lèvres, et
elle lui tint ce langage : « Bernard, ton ordre sera
« grand et glorieux, et tes fils seront en Italie le sou-
« tien de la discipline monastique. Il viendra un temps
« où, déchus de leur antique ferveur, ils sembleront
« à la veille de disparaître. Mais, aie confiance : des
« jours meilleurs se lèveront pour eux par la protec-
« tion de ma Mère immaculée ; ils reprendront une
« vie nouvelle, et brilleront d'un vif éclat dans mon
« Eglise sur la fin des temps. » Après ces prédictions
personnelles, le Sauveur daigna faire connaître au
Bienheureux plusieurs événements considérables qui
intéressaient toute l'Eglise, notamment la peste universelle, le retour des papes d'Avignon, les schismes
et les hérésies des âges suivants. Le Bienheureux
garda le silence sur toutes ces données prophétiques;
mais, au moment de sa mort, il crut devoir les com-

muniquer à ses enfants, et la tradition s'en est perpétuée dans la famille olivétaine.

Une autre fois, — c'était un jour de Pâques — le saint abbé jouit d'une semblable faveur. Il venait de communier en compagnie des frères : tout à coup, s'arrêtant aux pieds du crucifix, il entra en extase et fut soulevé de terre jusqu'à la hauteur de la sainte image. Il la couvrit de baisers, lui parla, et le crucifix répondit. Les paroles n'arrivaient pas distinctement jusqu'aux témoins de cette scène ; mais leur cœur palpitait d'émotion, et leurs yeux se remplissaient de larmes à ce prodigieux spectacle. Quand le Bienheureux fut revenu de ce ravissement qu'il n'avait pu ni prévoir ni éviter, et qu'il se retrouva au milieu de l'assemblée des frères comme s'il fût descendu des hauteurs du ciel, son visage se couvrit d'une confusion sainte ; il se déroba à leurs témoignages de vénération, et courut s'enfermer dans sa cellule où il demeura trois jours sans boire ni manger, rassasié qu'il était d'ineffables délices (1).

On ne saurait assigner aucune date à ces phénomènes surnaturels dont la vie du Bienheureux fut abondamment remplie ; toutefois, nous serions porté à croire que les derniers, dont nous avons donné le récit, eurent lieu sur la fin de sa belle vie. Lorsque les saints se rapprochent de la bienheureuse éternité, ils pénètrent plus avant dans les secrets de Dieu : leur esprit se dilate, et devient capable de lumières

(1) Toutes ces visions sont puisées dans la Vie du Bienheureux insérée aux *Acta Sanctorum*. La prophétie touchant l'avenir de l'ordre est tirée de la tradition olivétaine.

plus étendues. Le regard de leur âme est plus perçant, et il scrute jusqu'aux extrêmes limites des temps à venir.

Nous rapportons également aux dernières années du bienheureux Bernard la touchante vision qu'il eut en la solennité de l'Assomption, et qui lui mit au cœur les doux pressentiments de sa fin prochaine.

C'était au matin de ce jour béni qui nous rappelle l'entrée de Marie dans la gloire céleste. Tout en savourant la joie de ce mystère, le Bienheureux priait la Sainte Vierge d'agréer ses humbles travaux, et d'assurer le salut éternel de son âme. Alors la Mère des miséricordes lui apparut plus douce que l'aurore, plus brillante que le soleil levant, et elle lui dit d'une voix mélodieuse : « Bernard, mon fils, achève coura- « geusement ta course, et ne doute pas que tu ne « reçoives la couronne qui t'est préparée depuis le « commencement du monde. » Et une blanche nuée enveloppa l'apparition; elle s'évanouit, laissant le Bienheureux tout débordant d'une consolation qu'il ne pouvait contenir.

Après cette vision, le saint abbé sentit bien que ses jours étaient comptés sur la terre. Du haut du ciel, Marie l'attirait puissamment à elle, et lui indiquait la place qu'il devait prendre parmi ses plus dévots serviteurs. Dès lors, il appartenait pour ainsi dire au mystère de l'Assomption, dans lequel sa vie devait bientôt s'exhaler et se consumer.

CHAPITRE VII

Dernières années du bienheureux Bernard.

———

Clément VI et son neveu Pierre Roger. — Confirmation des
    privilèges de Piétramala, et de la congrégation olivétaine.
    — Acte capitulaire des moines de Mont-Olivet en faveur
    de leur père. — Mort d'Ambroise et de Patrice. — Appa-
    rition de saint Benoît.

Soit que le Bienheureux ait eu le pressentiment
net et précis de sa mort, soit que la Providence ait
voulu assurer l'avenir de sa congrégation en prévi-
sion de sa fin prochaine sans néanmoins que dès lors
il en eût connaissance, les dernières années qu'il
passa sur la terre furent marquées par un événement
considérable, après lequel il put chanter son *Nunc
dimittis*. Nous voulons parler de l'approbation définitive de la congrégation olivétaine par le souverain
pontife.

Le Bienheureux entretenait à Avignon, comme on
le voit par le nécrologe de Mont-Olivet, deux procu-
reurs nommés frère Michel de Florence et frère Étienne
de Prato qui y moururent l'an 1347 (1). Fut-ce par leur

(1) Ils furent inhumés, dit le nécrologe, dans l'église des

entremise qu'il sollicita du pape Clément VI la confirmation pontificale des privilèges accordés à Mont-
Olivet par Guy Piétramala? ou bien fit-il de nouveau
le voyage d'Avignon, pour la solliciter lui-même?
Plusieurs auteurs inclinent pour cette dernière hypothèse; elle a pour elle l'autorité considérable d'Antoine
de Barga.

Clément VI, qui appartenait à l'ordre de saint Benoît, se montra très favorable à la famille olivétaine.
On voyait dès lors auprès de lui un jeune homme,
Pierre Roger de Beaufort son neveu, qui s'était épris
d'une vive admiration et d'une ardente affection pour
les nouveaux moines blancs. Il se fit leur protecteur
auprès de son oncle, et il obtint en leur faveur, nous
dit Dom Besozzi, un double bref qui équivalait à la
reconnaissance canonique et définitive de leur institut (1). Plus tard, élevé à la dignité de cardinal, il
appellera ses protégés à Sainte-Marie-la-Neuve, son
titre cardinalice. Devenu pape sous le nom de Grégoire XI, il les comblera des marques de sa tendresse;
il se fera assister au lit de mort par deux des moines
olivétains de la communauté romaine; enfin, il choi-
sira au milieu d'eux sa sépulture, comme pour attester que de cœur il leur appartenait.

Il nous est doux de penser que ce vénérable pontife,

frères-prêcheurs : nouvel indice des liens de fraternité religieuse qui unissaient la famille olivétaine à l'ordre de saint
Dominique.

(1) D. Besozzi ne nous dit pas sur quoi il s'appuie pour
énoncer cette assertion. Mais cet écrivain est trop sérieux,
trop bon critique pour la lancer à la légère ; elle ne touche
pas d'ailleurs à l'authenticité des pièces obtenues.

l'ami de sainte Catherine de Sienne, le restaurateur du Saint-Siège à Rome, put connaître le bienheureux Bernard, si tant est que celui-ci fît une seconde fois le voyage d'Avignon. En ce cas, nous aimerions à voir dans son grand amour pour la famille olivétaine un effet de l'impression qu'avait produite sur lui la sainteté du fondateur.

Les deux brefs, délivrés par Clément VI, ont une telle importance pour l'histoire olivétaine, que nous ne saurions nous dispenser de les transcrire, ou tout au moins de les analyser, tels que nous les trouvons dans le livre des privilèges de Mont-Olivet (1).

Le premier vise spécialement l'abbaye de Mont-Olivet. Le pontife commence par dire que les faveurs du Saint-Siège sont acquises à tous ceux qui font profession d'une règle de vie religieuse, et qu'il n'a rien de plus à cœur que d'assurer leur existence, et de leur procurer une paix et une tranquillité à l'abri de toute agitation. Il a su que plusieurs nobles Siennois, désireux d'échanger par un heureux commerce les biens caducs de la terre contre les biens impérissables du ciel, avaient autrefois bâti un monastère au lieu dit Accona, du consentement de l'évêque d'Arezzo et du chapitre de sa cathédrale. Il a sous les yeux la charte que cet évêque a concédée pour l'érection du monastère, avec la liste des privilèges destinés à le rendre prospère et florissant. Depuis lors, une communauté monastique s'est formée ; bien plus, la bonne vie que mènent les religieux et leur régularité exemplaire ont

(1) **Pag.** 3-9.

excité la dévotion des évêques et des fidèles à leur confier la fondation de plusieurs maisons nouvelles en différents diocèses. Déjà, ces maisons sont au nombre de dix (y compris l'abbaye-mère) ; la congrégation compte plus de cent soixante moines, tous sectateurs zélés de la règle bénédictine. Considérant cet état prospère, signe visible de la bénédiction divine ; voulant procurer à Dieu de la gloire, à l'ordre bénédictin un précieux accroissement, aux âmes un moyen de sanctification, aux moines eux-mêmes une sécurité qui leur permette de vaquer plus tranquillement, plus librement et plus dévotement au service du Très Haut : le pontife confirme, par le présent privilège, tout ce qui a été fait par Guy d'Arezzo relativement à l'érection du monastère, à la collation de l'habit monastique, à la faculté d'avoir un cimetière ; il ratifie toutes ces concessions par l'autorité du siège apostolique, et même il déclare rendre valide ce qui pourrait s'y trouver de défectueux pour quelque cause que ce soit.

Le second bref vise, non plus le monastère même de Mont-Olivet, mais la congrégation naissante tout entière qu'il approuve et constitue canoniquement. Il commence ainsi :

« A nos fils bien-aimés l'abbé et les moines de Notre-Dame de Mont-Olivet en Accona, de l'ordre de saint Benoît, du diocèse d'Arezzo, salut et bénédiction apostolique. — La sollicitude de l'office pastoral, que, malgré notre indignité, nous exerçons de par la volonté divine sur toutes les églises et tous les monastères du monde, nous porte et nous excite à

pourvoir aux intérêts de tous les fidèles, et spécialement à ceux des personnes religieuses qui, ayant
renoncé aux attraits du monde, se sont vouées au
service de Dieu par des vœux perpétuels sous une
règle approuvée, etc. »

Après cet exorde, Clément VI mentionne la requête
à lui présentée par les moines de Mont-Olivet, et
concernant les maisons qu'ils avaient fondées en
plusieurs diocèses. Il s'agissait de rattacher ces fondations à l'abbaye-mère comme des membres à leur
tête par un lien de dépendance canonique ; d'obtenir
pour l'abbé de Mont-Olivet la faculté d'y nommer des
prieurs, et d'y établir une communauté régulière :
par là les moines espéraient fermement, étant donné
le mouvement qui se produisait de tous côtés en leur
faveur, arriver promptement à multiplier les maisons
de leur institut. Le pontife les assure qu'il voit ces
espérances de l'œil le plus favorable, et en conséquence il ajoute :

« Nous donc, qui avons fait profession dans l'ordre
du très saint confesseur de Dieu Benoît, jaloux de
procurer l'accroissement de cet ordre pour la gloire
de Dieu, pour l'honneur de ce saint confesseur, pour
l'augmentation du culte divin et le salut des âmes, et
afin de correspondre par des faveurs apostoliques
aux pieux désirs des personnes dévotes qui veulent
fonder des maisons de votre institut ; nous vous
accordons la faculté de recevoir dans ce but les maisons, terres et possessions qui vous ont été ou qui
vous seront données, et d'y fonder des prieurés de
votre ordre avec oratoires et autres lieux réguliers,

mais seulement dans les contrées d'Italie. » Suit pour ces prieurés une énumération de privilèges tout semblables à ceux qui figurent dans la charte de Piétramala. — On le voit, par cet acte pontifical, la congrégation olivétaine était fondée canoniquement.

Ce double bref est daté d'Avignon, en la deuxième année du pontificat de Clément VI (année 1344) le douzième jour des calendes de février, à savoir le 21 janvier fête de sainte Agnès. Les olivétains, reconnaissants des grâces qui leur furent accordées à cette date mémorable, y virent un effet de la protection spéciale qu'exerçait sur leur institut naissant l'aimable vierge martyre : et, par une inspiration touchante, ils prirent une délibération de célébrer chaque année sa fête avec une solennité particulière ; et la tradition de ce culte s'est perpétuée jusqu'à nos jours.

Nous avons à peine besoin de faire ressortir l'importance de ces deux actes pontificaux, que nous venons de relater. Ils révèlent assez clairement la position que prenait en Italie la congrégation de Notre-Dame de Mont-Olivet ; ils la signalent assez authentiquement comme l'instrument providentiel du relèvement de l'ordre bénédictin dans cette contrée. Tout ce mouvement de *dévotion* des pieux fidèles envers le nouvel institut allait grandir et se propager du nord au midi de la péninsule, grâce à la protection dont le Saint-Siège venait de couvrir l'œuvre du bienheureux Bernard. Pour lui, il pouvait reposer en paix, heureux d'avoir vu la famille de la Sainte Vierge planter de plusieurs côtés les oliviers et la croix rouge, plus heureux encore de voir en esprit prophétique toutes les grandes cités de l'Italie con voiter ces emblèmes et les réclamer à l'envi.

Le premier bref de Clément VI est encore très remarquable, en ce qu'il nous donne un dénombrement approximatif de la congrégation. Dès l'an 1343 elle comptait plus de cent soixante moines. Ce qui a lieu de nous étonner, c'est que le même acte n'en mentionne qu'une trentaine à Mont-Olivet. Il a dû y avoir une erreur dans la transcription des chiffres. Les fondations du Bienheureux étaient en général si pauvres, qu'elles ne pouvaient entretenir que de cinq à dix religieux (1). Par conséquent il devait rester à l'abbaye-mère au moins cent moines profès, sans compter les oblats, les familiers et peut-être les convers (2). De là vient que la congrégation presque tout entière à un moment donné apparaît groupée autour de son chef, comme nous le verrons plus tard: les moines disséminés dans les fondations lointaines étaient en infime minorité.

Nous avons dit plus haut que les efforts du Bienheureux tendaient à resserrer tous ses enfants dans

(1) D'après des notes manuscrites, Saint-Benoît de Sienne entretenait douze moines; Saint-Bernard d'Arezzo, quinze; Sainte-Anne de Campréna, quatre; Saint-Barthélemy de Florence, seize; Saint-André de Volterra, six; Sainte-Marie de Saint-Géminien, huit. Encore était-ce à un moment où ces monastères avaient été enrichis de nouvelles donations. Au début le nombre des religieux était encore plus faible.

(2) Antoine de Barga mentionne 300 moines dans la congrégation. Le nécrologe de Mont-Olivet relate 207 moines morts de 1337 à 1360. Cela donnerait à penser que le chiffre de 160 moines est bien au-dessous de la vérité.

un lien de charité ; le fait suivant nous montrera qu'il avait pleinement réussi.

En l'an 1347, les moines de la congrégation, réunis en chapitre général, voulurent donner à leur père un témoignage d'affection filiale et de suprême confiance. Ils déclarèrent lui remettre entre les mains la pleine et absolue puissance de prendre toutes les mesures qu'il jugerait utiles à l'affermissement de la discipline monastique, à l'acquisition de nouvelles maisons, à la bonne gestion des biens de l'abbaye ou des prieurés dépendants, sans qu'il eût besoin de prendre l'avis du chapitre général ou du conseil du monastère. En un mot ils l'investirent de toute l'autorité que le chapitre général a coutume d'exercer. La pièce concernant cette délégation de pouvoir nous a été conservée (1) ; et, par les termes qui y sont employés, elle témoigne de la haute vénération que tous ces fervents religieux professaient pour le bienheureux abbé. Ils le considéraient comme un saint tellement uni à la volonté de Dieu, qu'il en était devenu l'organe en quelque sorte infaillible. « Nous avons pleinement confiance, disent-ils en terminant, qu'en raison de sa sainteté, il ne s'écartera jamais de la volonté de Dieu, et qu'il pourvoiera au salut des âmes de ses frères et de ses enfants (2). »

Ces dernières paroles sont magnifiques dans leur simplicité ! Est-il un plus beau spectacle sur la terre

---

(1) Lancellotti la donne. *Hist. Ol.*, lib. I, 22.

(2) Confidentes plenarie quod propter ejus sanctitatem non discederet a **voluntate Dei**, et fratrum atque filiorum suorum animarum **salute**.

qu'une pareille union en Dieu ? Avec quelle perfection
tous ces moines ne réalisaient-ils pas la parole des
Écritures : *un seul cœur, et une seule âme ?* Le sou-
hait divin du Cœur de Notre-Seigneur s'était accom-
pli en eux : *Qu'ils soient un !* Ils étaient une même
chose dans leur père, qui était une même chose avec
la volonté divine. Il était impossible que l'un d'eux
se perdît, grâce à ce doux lien de charité. Ils devaient
arriver inséparablement à la vie éternelle, comme
abordent tous ensemble au port les passagers montés
sur un même vaisseau.

L'heure approchait où cette dilection sainte allait
se manifester non plus seulement par des paroles,
mais par des actes. Quand on envisage le sort glorieux qui attendait l'année suivante la communauté
olivétaine, il semble vraiment que les enfants, par
un secret pressentiment de la mort prochaine de leur
père, aient cherché à le retenir auprès d'eux par un
lien plus étroit ; ou plutôt que, ne voulant pas le
laisser partir seul, ils se soient attachés plus intimement à lui pour le suivre jusque dans la mort.

L'acte capitulaire que nous avons rapporté est daté
du 4 mai 1347. Le Bienheureux commençait la vingt-
sixième année de son généralat. Quelques années
auparavant, en l'an 1338, l'un de ses deux premiers
compagnons, Ambroise Piccolomini, s'était éteint
doucement et saintement dans le baiser du Seigneur (1). En cette année 1347, Patrice Patrizi couronna également par une mort précieuse une vie

______

(1) *Nécrologe de Mont-Olivet.*

toute pleine des plus insignes mérites. Ces vénérables pères, que l'ordre a coutume de qualifier de bienheureux, ne jouissent pourtant pas d'un culte reconnu par l'Eglise. Toutefois, un auteur olivétain atteste que leur image fut peinte à Sienne avec l'auréole et les rayons, indices d'une sainteté publiquement reconnue (1). Nous rapportons son témoignage, sans oser le garantir.

Le départ successif de ces deux saintes âmes, qui ne faisaient qu'une avec la sienne, attisa encore dans notre Bienheureux cet intime désir de la patrie céleste qui ne cesse de grandir dans le cœur des saints, pareil à une flamme dont ils seraient lentement consumés. Cependant le ciel commençait à se couvrir de sinistres présages, qui annonçaient un prochain déchaînement de la colère divine. Déjà dans les contrées de l'Orient sévissait une peste plus cruelle que toutes celles dont on avait gardé la mémoire, et le fléau dévastateur menaçait l'Europe, sans qu'elle pût l'éviter autrement que par une espèce de miracle. Toute l'année 1347 se passa dans cette attente inquiète qui précède les grands événements.

Au commencement de l'année suivante, la peste s'abattit sur les pays du littoral de la Méditerranée, et notamment en Sicile. Le bienheureux Bernard, en ce qui le concernait personnellement, en fut moins alarmé que personne : il était de ceux qui ont tout à espérer de la mort. Mais son grand cœur ressentait vivement l'amertume des calamités publiques, et il

____

(1) *L'Uliveto illustrato*, par D. Bonaventura Tondi.

suppliait le Seigneur de contenir les effets de sa colère, et de ne pas frapper son peuple jusqu'à l'exterminer. Les deux premiers mois se passèrent, et la mortalité commença en Toscane. Alors le serviteur de Dieu reçut l'avertissement céleste que nous allons raconter.

C'était en la fête de saint Benoît, 21 mars 1348. Le serviteur de Dieu recommandait au grand patriarche des moines et son âme et l'âme de ses enfants, quand celui-ci lui apparut tout éclatant de lumière : « Bernard, mon fils, lui dit-il, voici le « moment de redoubler d'ardeur dans la prière, toi « et tes frères : car Dieu est résolu à tirer châtiment « des crimes de l'Italie. La mort sévira même sur « les justes, à cause des impies. Tu rendras ton âme « à Dieu le vingt août. Bernard de Clairvaux, que « tu honores avec tant d'amour, viendra la recevoir « et l'introduire au ciel, où t'attend la récompense « due à tes travaux. » Après avoir dit ces mots, le grand saint disparut (1).

Le Bienheureux demeura tout saisi d'une émotion sainte, où dominait la joie d'aller si prochainement jouir de son Dieu. Il sentit qu'il était désormais une victime vouée à la mort ; mais, en vaillant chevalier de Dieu, il ne voulut pas l'attendre dans le repos de son monastère ; il se prépara, par des prières plus ferventes que jamais, à aller la chercher sur un champ de bataille d'un nouveau genre, le champ de bataille de la charité.

(1) *Acta SS.* Aug., tom. IV, 483.

QUATRIÈME PARTIE

MORT ET GLOIRE POSTHUME DU B. BERNARD

CHAPITRE PREMIER

Précieuse mort du Bienheureux.

Chants de plaisir et lamentations funèbres. — Famine de
1346, peste de 1348. — Mortalité effrayante. — Panique
générale. — Que se passe-t-il à Mont-Olivet ? — Le Bienheureux et ses enfants au service des pestiférés. — Le
rendez-vous au monastère de Saint-Benoît de Sienne. —
L'holocauste du père et des enfants. — Saint Bernard de
Clairvaux introduit au ciel le bienheureux Bernard.

Nous avons donné, dans cette introduction, une
vue de l'Italie du xive siècle. Elle subissait l'invasion d'une incroyable opulence. Ces richesses ame-
naient avec elles le luxe, et le luxe attirait après lui
tous les désordres.

Les ch ses en vinrent à ce point que les magistrats des cités tentèrent plus d'une fois d'opposer une

digue au débordement des plaisirs scandaleux. Florence elle-même, la brillante et enjouée Florence, promulgua, par la voix de ses prieurs, des règlements sévères portant interdiction aux femmes de certains costumes par trop immodestes. Mais que sont les lois sans les mœurs ? Autant de toiles d'araignées que le vent emporte, autant d'aiguillons qui stimulent les convoitises par la répression elle-même.

Dieu agissait de son côté, mais d'une manière tout autrement efficace, pour la correction de son peuple. A nulle autre époque peut-être de l'histoire, on ne compte autant de famines et d'épidémies pestilentielles (1). Périodiquement, quelque fléau s'abattait sur les cités et les campagnes et y faisait taire le bruit des fêtes. Ces alternatives nous rappellent une saisissante peinture d'Orcagna au Campo-Santo de Pise.

D'un côté, vous voyez une noble compagnie réunie sous de frais ombrages, foulant aux pieds de luxueux tapis, savourant les accords d'une musique délicieuse qui semble charmer jusqu'aux faucons posés sur le gant brodé des seigneurs. Tout invite à l'oubli des misères de ce monde, la fraîcheur printanière du lieu, la douce mélodie des chanteurs, les agréments d'une société choisie. Malheureusement cette scène enchanteresse est un songe, *le songe de la vie* que la mort va dissiper d'un coup d'aile. — De l'autre côté, se déroule une cavalcade brillante ; les longs

____

(1) En 1315, peste ; en 1329, famine, puis épidémie ; en 1340, peste ; en 1348, grande peste. Les Vies de sainte Catherine et de saint Bernardin mentionnent de semblables fléaux.

vêtements soyeux des cavaliers flottent sur la croupe des coursiers harnachés richement. Tout à coup la tête du cortège s'arrête effrayée. Au travers du chemin s'étalent trois tombeaux entr'ouverts, laissant voir à nu trois hideux cadavres. Là vient aboutir toute la pompe du siècle. C'est le *triomphe de la mort*.

Nulle allégorie ne rend mieux le spectacle de l'Italie du xive siècle. Les fêtes s'enchaînent aux fêtes ; il se fait un long défilé de baladins, de musiciens, de chanteurs, suivis de toute une foule enivrée de plaisirs. Et soudain, ce riant cortège vient trébucher dans des tombeaux. Une peste arrive, l'image de la mort plane dans les airs, les victimes tombent par milliers, et les chants de joie se terminent en lamentations funèbres.

Parmi toutes les épidémies qui frappèrent le xive siècle, aucune n'approcha de la peste de 1348.

Les années précédentes avaient été déjà calamiteuses ; car Dieu ne frappe jamais sans prévenir. Au rapport de saint Antonin et de Léonard d'Arezzo, les pluies continuelles qui tombèrent sur la fin de l'année 1345, tout de suite après les semailles, firent que les grains pourrirent dans le sein de la terre ou bien furent emportés par les torrents et les rivières débordées. Cette perte des semailles amena pour l'année suivante une famine affreuse (1). Dans les grandes villes et notamment à Florence, à force de dépenses, par des achats de grains en pays étrangers, on réussit à nourrir les populations d'une façon quelconque.

(1) Spondanus, *ad annum* 1346, § 19.

Mais les pauvres habitants des campagnes et des petites villes furent misérablement réduits à manger des racines, l'écorce même des arbres, et toute espèce d'aliments de rebut. Cette nourriture insuffisante et malsaine détermina des maladies; épuisé par les privations, le peuple semblait une victime toute préparée pour le fléau terrible qui allait s'abattre sur lui et le consumer.

Dès l'année 1347, ce fléau commença à gronder au loin, comme un orage qui se rapproche d'heure en heure. Les populations étaient consternées au récit des voyageurs qui arrivaient de l'Orient. Ils racontaient qu'à la suite d'éruptions de feux pestilentiels, il était tombé des pluies de sang mêlées de serpents (1); qu'une prodigieuse quantité d'insectes, développée on ne sait comment, avait achevé de corrompre l'air; et qu'enfin une peste d'une nature effroyable et inconnue jusqu'alors s'était répandue sur des contrées entières et les avait dévastées.

Sur la fin de l'année cette peste traversa les mers et s'attaqua aux côtes de Sicile; elle entra ensuite en Toscane, et de toute l'Italie ne respecta guère que Milan et les alentours des Alpes; enfin elle passa en Provence, et gagna le nord de l'Europe qu'elle mit trois ans à parcourir.

Généralement elle sévissait six mois sur un même pays, puis elle passait à un autre, mais c'était à la façon d'un incendie qui ne s'éteint quelque part que parce qu'il a tout dévoré.

____

(1) Matteo Villani. *Cronica*, tom. I, c. II.

La mortalité qui en résulta dépasse toute imagination. Aussi les historiens, qui nous ont transmis le récit de ces ravages, s'attachent-ils à prévenir tout reproche d'exagération. Villani appelle cette peste l'extermination de la race humaine. Pétrarque s'écrie : « On ne croira pas qu'il y eut un temps où l'univers a paru dépeuplé, où les maisons étaient vides, les villes sans habitants, les campagnes mornes comme un désert. Nous avons peine à en croire nos yeux, nous qui sommes témoins de ce spectacle. Sortis de nos maisons, nous ne rencontrons que morts et que mourants ; rentrés au logis, nous n'y trouvons plus nos proches qui ont péri durant cette courte absence. Heureuse la postérité à qui ces calamités sont épargnées, et qui regardera peut-être la description que nous en faisons comme un tissu de fables (1) ! » On voyait, dit un autre auteur, ajoutant un trait à cette peinture, des troupeaux vaguer sans bergers, parce que ceux-ci avaient succombé tandis qu'ils les menaient aux pâturages.

Bref, les écrivains contemporains affirment qu'un bon tiers de la population fut emportée par le fléau, et même les deux tiers là où il sévit avec plus de fureur ; qu'il y eut des villes, où il ne survécut que la dixième ou même la vingtième partie des habitants ; que plusieurs provinces furent à la lettre réduites en solitude. Ils ajoutent qu'il périt plus de jeunes gens que de vieillards, comme si Dieu eût voulu tarir les sources mêmes de la vie chez ces peuples qui avaient encouru sa juste indignation.

(1) Pétrarque. *Epist.*, lib. VIII.

La maladie commençait par un gonflement qui survenait le plus souvent à l'aîne ou sous les aisselles ; puis des vomissements de sang se déclaraient ; et la mort suivait soit presque subitement, soit au bout de quelques jours.

Le mal était contagieux. Aussi se produisit-il une véritable panique ; et les pauvres pestiférés mouraient sans secours. Villani attribue à cet abandon le décès de beaucoup d'entre eux, et il ajoute naïvement (1) : « Cette cruauté commença chez les infidèles, en qui elle est jusqu'à un certain point compréhensible ; mais elle passa des barbares chez les chrétiens qui eussent dû l'avoir en exécration. On vit des pères et des mères abandonner leurs enfants, et réciproquement les enfants délaisser leurs parents, et des frères se fuir les uns les autres. Plusieurs, notamment en notre cité de Florence, crurent pouvoir fuir la contagion, en se retirant à l'écart des villes en des lieux solitaires et bien aérés ; mais la vengeance divine sut bien les atteindre dans leur retraite. D'autres, au contraire, qui se mirent à soigner leurs parents ou leurs amis, échappèrent au fléau ; cette expérience enhardit chacun à aider et à soigner son semblable ; et un bon nombre guérirent ainsi. »

Le même historien dit que la peste commença en Toscane dans le mois d'avril, pour prendre fin en septembre. La province fut rudement flagellée. Il périt dans la ville et dans la contrée de Florence les trois cinquièmes de la population, et peut-être même

(1) Matteo Villani. *Cronica*, tom. I, cap. ii.

davantage. La ville de Sienne ne fut pas moins éprouvée ; elle perdit 80.000 habitants, et ne put jamais retrouver sa splendeur d'autrefois après un pareil désastre (1).

Durant ce temps une scène d'une beauté sublime se passait à l'abbaye de Mont-Olivet.

On était aux premiers jours d'avril. La peste commençait ses ravages ; la panique s'était déclarée de tous côtés, comme il arrive en toute calamité publique où le premier mouvement est de croire tout perdu et de ne plus songer qu'à sa propre vie. Des bruits alarmants arrivaient à l'abbaye, jusque-là si paisible ; peut-être même des fuyards y accouraient-ils, espérant trouver leur salut dans cette sainte solitude. On racontait que les malades expiraient abandonnés jusque sur les places publiques ; que bien souvent les corps de ceux qui succombaient gisaient sans sépulture ; enfin que les mourants n'avaient parfois personne pour leur donner les derniers sacrements, et pour consoler leur agonie avec les prières de la sainte Église.

Pénétré de compassion et de douleur en apprenant ces nouvelles, le bienheureux Bernard réunit la communauté des frères, et il leur tint ce langage : « Mes frères bien-aimés, vous n'ignorez pas la triste

(1) Andrea Dei et Angelo Turi. *Cronica Senese*, an. 1348. — Ces deux chroniqueurs confirment ce que raconte Villani de la panique produite par la peste. D'après eux, le bruit courait qu'elle se communiquait, non seulement par le toucher, mais encore par l'haleine ou simplement par le regard des pestiférés. Aussi chacun fuyait-il ses proches et les malades étaient à l'abandon.

« condition des temps où nous sommes. Un fléau,
« ministre de la colère divine, s'est abattu sur l'Italie
« et fait d'innombrables victimes. Avec les corps, les
« âmes sont en danger. Volons à leur secours, la
« charité nous en fait un devoir. Nous sommes les
« membres de Jésus-Christ; imitons notre chef qui
« pour nous s'exposa à une mort cruelle. Il veut que
« nous aimions nos frères, comme lui-même nous a
« aimés, c'est-à-dire que nous soyons prêts à sacrifier
« notre vie pour leur salut. Donnons-lui, et donnons-
« leur ce gage d'amour. Dieu nous appelle, mes frè-
« res bien-aimés ; quittons cette sainte retraite, où
« nous ne saurions demeurer sans lâcheté ; allons
« deux par deux dans les villes et les campagnes, et
« mettons-nous au service des pestiférés. Mais en
« vous envoyant ainsi, mes frères, je vous donne
« rendez-vous, en notre monastère de Saint-Benoît
« de Sienne, pour l'avant-veille de l'Assomption de
« la Sainte Vierge. D'ici là, Dieu m'en donne l'assu-
« rance, aucun de vous ne succombera au fléau. C'est
« là que je vous attendrai tous. Allez donc en toute
« confiance, soutenus par la grâce du Seigneur et
« munis de la bénédiction de votre père. » Ce discours
fut accueilli comme il méritait de l'être par toute la
sainte assemblée. Les frères reçurent deux par deux
leur destination pour les villes et les bourgades voisines ; ils embrassèrent tendrement leur père, et par-
tirent forts de leur obéissance. Quant au Bienheureux,
prenant avec lui quelques compagnons, il alla se
jeter au foyer le plus ardent de l'épidémie, à Sienne
sa ville natale.

Partout les moines de Notre-Dame de Mont-Olivet apparurent comme des anges de Dieu. Ils affrontaient la mort avec la tranquillité que donne une conscience pure, avec la joie céleste qui accompagne toujours le sacrifice ; ils encourageaient les timides, ils rassuraient les désespérés, ils se prodiguaient jour et nuit au service des malades, ils leur donnaient les soins les plus rebutants, ils les consolaient avec les marques de l'amitié la plus tendre, ils tournaient leurs pensées vers le ciel ; venaient-ils à expirer, ils leur rendaient les derniers devoirs, et les ensevelissaient décemment de leurs propres mains. Et parmi tous ces offices de charité, dans ce contact incessant avec les pestiférés, épuisés de fatigues et de veilles, ils semblaient invulnérables. Pareils aux jeunes gens dans la fournaise, la flamme dévorante du fléau ne les touchait pas. A la vue de ce prodige, chacun se reprenait à espérer, la confiance renaissait, on avait honte de sa lâcheté, et le fléau décroissait d'intensité devant les efforts de la charité réveillée dans le cœur de tous.

Ajoutons, d'après la chronique de Mont-Olivet, que plusieurs de ces moines étaient revêtus du sacerdoce. Ils pouvaient donc administrer les sacrements aux malades, et venir en aide au clergé qui ne suffisait pas aux devoirs multipliés de sa charge en ces temps calamiteux.

Si les enfants firent preuve d'une telle charité, que penser de celle de leur père ? Il parut à Sienne, avec l'autorité que lui donnaient son nom et sa vie sainte, et il releva le courage de ses concitoyens. Ils étaient fort éprouvés. Le fléau n'épargnait pas plus les grands que le peuple. Le 20 juillet, le podestat alors en fonction, Vinciguerra de San-Bonifacio, mourut de la peste, et fut enseveli dans l'église des frères-mineurs avec toute la solennité que comportaient les circonstances (1). Dans la détresse où était la ville, les magistrats se souvinrent de leur céleste protectrice a Vierge Marie ; ils firent vœu de lui élever une chapelle sur la grande place publique de la cité, si elle adoucissait les horreurs du fléau ; et ce vœu fut mis à exécution par la suite (2). Si le Bienheureux alors à Sienne n'en fut pas le premier inspirateur, du moins il ne resta pas étranger à ce beau mouvement de piété de ses compatriotes envers l'auguste Vierge.

Nous ne savons rien de bien particulier sur les merveilles qu'opéra son dévouement ; durant plus de quatre mois il resta invinciblement sur la brèche, il donna l'exemple de la plus héroïque abnégation. Cependant le terme mystérieux qu'il avait fixé à ses frères approchait. Il leur avait dit : L'avant-veille de l'Assomption de la Sainte Vierge, soyez tous réunis au monastère de Saint-Benoît de Sienne. Le 13 août, ils se trouvèrent tous, sans exception, à ce rendez-vous de l'obéissance. La préservation dont ils avaient été l'objet tenait du miracle. Il fallait qu'on vît bien que si Dieu les prenait, c'était à titre de victimes expiatoires.

Le lendemain 14, le Bienheureux rassembla ses enfants. « Mes fils bien-aimés, leur dit-il, la parole

____

(1) Dom Besozzi. *Riflessioni*, etc.
(2) Memorie della città di Siena.

« que le Seigneur avait inspirée à son serviteur s'est
« réalisée, aucun de nous jusqu'alors n'a succombé
« au fléau. Mais voici le moment venu pour beaucoup
« d'entre nous de commencer leur sacrifice : telle est
« la volonté de Dieu. Soumettons-nous-y joyeusement ;
« il est doux de mourir pour l'amour du Seigneur,
« et pour le salut de ses frères. Quant à ceux qui
« survivront, qu'ils persévèrent, je les en conjure,
« dans l'amour de Dieu, dans la charité mutuelle,
« dans le mépris du monde, dans la fidélité à la sainte
« Règle. » Ayant dit ces quelques mots, le Bienheureux se mit à genoux devant ses enfants, il leur
demanda pardon de ses fautes dans les termes les
plus humbles, puis d'une voix séraphique il recommanda instamment son âme et leurs âmes à la bienheureuse Vierge dont on allait célébrer la glorieuse
Assomption. Qui pourra redire la poignante émotion
de cet adieu suprême ?

La journée de l'Assomption s'écoula pure et fervente ; tous les pieux moines étaient dans une attente
inexprimable, et néanmoins paisible ; il était visible
que du haut de son trône la Sainte Vierge attirait
puissamment et suavement leurs âmes. Dès le lendemain, la peste commença à se saisir de ces victimes
choisies. Parmi les enfants, les uns devaient précéder
leur père, les autres le suivre, tel était le décret du
ciel. En trois jours, vingt-deux d'entre eux s'endor-
mirent dans le baiser du Seigneur. C'est alors que le
père, que le pasteur de ce troupeau, fut frappé
lui-même.

Sachant bien que sa dernière heure était proche,

il ne voulut pas tarder à recevoir les sacrements de
l'Eglise ; quand on lui apporta le saint Viatique, il se
souleva de sa pauvre couche, et reçut à genoux le
corps du Seigneur ; puis il saisit et embrassa à plusieurs reprises le crucifix qu'il avait tant contemplé
et adoré durant sa vie, et murmura ces mots : « Voici
venir le jour si longuement attendu ; Jésus le bien-
aimé de mon âme, ô Jésus, recevez-moi dans votre
Cœur Sacré (1). » Il adressa ensuite une suprême exhortation à ses enfants réunis autour de sa couche,
il réclama instamment le secours de leurs pieux suffrages, et tandis qu'ils psalmodiaient les prières de
la recommandation de l'âme, levant les yeux au ciel,
le visage rayonnant d'une joie surnaturelle, il rendit
paisiblement le dernier soupir. La grande victime de
la charité avait consommé son holocauste. Il était
neuf heures du matin, le 20 août 1348, fête de saint
Bernard de Clairvaux (2). Ce grand saint, comme
l'avait prédit saint Benoît, était venu chercher l'âme
de son client, pour la présenter au ciel à la Très Sainte
Vierge, dont l'amour se plaisait à les unir l'un et
l'autre à tout jamais dans la même gloire et presque
dans les mêmes hommages.

Le bienheureux Bernard était alors dans la soi-
xante-seizième année de son âge, la trente-cinquième
de sa retraite à Accona, la vingt-neuvième de sa profession monastique, la vingt-septième de son géné-

(1) En, ait, expectatissima adventat dies. Tu Jesu, amor mi
suavissime, suscipe me inter hæc viscera tua.

(2) Les détails de cette mort sont tirés des *Acta SS.* Aug.,
tom. IV, p. 481.

ralat (1). Clément VI gouvernait l'Eglise universelle, et Donisdeo Malavolti était évêque de Sienne.

Les jours qui suivirent sa mort, cinquante-sept de ses enfants s'éteignirent l'un après l'autre pour lui former là-haut un lumineux cortège. Le ciel se réjouit de leur venue, et Dieu s'en adoucit à l'égard de la terre coupable. Quatre-vingts en tout furent moissonnés ; c'était presque la moitié de la congrégation olivétaine. Les annales monastiques ne renferment pas de pages plus belles et plus touchantes que le récit de cette immolation.

Voici en quels termes le nécrologe de Mont-Olivet mentionne ces martyrs de la charité : « Tandis que sévissait en Toscane une peste des plus cruelles, notre congrégation faible encore et dans sa première croissance offrit quatre-vingts victimes au Seigneur en sacrifice de la plus agréable odeur pour le salut du prochain. Ames heureuses, dont les noms sont inscrits au livre de vie ! sur *terre* on les appelait comme il suit. » Et le nécrologe donne toute la liste glorieuse. On y remarque, à deux reprises différentes, une couple de religieux qui sont qualifiés *frères par le sang et par la piété* : Jacques et Thaddée fils de Pietro de Sienne, Antoine et Gérard Lippi de Florence. On y retrouve aussi des noms qui ont figuré en cette histoire, comme ceux du procureur Innocent de Turrita, et de l'ancien abbé Simon de Turi. Trente

____

(1) En réalité il n'était abbé que depuis 26 ans, mais l'époque de la réélection annuelle ayant été transportée en mai, il était entré dans sa vingt-septième année de généralat depuis le premier de ce mois.

de ces moines sont originaires de Florence, vingt et
un de Sienne, huit d'Arezzo, vingt et un de diverses
contrées. — Le nécrologe termine son énumération
par ces mots : « La postérité ne cessera pas de les applaudir et de chanter en leur honneur : Ils ont été
des hommes de miséricorde, dont la piété et la charité
furent intarissables. *Hi viri misericordiæ sunt,
quorum pietates non defuerunt* (1). »

Autrefois pour se concilier la faveur de la divinité,
on lui consacrait ce que l'on appelait un *printemps
sacré* (c'est-à-dire tous les enfants nés dans le cours
de mars et d'avril). Les quatre-vingts victimes men-
tionnées plus haut furent le printemps sacré de la
congrégation olivétaine.

(1) Eccli., XLIV, 10.

CHAPITRE II

Miracles et culte du Bienheureux.

Révélations de la gloire du bienheureux Bernard. — Pre
miers miracles après sa mort. — A quelle occasion se
perdit la trace de ses précieux restes. — Reconnaissance
de son culte immémorial. — Autorisation de célébrer sa
fête. — Procès de canonisation. — Longue liste de faits
miraculeux.

A peine le bienheureux Bernard était-il mort que
Dieu fit éclater sa gloire par des révélations et des
miracles.

Cinq moines olivétains, remarquables entre tous
par l'austérité de leur vie (Pie Tancrédi de Sienne,
Alexandre de Messine, Silvain d'Allemagne, Jérôme
de Naples et Christophe de Bologne), eurent simul-
tanément, quoique se trouvant en différents lieux,
au moment même de la mort de leur père, la même
vision. Notre-Seigneur descendait du ciel près de
son serviteur ; il avait à ses côtés la Sainte Vierge
sa douce Mère, et l'archange saint Michel, et autour
de lui tout un cortège de saints, en tête desquels on
distinguait nettement saint Benoît et saint Bernard ;

il se penchait vers le mourant, recueillait son âme
au sortir du corps, et la couronnait d'un double
diadème (1). Pour jouir d'une communication surnaturelle si haute et si magnifique, il fallait vraiment
que les enfants fussent dignes du père, qu'ils eussent
l'âme bien pure et bien dégagée des sens.

Dans les mêmes instants, deux parents du Bienheureux, de la famille Toloméi, furent également
admis au spectacle merveilleux de son entrée dans
les parvis célestes. Le premier était un religieux de
l'ordre de saint Dominique, le père Alphonse Toloméi ;
se trouvant lui-même grièvement malade de la peste,
et sur le point de mourir, il déclara à ceux qui entouraient sa couche qu'il voyait l'âme du bienheureux
Bernard monter vers le ciel dans une grande lumière.
La seconde était la servante de Dieu Ginocchia
Toloméi, dont la vie édifiante a été écrite par un
des historiens du Bienheureux ; tandis qu'elle se
livrait à l'oraison, elle fut invitée par une mélodie
céleste à lever les yeux ; et elle aperçut en esprit
son saint parent qui s'élevait de terre et entrait dans
la joie de son Seigneur ; et en même temps retentit
à son oreille la parole qui fut dite à la précieuse
mort de saint Benoît : *Ceci est la voie par laquelle
Bernard, le bien-aimé de Dieu, monte au ciel* (2) !

Tandis que ces saintes âmes pénétraient le secret
de la glorification du serviteur de Dieu, la voix du
peuple proclamait hautement sa sainteté. Bien qu'il

____

(1) On admire à Sienne un fort beau tableau représentant
cette vision. Voir la gravure en tête du volume.

(2) *Act. SS. Aug.*, tom. V, 482.

fût mort de la peste, son corps n'inspirait aucune frayeur, aucune répulsion ; une grande affluence de peuple se pressa au monastère de Saint-Benoît pour contempler encore une fois ses traits vénérables ; bien plus, d'après la chronique de Mont-Olivet, il accourut beaucoup de monde de la banlieue de Sienne. Des malades furent approchés de ces restes sacrés ; et plusieurs, notamment les pestiférés, obtinrent leur guérison.

Le plus touchant de ces miracles fut opéré en faveur des enfants du Bienheureux. Nous avons vu que cinq d'entre eux avaient été favorisés d'une manifestation de sa gloire ; deux se trouvaient atteints également de la peste, Jérôme de Naples et Christophe de Bologne. De concert avec deux autres, nommés Grégoire de Pavie et Raynier de Rome, également contaminés par le fléau, ils eurent l'inspiration de se faire transporter auprès du corps de leur père exposé dans l'église de Saint-Benoît. Là, à la vue de tous les assistants, ils lui saisirent tendrement la main et la baisèrent. O merveille ! aussitôt ils se sentirent guéris. Et tandis que beaucoup de leurs compagnons succombaient, il survécurent encore de longues années pour attester la sainteté de leur fondateur.

Parmi les autres miracles qui éclatèrent, on a conservé la mémoire des suivants :

Antoine de Chino de la ville de Sienne, qui avait une main paralysée et comme desséchée, s'approcha du corps du bienheureux Bernard, qu'on allait mettre dans le cercueil, et baisa le bord de son vêtement ; à l'instant sa main reprit le mouvement et les couleurs de la vie. Jeanne, femme de Pierre de Buonconvento, ayant obtenu qu'on lui mit autour du corps la ceinture du saint Abbé, fut subitement délivrée d'un démon qui la tourmentait depuis de longues années. Jeanne, du bourg de Monte-San-Sabino, qui depuis quatre ans souffrait d'un flux de sang réputé incurable; Domenica Griffoli, du village de Monterone, atteinte d'une hydropisie, furent également guéries d'une manière instantanée, tandis qu'elles priaient avec ferveur auprès des dépouilles mortelles du Bienheureux (1).

Ces prodiges, opérés avant l'inhumation, sur des personnes de la campagne, feraient supposer qu'elle fut retardée quelque temps pour satisfaire la dévotion du peuple (2). Mais enfin il fallut en venir à déposer dans un cercueil les restes du serviteur de Dieu. Il fut enseveli, d'après le témoignage unanime des écrivains monastiques ou siennois, au monastère de Saint-Benoît de Sienne.

Dès ce temps, on commença à l'honorer publiquement et à peindre son image avec l'auréole des saints. S'il n'y a pas, durant le premier siècle, des monuments plus nombreux du culte qui lui fut rendu, cela tient aux ravages de la peste dans la congrégation olivétaine; parmi les religieux qui succom-

---

(1) *Id.* Ibid.
(2) Nous ne comprenons pas comment on a pu croire que l'inhumation du Bienheureux ait été précipitée, et qu'il fut mis avec d'autres corps dans une fosse commune. D. Besozzi a sur ce point une dissertation qui nous semble concluante.

bèrent, remarque Dom Besozzi, figurent les plus
éminents, ceux qui auraient pu écrire quelque notice
sur la vie ou les miracles de leur père. De plus, il
fallut s'occuper activement de reconstituer les familles des monastères, de remettre sur pied la congrégation. En outre, la fin du siècle fut pleine de
calamités, guerres et épidémies sans cesse renouvelées. Parmi ce déluge de maux, on comprendra
que bien des miracles ne furent pas relatés, que
bien des documents purent être perdus.

Au siècle suivant, un témoin hors de pair vient
attester la perpétuité du culte du bienheureux Bernard, c'est le pape Pie II (1). Dans la relation de la
visite qu'il fit à Mont-Olivet, en l'année 1458, il
déclare que les moines honorent d'un culte religieux
les ossements de leur fondateur.

Cent ans après, un événement bien regrettable
couvrit comme d'un voile la mémoire du serviteur
de Dieu. En l'an 1554, éclata la guerre entre l'empereur Charles-Quint et la ville de Sienne soutenue
par les Français; toute la Toscane était sillonnée de
troupes plus ou moins disciplinées. Le monastère de
Camprena fut pillé, on craignit pour Mont-Olivet;
les moines durent tenir à Bologne leur chapitre
général. Enfin, les Espagnols ayant mis le siège
devant Sienne, les habitants de cette ville rasèrent
le monastère de Saint-Benoît, de crainte qu'il ne
servît de poste avancé à l'ennemi (2). En cette triste

(1) Nomen viro Bernardus, cujus ossa religiose colunt.
His. Ol., lib. I, p. 48.
(2) *Hist. Ol.*, lib. I, p. 102.

conjoncture, on ne sait pas au juste ce que devinrent les précieuses reliques du bienheureux Bernard. On croit que les moines de Saint-Benoit les transportèrent à Mont-Olivet, mais nuitamment et en cachette, pour ne pas éveiller les soupçons des Siennois qui eussent voulu s'emparer de ce trésor. Quoi qu'il en soit, Dieu permit que, dans l'affolement où l'on était, aucun acte n'ait été dressé ou conservé touchant cette translation ; et l'on est réduit à des hypothèses sur le lieu où reposerait aujourd'hui le corps du Bienheureux.

Cette disparition toutefois, tout en entravant les manifestations extérieures de son culte, n'empêcha pas qu'on ne continuât à l'invoquer comme un saint. On compte jusqu'à vingt auteurs, vers cette époque, qui lui donnent cette qualification. Enfin, les moines de la congrégation olivétaine s'occupèrent d'obtenir la sanction de l'Eglise relativement aux hommages rendus au bienheureux Abbé par la piété des fidèles. Et le 26 novembre de l'année 1644, un samedi, la congrégation des Rites rendit, sous la signature de son président, le cardinal Crescentio, un décret statuant que le Bienheureux se trouvait dans le cas d'exception prévu par Urbain VIII, et confirmant son culte immémorial.

Les moines olivétains ne s'en tinrent pas là, et ils s'occupèrent immédiatement de la canonisation de leur fondateur. Une première instance fut adressée à cet effet au souverain pontife Innocent X par l'organe de l'avocat consistorial Raynaldi, plus tard évêque de Lucques ; le discours qu'il prononça est magnifique, et nous regrettons de ne pouvoir le donner ici (1). Le Pape accueillit avec bienveillance la requête des moines, et le 10 juillet 1645 il signa l'introduction de la cause ; le cardinal-vicaire lui-même fut chargé par Sa Sainteté de la poursuivre, il délégua, pour recevoir la déposition des témoins assermentés, une commission dans laquelle figuraient trois évêques. Alexandre VII, qui succéda à Innocent X, et qui était originaire de Sienne, se montra très favorable à cette belle cause ; il y eut par devant lui une nouvelle instance publique, dans laquelle l'avocat, Jules-César Fagnani, présenta au pontife les vœux de sa ville natale et de toute la Toscane en faveur de la canonisation de leur illustre concitoyen. Les séances de la commission d'enquête se multiplièrent ; les actes des dépositions des témoins sur les vertus et les miracles furent présentés à la congrégation des Rites, souscrits et reconnus valides par trois évêques. Il semble que la cause allait aboutir. Il n'en fut pourtant rien. Et on ne voit pas que pour le moment elle ait été poussée davantage.

Cependant les moines olivétains ne cessèrent pas d'avoir à cœur la glorification du Bienheureux. En l'an 1671, le grand-duc de Toscane et le bailliage de Sienne se joignirent à eux à l'effet d'obtenir l'approbation d'une messe et d'un office en son honneur. Ces requêtes, dont le texte a été conservé, eurent tous les résultats qu'on désirait ; le 30 août 1673,

_____

(1) *Act. SS.* Aug., tom. V, p. 465. — Nous le donnons en note à la fin du volume. (*Note IV.*)

Clément X accorda à toute la congrégation olivétaine, ainsi qu'aux oblates de la Tour-des-Miroirs, la permission de faire la fête du bienheureux Bernard le 20 août, jour de sa mort.

L'année suivante 1674, cette fête fut célébrée avec une grande joie et toute la solennité possible, dans tous les monastères olivétains : on a gardé le souvenir de deux panégyriques prononcés à cette occasion, en l'honneur du saint abbé; l'un par le P. olivétain Dom Michel de Luca, l'autre par un religieux dominicain, le P. Frédéric Tadini.

Cependant la fête, fixée au 20 août, était gênée par l'occurrence de celle de saint Bernard. Le 27 janvier 1680, un décret de la congrégation des Rites la remit au lendemain 21. Le 6 avril de la même année, le nom du Bienheureux fut inséré au martyrologe romain, privilège réservé d'ordinaire aux saints canonisés. L'année suivante, le 19 avril, les leçons propres de son office furent approuvées. Le 24 novembre 1691, la faculté de réciter cet office fut étendue à l'ordre monastique tout entier (1). Le 30 avril 1692 fut approuvée l'oraison propre destinée à le compléter. Enfin, d'autres concessions faites à la congrégation de Mont-Olivet l'autorisèrent à fêter le Bienheureux sous le rite double de 1re classe avec octave (*4 avril 1705*), et ratifièrent en son honneur une messe propre (*12 décembre 1738*), puis des hymnes

___

(1) La fête du bienheureux Bernard se célèbre dans plusieurs diocèses d'Italie ; à Sienne, à Pienza, à Arezzo, à Volterra, à Montalcino, et, croyons-nous, également à Cortone et à Verceil.

et des antiennes propres (*23 mars 1743*). Dès le 5 septembre 1687, une indulgence plénière fut accordée, sous les conditions ordinaires, à tous les pieux fidèles qui visiteraient une église des olivétains, depuis les premières vêpres du 20 août jusqu'au coucher du soleil du jour suivant ; et cette indulgence fut solennellement confirmée par les papes Benoît XIII et Benoît XIV.

Toutes ces marques réitérées de la bienveillance du Siège apostolique réjouirent grandement les enfants du Bienheureux, mais ne leur firent pas oublier le but où tendaient leurs plus ardents désirs, à savoir la solennelle canonisation de leur père.

Au commencement du XVIIIe siècle, l'abbé général, Dom Celse de Milan, adressa aux abbés et moines olivétains une circulaire réclamant des prières pour l'heureuse issue de cette grande affaire. Dans la première moitié du siècle, le procès fut repris ; et le 27 août 1768, l'héroïcité des vertus du bienheureux Bernard fut prononcée par la congrégation des Rites à l'unanimité des suffrages. Cette fois on put croire qu'on touchait au terme tant désiré. Les bouleversements qui eurent lieu en ce moment dans la congrégation, par suite de la persécution suscitée contre les ordres religieux dans le royaume de Naples et en Toscane, furent, sans doute, la cause qui suspendit le cours du procès ; il en resta là par le malheur des temps.

On ne saurait assez déplorer cet arrêt. La seule question qui restait à trancher était celle des miracles survenus depuis la reconnaissance du culte. Or, les faits miraculeux abondaient et surabondaient. On nous permettra de citer les suivants qui sont extraits, soit des procès approuvés par la congrégation des Rites, soit des relations authentiques déposées entre les mains du postulateur de la cause (1).

L'an 1647, Ansano Emilio Barchi de Sienne, âgé de sept ans, tomba gravement malade d'une tumeur à l'aisselle gauche. Les médecins prononcèrent, ou bien que l'enfant succomberait à la fièvre violente qui s'était emparée de lui, ou tout au moins qu'il resterait estropié par suite de la rétraction des nerfs et de la carie des os. Le père de l'enfant, François Barchi, chancelier de la cour archiépiscopale de Sienne, et qui à ce titre s'était occupé du procès touchant la reconnaissance du culte du bienheureux Bernard, eut alors, de concert avec sa femme, la pensée de recourir à la puissante intercession du saint abbé ; et il fit vœu de faire porter à l'enfant l'habit olivétain pendant une année, s'il était préservé de la mort par ses mérites. Cette prière eut l'effet le plus complet ; la tumeur perça heureusement, la fièvre quitta l'enfant, l'appétit revint, et il ne resta pas trace de l'horrible mal.

L'an 1657, dans la cause de canonisation du Bienheureux, le P. Charles Borghèse, dominicain, fit la déposition suivante : « J'ai entendu raconter par Dom César Marescotti qu'à l'intercession du bienheureux

---

(1) Tous ces faits sont consignés dans un opuscule intitulé : *Ristretto della vita e delle guarigioni e grazie ottenute a di lui intercessione.* Roma. Stamperia Salomoni, 1795. — L'auteur doit être un moine olivétain ; il affirme avoir puisé ce qu'il rapporte aux sources que nous avons dites.

Bernard, une religieuse recouvra la vue, une autre personne fut guérie d'un ulcère, un moine olivétain malade revint subitement à la santé. Pour moi, ajouta-t-il, j'ai éprouvé les effets de sa protection durant une épidémie : l'ayant invoqué, je me suis trouvé délivré de la crainte de la mort qui me tourmentait beaucoup. »

En cette même année 1657, Jean François Toloméi, chevalier de Sienne, déposa qu'étant gravement malade, et ayant même reçu le viatique, il alla mieux aux approches de la fête de son saint parent auquel il s'était recommandé.

L'an 1674, Marguerite de Sainte-Anne, fille de Jean Marchi, sœur converse du monastère de Sainte-Marie des Anges de Lucques, fut guérie d'une congestion cérébrale par une image du Bienheureux, devant laquelle elle et ses sœurs se mirent en prières.

L'an 1710, Germanicus Toloméi, fameux jurisconsulte et poète, fut jeté sur des rochers par une chute de voiture, il reçut à la tête des blessures fort dangereuses, et eut le corps tout contusionné. Dans cet état, il invoqua son bienheureux parent, et fut guéri dans des conditions qu'il estima miraculeuses. Il a chanté cet événement en belles strophes latines.

L'an 1712, Pierre-François Longhi de Sienne attesta avoir entendu raconter à sa mère, Catherine Salvi, qu'étant âgé d'un an il était devenu tout contrefait par suite d'une rétraction de nerfs qui le mettait dans l'impossibilité de marcher ; et que, grâce à un vœu qu'elle fit pour lui au Bienheureux le 20 août, jour de sa fête, il avait été délivré de cette infirmité à l'âge de quatre ans, et d'une manière instantanée.

L'an 1737, César-Alexandre Scarselli de Bologne, jeune religieux olivétain, eut un abcès si malin à la jambe droite que le médecin avait prononcé qu'il fallait lui couper le membre malade, ou tout au moins qu'il resterait boiteux toute sa vie. Le pieux moine demanda qu'on voulût bien surseoir à l'opération jugée indispensable, et il se recommanda à son bienheureux père. Sa confiance ne fut pas trompée ; tout symptôme alarmant ne tarda pas à disparaître, et il se trouva radicalement guéri. Plus tard il devint abbé général de la congrégation ; et en gage de reconnaissance il restaura la chapelle et la grotte du Bienheureux ; on y voit encore une jambe sculptée en relief sur du marbre, sorte d'ex-voto pour cette guérison (1).

L'an 1746, les officiers de l'hôpital royal de Naples, Nicolas Rienzi di Maddalone, François Calvitto, Jérôme Carozzelli, attestèrent sous la foi du serment les guérisons suivantes, opérées instantanément par la simple application de l'image du bienheureux Bernard Toloméi : 1º André Avelli, âgé de soixante-six ans, complètement paralysé depuis cinq mois, reprit soudain l'usage de ses membres. 2º Même merveille opérée sur Jacques Silvestre, âgé de soixante-dix-sept ans, ayant les deux jambes percluses. 3º Sabbatino Russo de Pausilippe, âgé de dix-neuf ans, fut guéri d'une plaie cancéreuse qui avait atteint l'os, et sup-

(1) Ce fait est mentionné au Nécrologe de Mont-Olivet.

purait abondamment. 4º André Fajella, réduit par une sciatique à l'impuissance de se mouvoir, put se lever et marcher au premier attouchement de la sainte image. Ces faits furent encore certifiés avec serment par Dom Carmine Rimola, confesseur de l'hôpital, et Pierre de Giacomo.

La même année, Marie-Catherine, femme d'Etienne Longhi, attesta avec serment ce qui suit par-devant la curie épiscopale d'Imola : « Je fus réduite par une maladie d'entrailles à un tel point de faiblesse que je ne pouvais quitter le lit, et que l'appétit était complètement perdu. Abandonnée par les médecins, je reçus de mon mari une image du bienheureux Bernard, et, tout en me recommandant à lui, je m'endormis l'espace d'une demi-heure. A mon réveil, je sentis comme une brosse qui me passait de la tête aux pieds ; et incontinent je fus rétablie en une santé parfaite. C'était en la veille de la fête du Bienheureux. Le lendemain, je me rendis à l'église des olivétains, avec un ex-voto d'action de grâces. »

La même année, 14 octobre, Louis Visoni, médecin de Naples, rendit témoignage qu'étant entré au monastère des olivétains de cette ville, il trouva un religieux, Dom Roch Evoli, paralysé d'un côté du corps ; la bouche était contournée, le bras inerte. Ce bon moine demanda en bégayant au docteur s'il y avait espoir de guérison ; sur la réponse négative, il prit une image du Bienheureux, et, pleurant à chaudes larmes, se l'appliqua sur le côté malade. Aussitôt, déposa le médecin, je l'entendis s'écrier : Le Bienheureux m'a guéri ! Et sautant au bas du lit, il montra qu'il l'était effectivement et de la manière la plus complète.

L'an 1768, le 15 août, Charles-François Nazzari, employé comme ouvrier au monastère olivétain de Lodi, attesta qu'à la suite d'un triduum de prières adressées au Bienheureux il avait été complètement délivré de douleurs rhumatismales dont il souffrait beaucoup.

L'an 1769, Joseph de Antonio de Naples certifia le fait suivant qui lui était arrivé. Il avait été frappé comme d'un coup de sang au cerveau ; il s'en était suivi une paralysie du côté droit, accompagnée de convulsions effrayantes. Dix jours se passèrent, sans que les médecins pussent lui procurer aucun soulagement. Le onzième jour, le frère Janvier, convers olivétain, lui remit une image du bienheureux Bernard. Il se mit à le prier lui et sa femme ; et la nuit même il se sentit délivré de la pesanteur de tête et des convulsions dont il souffrait. Il persévéra dans la prière ; et trois jours après, également durant la nuit, il recouvra le plein usage de ses membres. Aussitôt il sortit, se confessa et communia, puis se rendit à l'église des olivétains où il suspendit un tableau en ex-voto.

L'an 1779, Polonia Cetti de Sienne, à la suite d'accidents de couches, vit s'ouvrir dans son corps jusqu'à huit plaies purulentes ; l'une d'elles notamment était si affreuse que le docte professeur Tigri attesta qu'il n'avait jamais vu d'ulcère si large et si profond. Il condamna la pauvre femme, qui eut recours au patronage du bienheureux Bernard son compatriote. Aussitôt l'aspect des plaies changea : de noires, elles devinrent vermeilles. La malade guérit promptement, et alla déposer un ex-voto à l'église des olivétains.

L'an 1792, Joseph Brancadori, chevalier de Sienne, réduit à l'extrémité, tandis qu'on récitait les prières de la recommandation de l'âme, demanda à baiser l'image du Bienheureux ; et il revint à la vie des bords mêmes du tombeau. Ce fait merveilleux est rapporté par le P. Léopold de Sainte-Marie-Madeleine, carme déchaussé.

L'an 1793, Maria Niccoli de Rome était atteinte d'une maladie incurable, dont les symptômes effrayaient son entourage : violentes palpitations de cœur, côté gauche comme paralysé, pieds enflés, convulsions et vomissements sanguinolents. Délaissée par les médecins, elle fit faire un triduum de prières au bienheureux Bernard à Sainte-Marie la Neuve, et se trouva subitement guérie aux approches de sa fête ; depuis lors, elle ne ressentit plus rien de cette affection étrange.

L'année suivante, 1794, Séraphine, femme de Jean-Baptiste Cercarelli architecte, était atteinte d'une mauvaise fièvre. Elle était à l'extrémité, quand son confesseur la bénit avec des reliques du saint abbé de Mont-Olivet. Aussitôt s'éveillant comme d'un sommeil : « Grâces soit rendues à Dieu et au bienheureux « Bernard, s'écrie-t-elle, je ne sens plus aucun mal ! » Et quatre jours après, elle se rendait en action de grâces à Sainte-Marie la Neuve. — La même personne fut délivrée par le Bienheureux d'une douleur aiguë qui lui était survenue au pied, et qui était accompagnée de vertiges.

La même année, un certain Nicolas Paoletti de Pérouse, qui avait au pied un ulcère cancéreux dont il souffrait à rendre l'âme, fut béni de même avec une image du Bienheureux ; le soulagement fut immédiat, et bientôt la chair contaminée se dessécha et tomba ; il s'en suivit une pleine guérison. Ceci arrivait le 29 octobre.

L'an 1795, Gaspard Lombardi attesta sous la foi du serment que sa femme enceinte, épuisée par des souffrances de plus d'une sorte et réduite à la mort, parut renaître à la vie par l'application d'une image du Bienheureux, et obtint avec sa guérison une heureuse délivrance.

Ces faits miraculeux sont tous tirés, nous le répétons, de procès approuvés ou de relations authentiques dûment certifiées (1). Un bien plus grand nombre encore ne fut pas relevé. L'auteur, duquel nous extrayons tous ces détails, remarque, et c'est là un fait hautement intéressant, que les autels du Bienheureux dans les églises olivétaines portaient généralement des ex-voto plus ou moins nombreux en souvenir des grâces reçues par sa puissante intercession. Les personnes atteintes de mauvaises fièvres, en particulier, recouraient à lui, pour obtenir soulagement ou guérison. En un mot, le bienheureux Bernard nous apparaît comme un vrai thaumaturge.

Et voyez les mystérieux desseins de Dieu ! Il avait

____

(1) En les rapportant, nous déclarons ne leur attribuer qu'une valeur historique, et non juridique ; et nous les soumettons pleinement au jugement de l'Eglise, conformément aux prescriptions d'Urbain VIII.

permis que le corps du saint abbé fût en quelque sorte perdu, ou du moins rendu introuvable ; et une simple image de lui, un peu de terre ramassée dans sa grotte, opèrent toutes les merveilles que l'on attend ordinairement des reliques des autres saints.

Enfin, ces merveilles ne sont pas localisées, comme il arrive souvent pour les serviteurs de Dieu ; elles se produisent partout, à Rome, à Naples, à Sienne, etc. ; chaque monastère olivétain est un foyer de grâces qui alimentent la confiance des peuples.

Ce spectacle nous inspire un sentiment qui tient tout à la fois du regret et de l'espérance. En suivant tout ce détail de faits miraculeux, comment ne pas regretter que le malheur des temps ait empêché de les faire valoir pour la canonisation du serviteur de Dieu ? D'un autre côté, le crédit du Bienheureux ayant éclaté en des temps si voisins du nôtre par de tels prodiges, comment ne pas espérer dans l'avenir, avec des miracles authentiquement reconnus et approuvés, sa glorification suprême et définitive ?

Depuis un siècle environ, la Révolution, ayant chassé les moines olivétains de la plupart ou plutôt de la presque totalité de leurs monastères, a éteint par là même les principaux foyers du culte du bienheureux Bernard. Mais la dévotion à ce grand serviteur de Dieu et la confiance en sa protection puissante n'ont pas diminué dans le cœur de ses enfants. Et nous pourrions citer des faits contemporains, qui continueraient la liste des grâces reçues dans les siècles passés. Ces faits n'ayant pas été entourés de toutes les garanties d'authenticité des précédents, nous nous abstenons de les raconter. Ils nous permettent d'affirmer que le Bienheureux est toujours présent à ceux qui l'invoquent avec confiance ; et d'espérer que sa cause (laquelle n'est nullement abandonnée), franchissant les derniers degrés qui lui restent à parcourir, aboutira au résultat si désiré depuis tant d'années, à l'inscription solennelle du Bienheureux au rang des saints.

Faxit Deus !

CHAPITRE III

La postérité spirituelle du Bienheureux.

La congrégation olivétaine au lendemain de la mort du
Bienheureux. — Développement rapide. — Faveurs des
papes et des saints. — Les moines au chœur. — Saints
cachés. — Sainte Françoise Romaine. — L'apogée de la
congrégation. — Le mal du temps. — Déclin. — Les jours
sombres et douloureux. — In spem contra spem. — Aurore
d'un meilleur avenir.

La grandeur d'un saint se fait voir par le nombre
et l'éclat des miracles; mais elle se manifeste encore
davantage par la formation de disciples capables de
continuer l'œuvre à laquelle il a attaché son nom.
La persévérance est le grand écueil de la fragilité
humaine. S'il est si rare de voir une vie pleinement
d'accord avec elle-même du commencement à la fin,
combien n'est-il pas plus rare de rencontrer un homme
qui se survive à lui-même par la persistance des traditions qu'il a su créer et implanter autour de lui !

Voilà pourquoi l'Ecriture nous déclare que la sagesse du fils est la gloire du père; voilà pourquoi
elle loue spécialement les saints de ce qu'ils trans-
mettent à leurs enfants la sainteté en héritage ; voilà

pourquoi elle célèbre avec une sorte de transport la beauté de ces générations immaculées, qui traversent les siècles sans contracter de souillures, et qui forcent le respect des hommes en méritant les complaisances de Dieu.

Nous plaçant à ce point de vue, nous avons pensé qu'un aperçu des annales de la congrégation olivétaine servirait grandement à nous donner une juste idée des vertus et des dons surnaturels que Dieu daigna départir au bienheureux Bernard. En étudiant l'œuvre, nous apprendrons à connaître le savoir-faire de l'ouvrier.

Cette œuvre, nous l'avons dit et nous le répétons, fut humble et modeste, sans grand éclat extérieur ; mais elle fut établie solidement, et cimentée fortement ; ce qui lui permit de traverser des temps difficiles et particulièrement dissolvants, à savoir ceux qui s'étendent de la retraite des papes à Avignon, à travers les crises du grand schisme, jusqu'à la convocation du concile de Trente.

Essayons de nous représenter ce qu'était la congrégation olivétaine au lendemain de la mort du Bienheureux. Privée de son chef et de la moitié de ses membres, elle semblait avoir passé par les horreurs du tombeau ; elle s'étonnait d'exister encore. Mais le découragement n'avait pas place dans l'âme des survivants. Si Dieu avait cueilli les prémices de la famille, c'est qu'il voulait lui assurer de longues bénédictions. Les martyrs de la charité devaient être une semence qui multiplierait les enfants de Notre-Dame de Mont-Olivet.

La tourmente passée, les pieux moines rentrèrent à l'abbaye-mère, et se choisirent un nouvel abbé. Et bientôt les novices affluèrent en si grand nombre, que non seulement la congrégation répara ses vides, mais encore prit rapidement un grand essor, et avant la fin du siècle put fonder jusqu'à quinze nouveaux monastères.

Durant toute cette période elle vit se succéder sur le siége abbatial des hommes vraiment saints, vraiment animés du pur esprit de leur fondateur. On avait réglé que le renouvellement des abbés n'aurait lieu que de trois en trois ans; plusieurs furent réélus deux à trois fois, l'un d'eux Salvius Doni de Florence fournit dix-huit années de gouvernement. Ce fait seul suffirait à montrer l'excellent esprit de la communauté. Les abbés qui se remplaçaient ainsi les uns les autres n'avaient qu'une même ligne de conduite. Ils se proposaient tous un triple but : maintenir la discipline et les traditions, procurer l'extension de l'ordre, donner à l'abbaye-mère les agrandissements nécessités par l'accroissement de la congrégation elle-même.

La bienveillance des souverains pontifes ne leur fit jamais défaut. Clément VI, par un nouveau diplôme, conféra à l'abbé général et aux prieurs la juridiction ordinaire sur les moines, les convers, les novices, et même les familiers de leurs monastères respectifs. Urbain V se fit l'écho de la réputation dont jouissait la congrégation d'être un miroir d'observance et de régularité. Grégoire XI la combla des marques de sa bienveillance, il édicta neuf constitutions en sa faveur, en l'une d'elles il déclara que de l'ordre de Mont-Olivet il n'était permis de passer qu'en celui des chartreux.

Vers le même temps, sainte Catherine de Sienne montra pour les moines de Mont-Olivet une affection qu'on peut appeler toute maternelle. Le nécrologe de la congrégation mentionne cinq religieux qu'il qualifie élèves et enfants spirituels de la sainte. Elle écrivit quatorze lettres soit à l'abbé, soit au prieur de Mont-Olivet, soit à différents prieurs, moines ou novices. L'une d'elles, adressée à des novices, est un des chefs-d'œuvre les plus purs qui soient sortis de sa main et de son cœur (1).

L'amour de sainte Catherine pour les olivétains passa comme par héritage à saint Bernardin. Il eut pour ami intime le vénérable Antoine de Barga, dont le nom est revenu si souvent dans ces pages.

Si la congrégation mérita ainsi l'amitié des saints, c'est qu'elle était demeurée sainte. Il suffit pour s'en convaincre de jeter les yeux sur la peinture naïve et édifiante que le pieux Antoine de Barga nous a laissée de l'observance olivétaine dans la première moitié du xve siècle, c'est-à-dire plus de cent ans après la fondation.

Les enfants du Bienheureux se maintenaient fermement sur les sommets de la plus stricte régularité bénédictine. Depuis la Pentecôte jusqu'à la fête de l'Exaltation de la Sainte-Croix, ils jeûnaient deux fois la semaine ; depuis cette fête jusqu'à Pâques, ils ob-

(1) Voir la note v à la fin du volume.

servaient fidèlement le grand jeûne monastique ; ils joignaient à cette pratique austère de rigoureuses abstinences. Ils avaient conservé la belle coutume de consacrer à de saintes veilles tout le temps qui leur restait depuis Matines jusqu'à l'heure de Prime. La pauvreté la plus complète, l'obéissance la plus absolue étaient toujours les deux colonnes de leur institut. Enfin, ils semblaient se surpasser eux-mêmes dans le zèle pour l'office divin. Ici, nous cédons la parole au vénérable chroniqueur :

« Nous célébrons, dit-il, avec une grande diligence l'office divin tant de la nuit que du jour : soit par la psalmodie simple, soit par le chant. Dans la plupart des monastères, on chante Matines durant tout l'hiver ; à Mont-Olivet, été comme hiver, l'office est chanté presque dans son entier. Telle est l'assiduité des frères au chœur, malgré la fatigue des jeûnes et des exercices réguliers, qu'on en a vu plusieurs chanceler et tomber à terre, soit en chantant, soit en lisant. Et pour citer un exemple, frère Barthélemy de Mantoue, excellent religieux, mort récemment dans la paix du Seigneur, tomba de lassitude, non de maladie, tandis qu'il était au lutrin avec les autres frères (1). »

Ce trait nous paraît admirable : ne dirait-on pas des soldats sur le champ de bataille ? L'un tombe, les rangs se resserrent, et le combat continue. Ah ! certes, saint Benoît et le bienheureux Bernard pouvaient du haut du ciel abaisser leurs regards sur Mont-Olivet ; ils y retrouvaient leurs vrais enfants.

(1) *Chronica abbrev. Ant. Barg.*

L'esprit de ferveur des moines se manifesta encore par un projet de vie érémitique qu'ils voulurent réaliser dans leurs monastères sur le modèle de Camaldoli, et qui obtint la sanction pontificale ; Lancellotti croit qu'il reçut un commencement d'exécution (1) ; en tous cas, il nous révèle les désirs de perfection qui remplissaient tous les cœurs. Vers ce même temps, un pieux habitant de Sienne, faisant une donation aux olivétains, les qualifie *religieux de grande oraison, ayant à un haut degré l'esprit de larmes de la pénitence* : est-il un plus bel éloge que celui-là (2) ?

En vérité, quand on considère l'état de douloureuse agitation où se trouvait alors l'Eglise, état qui favorisait tous les relâchements, ce cénacle de moines fervents nous apparaît comme l'héritage bien-aimé du Seigneur et comme sa portion choisie. Nous ne nous étonnons plus si la rosée du ciel y tomba, si la congrégation entra dans une période très prospère. Au dernier chapitre général, où venait d'assister Antoine de Barga lorsqu'il écrivit son opuscule, quatre cents moines se trouvèrent réunis. Il est vrai, une peste survint et en faucha cinquante ; mais ce vide fut promptement et largement réparé.

On pourrait se demander comment il se fait qu'en cet âge d'or, la congrégation n'ait fourni à l'Eglise aucun saint ou bienheureux authentiquement reconnu. Il nous semble qu'on peut appliquer à Mont-Olivet

(1) *Hist. Oliv.*, lib. I, p. 32.
(2) Cognoscentes, fama volante per orbem, monachos... personas esse ingentis orationis, et magni spiritus lacrymarum pœnitentiæ.

ce qui a été dit de la Chartreuse ou de Camaldoli. Les moines n'exerçaient aucun ministère extérieur ; il y avait parmi eux des saints, mais ils vécurent et moururent ignorés des hommes. Les annales du monastère s'écrivaient au ciel plutôt que sur la terre.

Néanmoins, plusieurs noms vénérables sont parvenus jusqu'à nous. Nous citerons notamment les saints abbés Hyppolite de Milan, Jérôme Miraballi, Jean-Baptiste de Poggibonsi, François Ringhieri, Nicolas Roverella, Jacques de Carpo, dont la chronique de Mont-Olivet relate les vertus et les dons surnaturels ; Bernard de Verceil, fondateur de deux monastères en Hongrie, dont Pie II assure que les ossements étaient en vénération sur ces plages lointaines ; François Malavolti, célèbre disciple de sainte Catherine de Sienne ; et un peu plus tard, Jérôme de Corse, simple oblat, dont la vie fut illustrée par de grands prodiges (1). Enfin, si Dieu permit que ces belles et pures mémoires n'aient reçu aucune consécration authentique, il donna à la congrégation une large compensation dans la personne de sainte Françoise Romaine, fondatrice des oblates olivétaines de la Tour-des-Miroirs, qui fleurit de l'an 1384 à l'an 1440.

Notre intention n'est pas de parler longuement ici de cette grande sainte. Nous voudrions seulement noter dans sa physionomie les traits de ressemblance qu'elle eut avec le fondateur de Mont-Olivet : l'harmonie est saisissante. La première et la dernière parole de Françoise sont une louange à la Sainte Vierge ;

(1) Voir *Chronologia brevis*, auctore D. Belforti. Passim.

toute jeune, elle ressent pour la vie religieuse un attrait qu'elle ne peut suivre. Elle édifie le monde avant que d'édifier le cloître ; elle cherche, jusque dans le palais de son mari, à imiter la solitude des ermites au fond de leur désert. Elle entre en lutte avec le diable, elle est en rapport continuel avec les anges ; elle honore d'un culte spécial la douloureuse passion de Notre-Seigneur. Elle commence par obéir dans la maison religieuse qu'elle a fondée, il faut qu'on lui fasse violence pour qu'elle y prenne le commandement. Elle se prodigue dans les épidémies ; enfin, elle meurt hors de son monastère, dans une visite de charité qu'elle fait à son fils malade. Et ceci n'est que le côté extérieur de sa vie. Si nous pouvions pénétrer jusqu'à l'intérieur, si nous pouvions rapprocher et comparer les deux âmes du bienheureux Bernard et de son illustre fille, nous découvririons entre elles bien d'autres analogies, nous y reconnaîtrions le même caractère ascétique, un grand esprit de componction, la fermeté unie à la douceur, une simplicité admirable dans les actes les plus héroïques.

Assurément ce ne fut pas un petit mérite pour les moines de Sainte-Marie la Neuve d'avoir su guider et assister une sainte Françoise Romaine. Dans la vénération qui lui est due, il convient d'associer frère Antoine de Monte-Sabello son premier directeur, et frère Hyppolite de Rome son conseiller dans la fondation de la Tour-des-Miroirs. Plus tard nous voyons un saint religieux olivétain de Mantoue, frère Jérôme, dont le corps fut retrouvé sans corruption un siècle après sa mort, diriger dans les voies de Dieu la bienheureuse Osanna vierge dominicaine (1). Vers le même temps la bienheureuse Baptista Varani, de l'ordre de saint François, exalte hautement la sainteté d'un moine olivétain son confesseur. Ces faits, auxquels nous pourrions en ajouter plusieurs autres, nous montrent les enfants du bienheureux Bernard sous l'aspect d'hommes intérieurs, instruits dans la théologie mystique, et experts dans la direction des âmes. A cette époque, fin du XVe siècle, ils ne s'exerçaient pas encore à la prédication ; le premier olivétain, qui ait annoncé publiquement la parole de Dieu, est un frère Ange de la Croix, ancien religieux servite, vers le milieu du siècle suivant (2).

Ces dernières années du XVe siècle marquent assez bien, du moins au point de vue du développement, l'apogée de la congrégation olivétaine. Le monastère de Mont-Olivet déroulait ses vastes constructions sur toute la partie sud de la colline d'Accona. L'observance était encore telle que nous l'avons décrite. Environ soixante monastères florissants étaient rangés sous la houlette de l'abbé général ; parmi eux on comptait celui de Naples qui devint l'un des plus beaux de toute l'Italie, et celui de Bologne où fut établie une école de hautes études. La forme du gouvernement olivétain ne se prêtait pas à l'extension de l'ordre au delà des Alpes ; les monastères fondés en

____

(1) Lancellotti. *Hist. Ol.*, lib. II, p. 219. — Les Bollandistes, au 18 juin, donnent la vie de la Bienheureuse écrite par fr. Jérôme, ainsi que plusieurs lettres qu'elle lui adressa. On peut y voir qu'elle le considérait comme un saint.

(2) *Hist. Ol.*, lib. I, p. 69.

Hongrie durent être abandonnés ; mais désormais toute l'Italie, du nord au sud, connaissait les moines blancs du bienheureux Bernard. Un peu plus tard Dieu suscita des religieuses olivétaines, dont la fondatrice fut la vénérable Léophanta de Palerme morte en odeur de sainteté. Enfin il se forma une école d'artistes olivétains ; ils cultivèrent principalement l'art délicat de la marqueterie, et laissèrent sous ce rapport, tant à Mont-Olivet qu'en plusieurs autres maisons, des chefs-d'œuvre qui sont restés inimitables.

Les études qui fleurissaient alors dans la congrégation méritent une mention spéciale et plus détaillée. La tradition de l'ordre leur imprima de tout temps un caractère très tranché de gravité toute monastique. L'an 1471, Léonard Mezzavacca, abbé général, dans une lettre adressée à frère Barthélemy de Pistoie professeur de physique, lui trace comme il suit le plan d'éducation à suivre pour les jeunes religieux : « Il faut, dit-il, les instruire à la manière évangélique, et dans la forme apostolique, en travaillant à leur donner l'intelligence de la sainte Écriture dans ses termes obscurs et dans son sens caché ; et on doit éviter d'occuper leurs esprits avec la vanité des formes littéraires. » Plus bas il ajoute : « Je ne dois pas taire qu'il y a eu dans notre ordre beaucoup de pères très doctes dans les saintes lettres, qui non seulement en tirèrent un grand profit personnel, mais encore se rendirent utiles à d'autres par leur enseignement donné soit en particulier soit en public ; ils ont même laissé des livres d'un grand prix ; et aujourd'hui encore plusieurs de nos religieux sont dignes de figurer à côté d'eux. Bien que nous ne prenions pas souci dans notre ordre de former au beau style, Dieu ne laisse pas de le pourvoir d'hommes qui en sont les ornements par leur doctrine et leur science. Et ainsi nos jeunes religieux se trouvent formés d'après la méthode évangélique et apostolique, sans se laisser aller à ces vaines préoccupations de style, qui embrouillent l'esprit, enlèvent la componction, font perdre le goût des choses de Dieu, en sorte que la vie spirituelle est étouffée dans le cœur d'un moine. » Ces lignes sont d'autant plus remarquables, qu'elles étaient écrites à la veille de la Renaissance. Déjà on voyait s'accuser une tendance à délaisser les études vraiment édifiantes, pour se livrer à de futiles jeux d'esprit. La congrégation olivétaine fut protégée, par la vigilance de ses abbés, contre cet engouement malsain, et ce n'est pas leur moins beau titre de gloire.

Dans les constitutions de 1559 règne le même esprit. On y lit ce statut : « Nous avertissons les supérieurs de faire expliquer dans les écoles, au lieu de Cicéron, les offices de saint Ambroise ou les doctes lettres de saint Jérôme ; au lieu des anciens poètes païens, Vida, Sédulius, Juvencus, Prudence et Boèce. » Le relâchement sur ce point provint de l'introduction dans les cloîtres de professeurs laïques ; Dom Besozzi, de qui nous tirons ces détails, le déplore avec raison.

Mais revenons à l'histoire de la congrégation ; elle ne sera plus si grande et si belle ; nous y trouverons néanmoins encore de quoi nous édifier,

Toute institution humaine a ses côtés défectueux ; elle trouve souvent dans sa prospérité elle-même la cause de son déclin. Antoine de Barga nous dit, avec une sainte naïveté, qu'avec le nombre toujours croissant des moines et des monastères *se multiplièrent les volontés* au sein de la congrégation olivétaine (1). Là est toujours l'origine de tout mal pour une communauté. Il se produisit des tiraillements, surtout au point de vue du gouvernement qui fut souvent modifié. On vit se manifester, dans la belle famille religieuse du bienheureux Bernard, quelque image de ces divisions qui menèrent à sa ruine l'état de Sienne. Il est bien difficile, hélas ! même à des moines séquestrés du monde, d'échapper aux influences de leur époque. La maladie de cette époque pouvait se définir d'un seul mot : défiance de l'autorité ! Cette défiance se glissa jusque dans les cloîtres olivétains. Il fallut à tout prix limiter le pouvoir de l'abbé général, prendre des mesures pour l'empêcher de tourner en tyrannie. Les moines, défiants contre leurs prieurs, exigèrent qu'on leur accordât un délégué qui les représentât, eux personnellement, au chapitre général. Enfin il se forma des groupes de monastères, qui réclamèrent le droit de fournir l'abbé général à tour de rôle. Bref le pape dut plusieurs fois intervenir pour ramener la concorde dans les esprits surexcités.

Ces divisions devaient amener presque fatalement la perte de la stricte observance. Au commencement

---

(1) Crescentibus namque monasteriis et patribus, multiplicatæ sunt voluntates eorum. *Chronica abbrev. Ant. Barg.*

du xvi⁰ siècle elle commença à fléchir, en dépit des efforts de plusieurs saints abbés, notamment Guy de Prato, pour maintenir les traditions primitives. Cette mitigation d'ailleurs ne doit pas être confondue avec l'absence de toute vie régulière. Les constitutions de l'an 1557 rédigées par l'abbé général Jules-César Grassi, celles de l'an 1572 publiées par le cardinal Caraffa, sont empreintes d'un esprit religieux très remarquable. La congrégation était plutôt descendue qu'elle n'était tombée. Au xvii⁰ siècle elle s'accrut encore d'une vingtaine de monastères.

C'est à cette époque, où elle se livrait volontiers à des ministères extérieurs, qu'elle fournit à l'Eglise le plus de prélats (1) ; elle produisit aussi plusieurs écrivains recommandables, et ce qui vaut mieux encore plusieurs religieux morts en odeur de sainteté. Tels sont le vénérable Marcellin Guazzoni, qui se retira dans une grotte à Mont-Olivet, et y renouvela les merveilles de la pénitence du bienheureux Bernard ; et le vénérable Maur Puccioli de Pérouse, écrivain ascétique des plus remarquables, qui avait, assure-t-on, le don des miracles. Ses écrits sont d'un prix inestimable pour la formation des novices et la direction des consciences. Il mourut en l'an 1714 (2). Une cinquantaine d'années après lui s'éteignait à

(1) A l'époque où écrivait Belforti, elle avait fourni à l'Eglise trois cardinaux, deux archevêques et vingt évêques. Durant le premier siècle, vivant renfermée dans ses cloîtres, elle ne produisit guère d'autre prélat que le cardinal Pierre Tartare. *Chronologia brevis.*

(2) *Chronologia brevis* D. Belforti, p. 104, 151.

Rome en odeur de sainteté, le vénérable D. Ferdinand Trévisani de Padoue, non moins habile dans la direction des âmes; il fut enseveli dans la chapelle du bienheureux Bernard en l'église Sainte-Françoise Romaine. Le XVIIe siècle vit encore s'envoler au ciel plusieurs saintes âmes de religieuses olivétaines du monastère de Bari; le détail de leurs vertus nous mènerait trop loin (1).

Nous voici au commencement du XVIIIe siècle. Ici commencent pour la congrégation olivétaine, d'ailleurs bien déchue dans son observance, les jours sombres et douloureux que le bienheureux Bernard avait prédits comme devant succéder à une période éclatante et prospère. Elle se trouve enveloppée dans la tourmente d'impiété qui s'abat sur l'Italie. Le roi de Naples, Ferdinand IV, à l'instigation du duc de Turrita, sépare violemment les monastères de son royaume de l'obédience de l'abbé général; et cette séparation est pour eux le prélude d'une sécularisation complète. Bientôt le grand-duc de Toscane, Pierre-Léopold Ier, plus tard empereur d'Autriche, publie les trop fameux règlements, connus sous le nom de lois léopoldines, qui tendent à ruiner la vie religieuse en cette belle contrée. Enfin la révolution française

____

(1) Tondi. *L'Uliveto glorificato.* — Ce pieux écrivain donne des notices fort intéressantes sur plusieurs de ces religieuses : D. Anna Minerva Carrara de Bari, et D. Giulia Maria Benegossi de Gênes, que leur ardente dévotion pour Jésus crucifié signale comme les vraies filles du bienheureux Bernard ; D. Antonia Garbinati, qui honora d'un culte spécial l'Immaculée Conception de Marie ; enfin D. Teresa Tresca, miroir d'humilité, de patience et de mortification.

consomme l'œuvre satanique. Le 15 octobre 1810, Napoléon Ier lance le décret de suppression des communautés religieuses. Les moines doivent quitter leurs abris sacrés. Mont-Olivet est littéralement mis au pillage ; il est même question de le démolir (1).

Quand la tourmente fut passée, les moines rentrèrent à l'abbaye-mère et en quelques monastères, mais en bien petit nombre, bien réduits et bien incertains de l'avenir. D'autres épreuves, qu'il serait trop long de détailler, les assaillirent encore dans le cours du siècle. Bref, la congrégation n'était plus que l'ombre d'elle-même, quand la révolution italienne apparut, comme pour lui donner le coup de grâce. De nouveau les pauvres moines furent expulsés et leurs biens confisqués.

En cette extrême détresse, se manifesta visiblement la main de Dieu. La congrégation avait dès lors à sa tête le Révérendissime Père Dom Placide Marie Schiaffino, aujourd'hui cardinal de la sainte Eglise Romaine ; l'illustre religieux soutint le courage de ses enfants, il les réunit dans un monastère qu'au prix de mille difficultés il fonda aux portes de Florence, et il leur inspira une robuste confiance dans un meilleur avenir. Grâce à son énergie, la famille de Notre-Dame de Mont-Olivet, sous le coup même de l'orage, se recueillit dans le silence et la prière ; et, pour attirer sur elle les miséricordes du Seigneur, elle se retrempa dans une observance plus stricte de la règle bénédictine.

(1) *L'abbaye de Mont-Olivet-Majeur*, par D. Grégoire Thomas, p. 87.

Mais ce n'est pas tout. Le Révérendissime Abbé général, que Léon XIII venait d'honorer de la dignité épiscopale, comprit la nécessité de mettre les constitutions olivétaines en rapport avec les besoins du temps présent. D'après cette législation nouvelle, tout récemment mise en vigueur, le gouvernement de la congrégation est modelé sur le type bénédictin le plus pur. La dignité d'abbé est perpétuelle ; les abbés de chaque monastère sont élus par tous les moines profès, l'abbé général est nommé par des délégués de toutes les maisons. Au point de vue de la discipline, les liens de la vie commune sont resserrés de manière à développer l'esprit de famille dans le cœur de tous. L'observance est tempérée, en sorte qu'elle puisse être suivie par les faibles, sans pourtant ralentir l'ardeur des forts : dans son ensemble, elle constitue un notable progrès sur les coutumes antérieures. Enfin les cadres de la congrégation sont élargis, afin de lui permettre soit de s'étendre en tout pays, soit d'abriter dans son sein plusieurs catégories d'oblats tant séculiers que réguliers. En outre il est pourvu, par de sages règlements, à la bonne direction des études, et à la création d'alumnats préparatoires à la vie religieuse.

Cette esquisse sommaire des constitutions nouvelles en donnera une idée bien incomplète. Ce que nous ne pouvons rendre, c'est la lumière qui s'y trouve répandue, c'est le souffle de piété qui les anime. On peut leur appliquer, ce nous semble, ces mots imités de l'Ecriture : *l'Esprit de vie était dans les roues du char.* Il est clair que la congrégation olivétaine veut vivre, qu'elle veut se développer ; et, par la protection de la Sainte Vierge, elle vivra, elle se développera.

Après une nuit sombre et triste, passée dans une attente anxieuse, il est singulièrement doux de voir reparaître le jour ; si faibles qu'en soient les premières lueurs, elles chassent les inquiétudes, elles ramènent la confiance, on se sent renaître. La famille olivétaine éprouve une impression semblable. Le grand soleil ne brille pas encore pour elle, mais elle voit se lever l'aurore. Elle sait que son bienheureux Père a prédit son relèvement de même qu'il avait prédit sa décadence : elle espère fermement ce relèvement dans un prochain avenir. Elle en salue les heureux présages soit dans le rajeunissement de sa législation, soit dans l'esprit nouveau qui lui est infusé, soit dans les insignes mérites de son chef placé si haut par la confiance du Père des fidèles et par l'estime du monde chrétien.

Au moment où nous écrivons, elle a toujours son centre dans le monastère des Saints Joseph et Benoît de Settignano, fondé, comme nous l'avons dit, aux portes de Florence. Un abbé et quelques religieux demeurent, mais à titre de gardiens, soit à Mont-Olivet, soit à Sainte-Marie la Neuve ou Sainte-Françoise Romaine sur le Forum. La congrégation compte encore un monastère sur les côtes de Gênes, et un établissement près de Milan. Elle a trois maisons fondées dans le midi de la France depuis un certain nombre d'années ; une quatrième est en voie de formation. Le monastère de la Tour-des-Miroirs est toujours florissant; les religieuses olivétaines se sont perpétuées au midi de l'Italie ; une maison de bénédictines françaises a revêtu récemment leurs blancs insignes.

Réduite à ces proportions, la congrégation est bien humble au regard de son glorieux passé. Mais Dieu se plaît à regarder ce qui est petit, à prendre ce qui est faible, pour en tirer sa gloire, pour y faire paraître sa puissance. Là est tout l'espoir de la congrégation olivétaine, qui est et restera toujours ce que l'a faite le bienheureux Bernard, la famille aimante et aimée de la Sainte Vierge.

CHAPITRE IV

Une visite à Mont-Olivet.

Le Campo-Santo de Sienne. — L'aspect de Mont-Olivet. — La tour ou palazzo. — L'église et le monastère. — Maria Bambina et le grand crucifix du Bienheureux. — Le chœur avec ses stalles en marqueterie. — Le grand cloître avec ses peintures. — Immensité de l'abbaye. — Profonde solitude. — Les chapelles de la colline. — La grotte du Bienheureux. — Où repose son saint corps ? — Le mystère de l'avenir.

En guise d'épilogue à notre ouvrage, nous inviterons le lecteur à nous suivre à l'abbaye de Mont-Olivet, à rendre visite au lieu immortalisé par la pénitence du bienheureux Bernard, et dans lequel sa belle et austère figure ressort avec un relief incomparable. Centre permanent de la congrégation olivétaine, cette abbaye devint le type de tous les monastères placés sous sa dépendance. Plusieurs prirent le nom de Mont-Olivet ; il y eut Mont-Olivet de Florence, Mont-Olivet de Naples, Mont-Olivet de Bologne, etc. Alors l'abbaye-mère se distingua par une appellation qui marqua sa priorité et sa dignité ; elle se nomma Mont-Olivet-Majeur. Et c'est sous ce titre qu'elle nous apparaît dans l'histoire. Ce fait met en évidence, mieux peut-être que tout autre, la force d'unité qui caractérisa toujours la congrégation olivétaine ; l'abbaye de Mont-Olivet-Majeur en est l'expression frappante, et le symbole subsistant.

A tous ces titres, la grande abbaye est un poème de pierre qui nous redit, avec l'héroïque pénitence du bienheureux Bernard, toutes les péripéties de son œuvre. Nous ne saurions mieux conclure ce livre, qu'en parcourant quelques strophes de ce poème.

Le Bienheureux naquit et mourut à Sienne. Mais cette ville, tout en s'étant montrée à plusieurs reprises fort jalouse de sa gloire, n'a pas conservé de lui des souvenirs marquants. A peine si dans quelque église on aperçoit une statue ou un tableau représentant le saint fondateur de Mont-Olivet. Là où il mourut, là où suivant la tradition il fut enseveli, il ne reste rien de lui. L'emplacement de son monastère est aujourd'hui occupé, nous l'avons dit plus haut, par un cimetière ou Campo-Santo magnifique. Le voyageur qui erre, avec la pensée du bienheureux Bernard, le long de ces galeries superbes où l'image de la mort est voilée sous des symboles gracieux et touchants, éprouve un vif sentiment de mélancolique tristesse. En ce lieu où l'art épuise tous ses charmes à sauver de l'oubli des mémoires forcément condamnées à disparaître, la mémoire du saint abbé qui brille dans l'Eglise d'un éclat si pur est effacée et comme disparue.

Pour retrouver cette grande mémoire, il faut aller à Mont-Olivet. Là, tout nous parle du serviteur de

Dieu : l'art et la nature, les monuments et les côtes escarpées, la douceur de la solitude, tout enfin, jusqu'à la majestueuse horreur de ce site sauvage où l'abbaye s'élève comme une citadelle de Dieu !

Nous avons essayé de décrire le spectacle qui se déroule sous les yeux du voyageur, lorsqu'il arrive sur les hauteurs du village de Chiusuré. Des précipices béants s'ouvrent à ses pieds ; du milieu, surgit pour ainsi dire la colline d'Accona supportant les immenses bâtiments carrés du monastère, dominés par le *campanile* élégant de son église. Il faut saisir cet ensemble, quand un soleil ardent fait ressortir les tons rouges de la brique à travers la verdure sombre des cyprès et le pâle feuillage des oliviers !

Sur le premier plan de la perspective, au point précis où la colline d'Accona se rattache par une étroite langue de terre à l'hémicycle des hauteurs voisines, on aperçoit un corps de constructions surmontées ou plutôt flanquées d'une tour massive style moyen âge, avec machicoulis. On dirait un chevalier, couvert de sa forte armure, qui serait chargé de garder l'entrée du monastère. Ces constructions furent placées là par la prévoyance des premiers abbés, pour tenir à distance les rôdeurs tant du jour que de la nuit ; la tour vint les compléter un peu plus tard, et leur donner l'aspect le plus pittoresque. Les abords en étaient autrefois protégés par un large fossé, sur lequel était jeté un pont-levis. Quand celui-ci était dressé, les moines pouvaient reposer en paix, entourés qu'ils étaient de tous côtés par une ceinture d'inaccessibles précipices. Ce premier corps de bâ-

timents se nommait et se nomme encore le palais
il palazzo.

A côté de la tour s'ouvre un porche voûté qui
donne entrée dans l'enceinte de la colline. C'est à ce
porche que se trouvent les deux images en terre cuite
représentant la Sainte Vierge et saint Benoît, la première au portail extérieur, la seconde au portail intérieur. Elles sont d'un style pieux et grave qui ravit
les yeux et le cœur. La Sainte Vierge est placée là
comme la gardienne et la maîtresse de la maison, pour
accueillir le pèlerin, pour l'abriter sous son manteau :
Sub tuum præsidium confugimus. Deux anges à
ses côtés la couronnent ; car cette maison fut honorée
de fréquentes apparitions des anges. Elle tient son
doux enfant, comme la belle vigne porte son raisin.
Sa main repose sur les armoiries de la congrégation,
la croix de pourpre avec le double rameau d'olivier.
Mont-Olivet tout entier est renfermé dans cette gracieuse image, que complète celle de saint Benoît. Le
saint patriarche tient le livre de la règle, il pose son
doigt sur sa bouche ; nous entrons dans le lieu sacré,
où le silence n'était interrompu que par le chant des
louanges divines, où la solitude subsistait parmi
l'affluence des religieux qui autrefois s'y pressaient en
foule comme les bataillons choisis du Seigneur.

Le porche franchi, une route, qui contourne les
saillies montueuses de la colline, conduit par une
pente douce en face de l'église et au seuil du monastère.

Cette église et ce monastère ne sont plus, nous
l'avons dit, les édifices primitifs bâtis par le bienheureux Bernard. Ils furent construits dans le cours du

siècle qui suivit sa mort, pour suffire au nombre toujours croissant, tant des religieux de l'abbaye elle-même, que des délégués de tous les monastères qui s'y réunissaient pour les chapitres généraux. Ils présentent l'ensemble le plus imposant. Ils sont ordonnés d'après les idées symboliques et traditionnelles. L'église s'élève au nord, et dessine l'un des côtés du grand cloître qui se développe au midi sous forme d'un vaste quadrilatère. Eglise et cloître ne font qu'un seul tout, une seule maison de prière, vestibule du paradis et porte du ciel.

L'église fut construite dans les quinze premières années du xve siècle (1). Elle est dans le style architectural de l'école pisane, qui sut marier si habilement le plein cintre à l'ogive, et dont l'immortel chef-d'œuvre fut le dôme de Sienne. Extérieurement, elle se présente avec la gravité et la sévérité de nos édifices romans ; intérieurement, les lignes brisées de l'ogive, apparaissant dans la courbure des cintres, lui donnaient quelque chose de plus aérien. Hélas ! ce beau monument a été défiguré par des retouches dans le goût moderne ; on lui a enlevé cette beauté sévère qui redisait si bien l'esprit de prière des anciens moines.

Le campanile de l'église a toujours son cachet primitif. Il se dresse à une hauteur de quarante-sept mètres.

(1) La description de l'église et du monastère se trouve, avec toute l'étendue que comporte le sujet, dans le bel ouvrage de Dom Grégoire Thomas, intitulé : *L'abbaye de Mont-Olivet-Majeur*. Florence, Lemonnier, 1881. — Nous le mettons largement à contribution dans ce chapitre.

Chaque face est percée d'une fenêtre à trois baies ogivales en pierre blanche réunies dans un plein cintre en briques, et formant un ensemble des plus gracieux. Il est surmonté d'une pyramide arrondie, flanquée de quatre petits clochetons. Ce campanile fut érigé en l'an 1465 ; après son érection eut lieu la consécration solennelle de l'église.

Nous ne décrirons pas l'intérieur de celle-ci, dont les tableaux et les peintures n'ont rien de remarquable ; le maître-autel est consacré à la Nativité de la Sainte Vierge, fête titulaire du monument ; deux chapelles latérales sont sous le vocable de sainte Françoise Romaine et du bienheureux Bernard Toloméi.

Cette dernière contient un vrai trésor. On y conserve, dans une châsse, une statue de Marie enfant, ou, pour parler le langage italien, de *Maria bambina*. Elle fut modelée par une pieuse vierge qu'on espère voir élever sur les autels, la vénérable sœur Claire-Isabelle Fornari de Todi (1). On ne peut rien imaginer de plus gracieux que cette figure de Marie dans les langes, avec son petit bonnet tuyauté et son maillot broché d'or. Une couronne d'argent, ornée de pierreries, est posée sur sa tête ; et des *ex-voto* tapissent le fond de la châsse, attestant les grâces reçues par l'intermédiaire de la petite Vierge de Mont-Olivet.

____

(1) La vénérable avait pour directeur D. Isidore Gazzali de Gênes, abbé du monastère olivétain du Saint-Crucifix de Todi, mort en l'an 1761, à l'âge de 68 ans, en réputation de sainteté. On voit encore sa pierre tombale dans l'ancienne église du monastère.

A gauche de l'autel où elle repose, s'ouvre, dans un enfoncement, une chapelle très ancienne dédiée à saint Sébastien et à sainte Catherine de Sienne (1). Elle contient un autre trésor, c'est le crucifix si fameux dans l'histoire du bienheureux Bernard. Il est placé derrière le tabernacle, et disposé de trois quarts, de manière à ce qu'une belle peinture sur fresque du Bienheureux à genoux semble lui faire face. Cela forme un coup d'œil saisissant; on croirait assister à la scène de l'extase, où l'on vit le serviteur de Dieu soulevé à la hauteur du crucifix, le couvrant de baisers, et entamant avec lui un doux colloque. Le soir, à la lumière de quelques cierges, la tête mourante du Sauveur si pleine de tendresse, et la figure extatique du Bienheureux se détachent avec un relief étrange et semblent palpiter sous vos yeux.

Entrons maintenant dans le chœur des moines qui occupe toute la grande nef jusqu'au transept. C'est là qu'on admirait avant la Révolution les inimitables stalles en marqueterie, ouvrages du vénérable Frère Jean de Vérone (2). A cette époque funeste, elles furent en grande partie enlevées et transportées à la cathédrale de Sienne dont elles forment l'un des

(1) On aime à constater la dévotion des moines olivétains pour sainte Catherine qui leur avait porté une affection si particulière. Cette chapelle fut construite en l'an 1470. La sainte venait d'être canonisée par Pie II.

(2) Frère Jean de Vérone vécut et mourut en odeur de sainteté ; c'est ce qui fit attacher à son nom la qualification de *vénérable*. Il fut vraisemblablement prêtre. Prêtre, artiste, saint, quelle belle synthèse !

plus beaux ornements. Quand ils rentrèrent dans leur abbaye, les moines les réclamèrent en vain, mais ils obtinrent en remplacement celles que le même frère avait travaillées pour le monastère de Saint-Benoît de la ville, et qui, bien que plus petites, portent le cachet de perfection du maître. Il est impossible de pousser plus loin le fini des détails, de mieux varier les arabesques et les scènes, de mieux donner l'illusion des perspectives.

Au-dessus d'une porte latérale du chœur l'œil s'arrête avec émotion sur trois belles têtes de moines peints en buste sur fresque : elles représentent le bienheureux Bernard et ses deux premiers compagnons, Patrice Patrizi et Ambroise Piccolomini. La porte donne sur le grand cloître, qui se déploie, immense et magnifique, au midi de l'église. La partie qui regarde l'occident fut bâtie avant celle-ci ; le grand carré se continua et se ferma après son achèvement, de l'an 1426 à l'an 1447. Il était en pleine harmonie, pour la hauteur et la grandeur, avec sa belle nef. Dès lors l'abbaye de Mont-Olivet se trouva créée dans ses parties essentielles et vraiment constitutives.

Le cloître de Mont-Olivet est un des plus remarquables que l'on connaisse, par ses belles proportions d'abord, puis, par les fresques merveilleuses qui se déroulent le long de ses murs. Elles sont dues au pinceau de deux artistes célèbres de la fin du XVe siècle, Luca Signorelli et Antonio Razzi, dit le Sodoma. Tous deux ont produit des chefs-d'œuvre, et des chefs-d'œuvre qui ressortent mieux encore par le contraste. La manière de Luca Signorelli est plus grave et plus savante ; celle du Sodoma, plus souple, plus éblouissante de verve. Le premier excelle à saisir et à creuser les types ; le second, à varier et à mouvementer les scènes. Tous deux ont réussi à charmer les yeux et à intéresser l'esprit. Sans doute, en ces compositions, le sentiment religieux est trop dominé par le sentiment artistique ; toutefois, malgré les légèretés malicieuses dont le pinceau du Sodoma les a égayées à l'endroit des moines (ce qui prouve leur indulgence et leur bon caractère), elles n'ont rien, absolument rien qui soit messéant dans la maison de Dieu.

On n'attendra pas de nous une analyse détaillée de ces peintures. De même, nous ne conduirons pas le lecteur dans les corps de logement qui bordent le cloître, non plus que dans ceux qui furent ajoutés à ce noyau du monastère par la succession des temps. Autrement ce chapitre deviendrait facilement un volume. Contentons-nous de dire qu'à la suite du grand cloître se trouvent encore deux autres cloîtres plus petits, sans peintures, mais ayant chacun leur cachet ; que tous les lieux réguliers, salle capitulaire, petit et grand réfectoire, sont vraiment grandioses. La bibliothèque mérite une mention spéciale ; précédée d'une antichambre ornée de belles fresques, fermée par une porte à deux battants merveilleusement sculptés, elle s'ouvre sous forme d'une petite basilique à trois nefs, et atteste hautement l'estime pour la science qui était de tradition dans la congrégation olivétaine.

Un fait historique donnera, mieux que toute description, une idée de l'immensité de l'abbaye. L'an 1536, Charles-Quint voulut la visiter; il y amena une suite qui fut évaluée à 2.000 hommes. Or, tout ce monde put loger, soit dans le monastère lui-même, soit dans les dépendances. L'empereur fut émerveillé et charmé de la réception des moines.

Aujourd'hui toute cette vaste étendue de bâtiments est vide. L'abbaye est passée par la violence dans les mains de l'Etat italien. Un vénérable abbé et quelques moines y demeurent seuls, mais à titre de gardiens. Cette solitude, qui ressemble à une mort, a quelque chose qui navre le cœur. Et pourtant, pendant que nous parcourions ce dédale de corridors déserts et de salles inoccupées, un rapprochement se faisait dans notre esprit, et adoucissait un peu l'amertume de nos pensées. Ces édifices sacrés n'ont plus, il est vrai, leurs pieux habitants d'autrefois, avec leurs blancs vêtements; mais au moins ils ne sont pas pollués par la présence de ces malheureux que la société rejette de son sein, et qu'elle voue à une vie d'expiation ordinairement sans repentir. Mont-Olivet n'est pas devenu, comme Clairvaux, une prison publique.

Le long de ses cloîtres, dans ses vastes corridors, sous les sapins et les cyprès de son enceinte, on peut goûter à loisir la douceur d'un recueillement religieux, on peut savourer la paix d'une solitude toute parfumée de grands souvenirs; l'esprit est à même de déployer ses ailes, et de peupler l'avenir avec les visions du passé. Nous nous rappelons en particulier une certaine *loggia* ou galerie, située à l'étage supérieur du monastère, dans la partie du midi, au-dessus des précipices qui, à cet endroit, semblent encore plus escarpés et plus inaccessibles. De là-haut notre regard planait sur une vaste campagne toute silencieuse, arrosée par les feux d'un soleil brûlant. Quelle tranquillité ! quel éloignement du monde ! quel tête-à-tête avec Dieu ! Les regrets et les espérances se mêlaient dans notre cœur, et y produisaient je ne sais quelle douleur délicieuse, je ne sais quelle joie profonde dont nous étions tout pénétré.

Cependant l'enceinte du monastère n'est pas seule à offrir de pieux et grands souvenirs. Toute la colline en est remplie. Çà et là apparaissent à demi-cachées dans la verdure des sapins et des oliviers, des chapelles disséminées sur le double versant du promontoire d'Accona. Les deux plus remarquables se font suite l'une à l'autre au nord de l'église. La première est dédiée au bienheureux Bernard ; elle recouvre l'entrée de la grotte où il a inauguré sa vie pénitente ; cette grotte a été élargie et agrandie, elle est recouverte d'un revêtement de marbre : elle ne laisse pas, même en cet état, de saisir les yeux et le cœur. Soulevant un des carreaux du pavage, le pèlerin prend par dévotion quelques pincées de terre de ce lieu béni ; et on raconte que maintes fois cette terre a opéré des choses merveilleuses. Un peu au delà de ce premier sanctuaire, est une autre chapelle consacrée à sainte Scholastique, et élevée sur l'emplacement de l'oratoire primitif du Bienheureux ; elle est ornée de suaves peintures, qui rappellent la manière du Pinturicchio l'émule de Raphaël, et qui sont en réalité de frère Antonio simple convers olivétain.

Durant ces allées et venues au monastère et dans l'enceinte de la colline, une question ne cesse de s'imposer à l'esprit et au cœur : où donc reposerait le corps du Bienheureux ? Nous allons essayer d'y répondre d'après les données les plus probables.

Il y a dans la grande abbaye un lieu que l'on pourrait appeler fatidique. Il est marqué par la porte latérale qui du chœur des moines donne sur la partie contiguë du grand cloître. Au-dessus de la porte sont représentés les trois fondateurs de la congrégation. Là où est le chœur, le Bienheureux eut la vision de l'échelle d'argent que nous avons racontée dans sa vie ; à proximité de la porte, d'après une tradition également constante, il vit apparaître saint Michel chassant les démons qui entravaient la construction de la première église. C'est en ce lieu, à savoir sous les arceaux contigus du grand cloître ; c'est en ce lieu, où le ciel se plut à lui communiquer les secrets de l'avenir, que le bienheureux Bernard attendrait la résurrection glorieuse avec ses deux compagnons Patrice et Ambroise.

Cette partie du cloître n'est pas décorée de fresques, ou du moins elles ont été détruites. Tout récemment le vénérable abbé, gardien de Mont-Olivet, a fait déposer dans une niche pratiquée au milieu du mur une très gracieuse statue gothique de la Sainte Vierge, œuvre, dit-on, du frère Jean de Vérone. Elle semble veiller sur l'emplacement mystérieux qui cacherait le corps de son serviteur. On a l'intention d'y faire des fouilles. « La Sainte Vierge les conduira « et les bénira », nous dit le vénérable abbé en levant les yeux vers l'image de Marie (1).

Ce serait un grand jour pour la congrégation olivétaine, que celui où son glorieux fondateur se lèverait de sa sépulture, en écartant les ombres dans lesquelles il se tient couché depuis plus de trois siècles. Il disparut dans les moments où ses enfants commençaient à déchoir de leur ferveur primitive ; une tradition porte qu'il reparaîtra à leurs yeux, lorsqu'ils y reviendront avec un saint courage, lorsqu'ils seront de nouveau, à l'imitation de leurs devanciers, *des hommes de grande oraison, ayant à un haut degré l'esprit de componction et de pénitence.* Les deux événements sont dépendants l'un de l'autre : en reprenant le pur esprit de leur père, les enfants mériteraient de retrouver son saint corps.

Ces précieuses reliques reparaissant à la lumière, ne peut-on pas espérer que Dieu les illustrerait par de grands miracles, et que désormais la canonisation du serviteur de Dieu serait facile ? Mais nous nous arrêtons dans cette expression, peut-être un peu naïve, de nos désirs et de nos espérances. Nous parlons en enfant du Bienheureux ; notre langage sera compris et nos vœux seront partagés.

En terminant cet ouvrage, nous nous tournerons vers notre père, et nous lui dirons :

(1) Voir, sur les recherches dont le corps du Bienheureux fut l'objet à diverses reprises, la note vi à la fin du volume.

O bienheureux Bernard, fidèle serviteur de la Sainte Vierge, amant de la croix du Sauveur, héros de pénitence et martyr de charité, jetez les yeux sur l'humble famille religieuse qui est réunie en votre nom et sous vos auspices. Soutenez-la dans les efforts qu'elle fait pour réaliser l'idéal de vie parfaite, et vraiment bénédictine, que vous lui avez tracé par vos exemples. Donnez-lui de garder la pureté sans tache, représentée par les blancs vêtements dont elle est héritière. Augmentez en elle, de plus en plus, l'esprit d'abnégation et de sacrifice, l'esprit de paix et de concorde fraternelle, qui est symbolisé par votre croix rouge et par vos rameaux d'olivier. Faites passer dans tous nos cœurs les saintes amours qui ont fait battre le vôtre pour la Vierge Marie et pour Jésus crucifié.

Et puis, ô père très aimé, ne permettez pas que vos restes saints demeurent toujours dérobés à la dévotion de vos enfants ; que cette perle précieuse, cachée depuis de trop longues années, reparaisse enfin, soit remise en lumière, et exposée à la vénération de tous !

Hâtez aussi le jour où votre sainteté, déjà reconnue et sanctionnée par l'Eglise, sera proclamée plus solennellement encore par la voix du Père des fidèles.

Enfin reprenez possession de cette grande abbaye que vous avez fondée, et que vous avez tant aimée. Dissipez la nuée qui l'enveloppe d'un voile de deuil. Ramenez-y en triomphe les blanches légions de vos enfants. Que la sainte colline retentisse, comme autrefois, du chant victorieux des psaumes, et de la pure mélodie de la prière liturgique. Qu'elle voie ses fils surgir en foule à ses côtés, et que d'autres non moins nombreux accourent vers elle des plages lointaines. Que Mont-Olivet redevienne en un mot le foyer de la vie de l'ordre, et un foyer d'édification pour toute l'Eglise !

FIN

APPENDICE

—

NOTES ET DOCUMENTS

———

NOTE I

Les sources de l'histoire du B. Bernard Toloméi.

I

1° *La chronique abrégée d'Antoine de Barga (manuscrite).*
— Antoine de Barga fleurit dans la première moitié du
xvᵉ siècle. Il put connaître quelques-uns des contemporains
du bienheureux Bernard. Il fut le compagnon du vénérable
Bernard de Verceil dans la fondation des monastères de
Hongrie. De retour en Italie, il remplit la charge de visiteur
de l'ordre. Il mourut avec une réputation de sainteté qui fit
attacher à son nom la qualification de *Vénérable*. C'est à la
sollicitation d'un ami, messire Jean de Marca Nova, qu'il
écrivit la chronique dont nous parlons. L'auteur délimite
nettement le sujet qu'il s'est proposé : il n'entend parler que
des origines et des premiers accroissements de la congrégation olivétaine ; il déclare réserver pour un autre livre,
qu'il n'a pu écrire, le récit des miracles des premiers pères
et la mention des ouvrages par eux composés. Il atteste avoir
tiré les éléments de sa chronique soit des archives de Mont-
Olivet, soit des témoignages des anciens, soit de l'inspection
des lieux faite par lui-même.

L'ordre attache un grand prix à cette chronique écrite d'un style simple et pur, empreinte d'un accent de véracité et de piété très remarquable. Elle est mentionnée, avec les plus grands témoignages d'estime, par les historiens olivétains Lancellotti (*Hist. Olivet.*, lib. I, p. 42, 43) et Belforti (*Chronol. brevis*, p. 4). Le vénérable auteur la composa, non pas à Mont-Olivet, mais au monastère de Prato, lieu de sa résidence. C'est ce qui explique qu'il a pu, en deux ou trois endroits, s'y glisser quelque confusion dans l'ordre des faits. Quant aux omissions, elles ne doivent surprendre personne après les déclarations de l'auteur.

2° *La chronique de Mont-Olivet* (*manuscrite*). — Cette chronique fut commencée sur la fin du xv° siècle, et continuée sans interruption jusqu'à la fin du siècle dernier ; elle reprend l'histoire de l'ordre à son berceau ; elle est d'un grand intérêt et d'une incontestable autorité. La partie qui concerne le bienheureux Bernard respire la simplicité religieuse des temps primitifs. Le moine anonyme qui l'a composée déclare avoir consulté des documents très anciens et parfois tout en lambeaux (*sic*) qui se trouvaient aux archives de Mont-Olivet.

Pour le fond des choses, cette chronique est pleinement d'accord avec le récit d'Antoine de Barga. Seulement çà et là elle rétablit l'ordre et la suite des événements ; enfin elle retrace, avec un grand charme de détails, la guérison miraculeuse du Bienheureux, ses rapports avec Guy d'Arezzo, la vision de celui-ci, le premier établissement de Mont-Olivet, les circonstances de la mort du saint fondateur ; toutes choses omises ou traitées succinctement par Antoine de Barga, pour les raisons que lui-même a pris soin d'expliquer.

En un mot, cette précieuse chronique résume la tradition de l'ordre.

3° *L'histoire olivétaine de Lancellotti* (*Venise, 1623*). — Dom Secondo Lancellotti, abbé du monastère de Pérouse, est l'écrivain le plus fécond de la congrégation olivétaine. Entre autres ouvrages, il composa, sous le titre de *Acus nautica*, une sorte d'Encyclopédie, dont parle avec éloge Tiraboschi dans son *Histoire de la littérature* ; il vivait au commencement du xvii° siècle, et, détail intéressant ! il mourut en

l'an 1644 à Paris, où il s'était rendu pour la publication de
son Encyclopédie. La diète de 1614 le chargea en quelque
sorte officiellement de consulter toutes les archives de la
congrégation, aux frais des monastères, à l'effet de composer
son histoire olivétaine. L'ouvrage coûta à son auteur neuf
ans de recherches. Il est divisé en deux livres, dont le premier est consacré tout entier à Mont-Olivet. Il est remarquable par la beauté de l'élocution non moins que par l'abondance des recherches. On y trouve plusieurs pièces fort
curieuses, et qu'il faut être reconnaissant à l'auteur d'avoir
dérobées à l'oubli. Notamment en ce qui touche les fondations
du Bienheureux, Lancellotti est une mine de renseignements
les plus circonstanciés et de tout point inattaquables. On peut
voir que nous l'avons mis largement à contribution dans
notre ouvrage.

Les trois sources que nous avons indiquées sont incontestablement pures ; elles s'accordent très bien pour le fond des
événements, il n'y a que des divergences de détail. En com-
plétant ces trois écrits l'un par l'autre, on a tous les grands
traits et pour ainsi dire la charpente entière de la vie du
Bienheureux.

II

Le commencement du xviiᵉ siècle vit surgir une quatrième
source, où puisèrent largement, pour les détails de la vie du
Bienheureux, les écrivains subséquents, tels que Domenico
Beccoli, Carpentieri, Oralli, Bossi, etc., sans parler du poème
en vers héroïques de D. Bonaventura Tondi. Il s'agit de la
Vie du saint abbé écrite par Grégoire Lombardelli domini-
cain, d'après un manuscrit malheureusement perdu d'un P.
Jean Baptiste de Populonia, également de l'ordre de saint
Dominique et contemporain des origines de Mont-Olivet.

Nous pourrions nous dispenser de parler de cet ouvrage
que nous n'avons pu nous procurer. Mais ayant consulté et
suivi plusieurs auteurs qui l'ont mis à contribution, nous
dirons les *réflexions* qu'il suggéra à un moine olivétain dans
les circonstances que voici.

En l'an 1746, un moine de la congrégation olivétaine, D. Alessandro Bossi, publia une vie du Bienheureux, vraiment sobre et vraiment pieuse, que nous avons lue avec beaucoup d'intérêt et d'édification. Cet ouvrage fut vivement attaqué, dans les *Nouvelles de Florence*, par un certain abbé Lamy, pseudonyme sous lequel se cachait un érudit de Sienne. Le pseudo-abbé semait le doute sur les principaux faits de la vie du Bienheureux, comme si Grégoire Lombardelli eût été le seul à les raconter, et comme s'il eût traité le sujet en romancier et non en écrivain sérieux. Les pages mordantes du journal florentin tombèrent entre les mains d'un savant moine olivétain, D. Besozzi, qui se mit à les réfuter. Cette réfutation, intitulée : *Réflexions sur les Nouvelles de l'abbé Lamy, à l'occasion de la vie du B. Bernard Toloméi publiée par Alessandro Bossi*, ne laisse rien à désirer sous le rapport de l'érudition et des recherches. Elle projette une lumière qu'on peut appeler triomphante sur la vie du saint fondateur de Mont-Olivet, et la met en pleine évidence historique. Ce travail, qui n'a jamais été imprimé, pourrait former un juste volume ; nous en parlons sur la foi d'une copie qui nous a été communiquée par l'obligeance des PP. olivétains d'Italie. Nous allons en donner un résumé forcément trop bref ; la Vie du bienheureux Bernard y gagnera singulièrement en autorité dans l'esprit de ceux qui nous liront.

III

Voulant établir que la vie du Bienheureux se réduit à très peu de faits suffisamment attestés, le critique des *Nouvelles* met en avant l'argument négatif, à savoir le silence presque complet de la chronique siennoise, insérée dans le recueil du célèbre Muratori, à l'endroit du bienheureux Bernard. — Dom Besozzi prend cette chronique, et, la passant en revue, il n'a pas de peine à faire ressortir sa sécheresse désolante et en quelque sorte affectée en ce qui concerne l'histoire religieuse de la ville ; on peut franchir tout un siècle, sans rencontrer le nom d'un seul évêque ; c'est à peine si le bienheureux Ambroise Sansédoni, le bienheureux Jean Colombini, et sainte Catherine elle-même, qui remplirent la ville de l'éclat de leurs vertus, obtiennent une mention insignifiante : comment s'étonner que le bienheureux Bernard Toloméi ne soit pas mieux traité, lui dont la vie religieuse s'écoula dans un désert? Deux des auteurs de la chronique, au rapport de Muratori, étaient des *legrittieri,* mot qui signifie à la lettre *ravaudeurs de vieux vêtements.* Ils étaient plus au courant des commérages de la place, que des faits édifiants de Mont-Olivet ou de tout autre couvent ou monastère.

Le savant olivétain passe ensuite à l'examen de cette question : Comment les moines de Mont-Olivet n'ont-ils pas écrit la Vie de leur père, dans les années qui suivirent immédiatement sa mort? Il montre que beaucoup d'autres ordres, même plus marquants, pourraient encourir un semblable reproche, en ce qui touche la mémoire de leur fondateur; que l'horrible peste de 1348, et la désorganisation qui s'ensuivit dans la congrégation, expliquent très suffisamment le silence des moines; enfin que les notes, dans lesquelles ils auraient fixé leurs souvenirs, ont pu être perdues, lors de la reconstruction totale du monastère au commencement du xve siècle. Il étudie ensuite la chronique de Mont-Olivet, qui, dans sa première rédaction, date de la fin de ce siècle, et fait valoir son autorité comme organe de la tradition olivétaine; il donne des détails sur la manière dont elle fut composée, le rédacteur anonyme avait sous les yeux des pièces fort anciennes qui tombaient de vetusté. — Le critique des *Nouvelles* semble ignorer complètement l'existence de cette chronique, ainsi que de celle plus ancienne encore d'Antoine de Barga; s'il les eût connues, il eût sans doute avoué la valeur historique de ces documents.

D. Besozzi en vient ensuite à l'examen de la Vie du Bienheureux écrite par Grégoire Lombardelli de l'ordre de saint Dominique, d'après le manuscrit du P. Jean Baptiste de Populonia du même ordre. Tout d'abord il convient de dire que le P. Grégoire Lombardelli n'est pas le premier venu; au témoignage d'Echart, dans la *Bibliothèque des écrivains de son ordre* (Tom. II, p. 384), il remplit les fonctions de maître en théologie, de visiteur général pour la province romaine, de consulteur du Saint-Office pour le diocèse de Sienne, et il fut à plusieurs reprises proposé par le grand-duc de Toscane pour l'épiscopat. Il est vrai, Echart, tout en le louant de son zèle pour les recherches historiques, tout en reconnaissant les services qu'il a rendus à l'hagiographie, exprime le regret qu'il n'ait pas fait un choix assez judicieux des matériaux dont il s'est servi pour la composition de ses nombreux ouvrages, et surtout qu'il n'ait pas produit suffisamment ses autorités. Voyons si Lombardelli mérite ce reproche, en ce qui concerne la Vie du bienheureux Bernard ; à examiner les choses en dehors de tout préjugé, il semble que non.

Il cite ses autorités ; c'est une Vie composée par le P. Jean Baptiste de Populonia, dominicain, d'après les documents que lui fournit son frère, nommé Guillaume, moine olivétain ayant vécu sous la discipline du bienheureux Bernard ; cette Vie lui fut communiquée par l'obligeance du révérend et illustre seigneur Louis Falugi Pistrino, abbé et curé de Piombino ; il s'aida pour la déchiffrer de son frère Horace Lombardelli, professeur d'éloquence à l'académie de Sienne ; enfin il soumit son ouvrage aux approbations de l'inquisiteur et du vicaire général de Sienne, qui durent le confronter avec le manuscrit d'où il l'avait tiré. Or, nous le demandons, est-il admissible que Lombardelli, religieux honoré de l'estime publique, ait voulu se compromettre, avec tant de personnages vénérables, dans une grossière supercherie littéraire ? On s'explique parfaitement que le livre du P. dominicain, muni d'autorités si respectables, ait pu figurer au procès de béatification du fondateur de Mont-Olivet, sans que personne ait élevé la moindre protestation contre lui.

Le critique des *Nouvelles* ne s'embarrasse pas pour si peu ; il déclare carrément que le P. de Populonia, et son frère Guillaume moine olivétain, sont des fantômes éclos dans le cerveau de Lombardelli, tout comme, ajoute-t-il, le P. Christophe Toloméi, éducateur du bienheureux Bernard en son enfance d'après le récit de cet auteur. — D. Besozzi le suit sur ce terrain de négation quelque peu audacieuse ; il compulse avec un zèle infatigable les archives tant du bailliage de Sienne que du couvent de saint Dominique de cette ville, et il réussit à découvrir plusieurs fois le nom du P. Christophe Toloméi, qui est même qualifié prieur. Il ouvre le nécrologe de Mont-Olivet, et y trouve le nom de deux moines appelés Guillaume de Piombino, morts dans la dernière moitié du xiv° siècle ; or Piombino se nomme aussi Populonia, comme on le voit par les commentaires de Pie II ; nous tenons donc le moine Guillaume, frère du P. Jean Baptiste de Populonia. Quant à celui-ci, D. Besozzi n'a pas réussi à découvrir sur lui des renseignements directs ; mais il atteste tenir de la bouche du noble comte Germanicus Toloméi, et de la comtesse Térésa, que la Vie écrite par le P. de Populonia se trouvait dans la bibliothèque de leur père d'où elle disparut on ne sait comment.

Il résulte de toute cette dissertation qu'il y eut réellement une Vie du bienheureux Bernard, écrite par un contemporain ; et par suite que la Vie du même écrite par Grégoire Lombardelli n'est pas un roman, mais un ouvrage consciencieux, et que l'on peut, sans heurter les règles d'une sévère critique, l'utiliser comme document.

IV

Le critique des *Nouvelles de Florence* ne s'était pas borné à des arguments négatifs ; il avait prétendu prouver par des arguments positifs la fausseté intrinsèque de la Vie communément reçue du Bienheureux, toujours d'après l'idée préconçue qu'elle était tirée uniquement d'un récit apocryphe. Dans une suite de dissertations, où la plus parfaite modération s'allie à l'érudition la plus sûre d'elle-même, D. Besozzi reprend un à un tous ces arguments, et les pulvérise ; on conçoit combien l'authenticité de la Vie du Bienheureux s'en trouve consolidée par contre-coup.

Nous allons résumer ces dissertations du savant olivétain.

La première porte sur la famille maternelle du Bienheureux. D'après le critique, l'union d'un Toloméi avec une Tancrédi eût été une mésalliance. D. Besozzi établit, avec un vrai luxe d'érudition, que la famille Tancrédi était dès lors comptée parmi la noblesse, et qu'elle tenait un rang notable dans l'état de Sienne.

La seconde vise le nom de baptême du Bienheureux. L'écrivain des *Nouvelles* prétendait que jamais il ne s'était appelé Jean, et que son changement de nom était une fable. D. Besozzi cite trois vieilles chroniques siennoises, qui mentionnent en termes exprès ce changement ; le récit de Sigismond Tizio, qui écrivait à la fin du xvᵉ siècle, est conforme à leurs témoignages ; enfin, les chroniques de l'ordre y ajoutent le poids de leur autorité. Ce point d'histoire est mis hors de doute.

La troisième est relative à la confrérie de Saint-Ansan qui, selon le critique, n'existait pas au temps du Bienheureux. L'auteur des *Riflessioni* montre, par des témoignages incontestables, qu'elle fleurissait au commencement du xvᵉ siècle ; on ne voit pas ce qui répugne à lui assigner une origine plus reculée. Saint Ansan avait une église à Sienne au commencement du xᵉ siècle ; il était l'un des patrons de la ville ; en un temps où, comme le rapporte l'historien du bienheureux Sansédoni, Sienne était remplie de pieuses confréries, comment s'étonner que l'une d'elles ait été placée sous le vocable du saint martyr ? Et peut-on exiger que chacune ait laissé des traces dans l'histoire locale ?

La quatrième a trait à l'université de Sienne. C'est un monument de vraie science. Nous l'avons résumée au quatrième chapitre de notre première partie ; nous n'y reviendrons pas.

La cinquième traite des charges que le Bienheureux aurait remplies dans son pays. Ici nous confessons, avec D. Besozzi, que la plupart de ses historiens récents ont pris le change. Ils le font *capitaine du peuple* à Sienne, ce qui ne put être. Mais cette erreur est explicable ; elle a pu provenir d'une confusion dans les emplois que le Bienheureux exerça. Semblable méprise n'est pas rare parmi les historiens les mieux renseignés, témoin celui du bienheureux Colombini qui tombe absolument dans la même erreur.

La sixième se réfère à la retraite du Bienheureux au désert. Le chroniqueur de Sienne, Agnolo Tura, se contente de la mentionner sans aucun détail : de là, le critique des *Nouvelles* se croit autorisé à taxer de fausseté le récit de la guérison miraculeuse du Bienheureux, et de son discours sur le mépris du monde. Or, ce récit figure tout au long dans la chronique de Mont-Olivet, dans la petite chronique de Nocéra, dans Sigismond Tizio chroniqueur siennois, ajoutons et dans le poème du Tasse intitulé *L'Uliveto*, tous auteurs antérieurs à la Vie éditée par Lombardelli. De plus, la faiblesse de vue du saint abbé ressort des pièces authentiques relevées par Lancellotti. En voilà assez, pensons-nous, pour justifier la véracité des faits en litige.

La septième est relative à la vision de l'échelle. Même abondance de témoignages : Antoine de Barga, chronique de Mont-Olivet, petite chronique de Nocéra, Sigismond Tizio, Lancellotti.

La huitième roule sur le voyage d'Avignon. D. Besozzi montre courtoisement à son adversaire, qu'il fallait n'avoir jamais étudié les choses olivétaines, pour prétendre que Grégoire XI eût le premier approuvé la congrégation. Il lui met sous les yeux les actes de Jean XXII et de Clément VI qui la visent, et finalement qui l'approuvent solennellement. Il établit que la démarche auprès du Siège apostolique, faite en personne par le bienheureux Bernard, est pleinement conforme à l'esprit et aux circonstances des temps. La communauté d'Accona devait ou se dissoudre, ou être approuvée. Nous avons suivi de point en point cette dissertation dans notre ouvrage. — Ajoutons que le voyage du Bienheureux à Avignon est relaté par les anciens auteurs, bien qu'il y ait quelque divergence sur l'époque de ce voyage.

La dernière dissertation porte sur la mort du saint abbé. Le critique s'était émerveillé qu'il ait pu se produire un concours de peuple autour de ses restes sacrés, alors que tout le monde était attéré par la peste. D. Besozzi fait voir la vraisemblance du fait par ce qui se passa, au témoignage

des chroniques siennoises, à la mort du podestat de Sienne
également enlevé par le fléau. Si ce personnage, nonobstant
le trouble de la ville, fut inhumé avec tous les honneurs dus
à sa dignité, pourquoi le peuple ne serait-il pas accouru
autour d'un saint qui mourait victime de sa charité ? Cette
émotion si naturelle de la ville est relatée par la chronique
de Mont-Olivet, qui mentionne succinctement les miracles
opérés à cette occasion.

Concluons avec le savant olivétain. Le récit de la vie du
Bienheureux, tel que le présentent les *Acta Sanctorum*, est
entouré de toutes les garanties d'authenticité et de véracité
désirables. Et ces garanties n'existent pas seulement pour
les faits principaux de cette belle vie, comme nous venons
de le montrer ; mais encore pour les faits secondaires,
comme par exemple les miracles et les révélations. Quand
un miracle est relaté avec les circonstances précises de lieu,
de temps et de personnes, dans lesquelles il s'est produit ;
quand une vision est contresignée par la tradition qui nous
dit que tel lieu ou tel objet en garde le souvenir : pourquoi
hésiterions-nous à ajouter foi à ces faits surnaturels ? Or,
tous les miracles, toutes les visions du bienheureux Bernard,
vision de l'échelle d'argent, apparition de saint Michel, colloques avec le crucifix, se présentent à nous dans ces conditions. Quant aux autres faits, ils résultent tous soit de
témoignages multiples, soit de pièces authentiques ; et on
ne saurait les mettre en doute, sans ruiner les fondements
de la certitude historique.

V

Nous ne saurions terminer cette note sur les sources de
l'histoire du B. Bernard Toloméi, sans mentionner un beau
travail historique du célèbre écrivain siennois, Jean Antoine
Pecci, sur ce grand serviteur de Dieu. Il est écrit sous forme
de lettre à un abbé olivétain.

Après avoir attesté la haute vénération de la ville de
Sienne pour le saint fondateur de Mont-Olivet, et relevé

l'excellence de ses mérites, l'auteur se demande pourquoi sa retraite au désert n'est pas racontée avec détails dans les chroniques du temps. Il est d'opinion que, sans doute, plusieurs écrits contemporains furent perdus ; mais il pense aussi que les témoignages parvenus jusqu'à nous établissent surabondamment la sainteté du bienheureux Bernard ainsi que les principaux traits de sa vie. Il cite notamment la chronique de Bisdomini, auteur contemporain de la fondation de Mont-Olivet ; on y trouve la mention expresse de la conversion de Jean Toloméi, de sa guérison miraculeuse par la Sainte Vierge, de son changement de nom, de ses deux premiers compagnons ; enfin, de la fondation de Mont-Olivet qui est qualifiée miraculeuse. Que veut-on de plus ? On possède là toute la substance des faits qui marquèrent les origines de la congrégation olivétaine.

Le docte auteur s'étend ensuite sur les rapports des moines olivétains avec les magistrats de la ville de Sienne. Nous ne le suivrons pas dans cette partie de son travail, qui sort de notre sujet. Qu'il nous suffise de dire que la garde du trésor public fut confiée, à Sienne, à des moines olivétains conjointement avec des camaldules ; et qu'ils présidaient comme assesseurs aux élections des principaux officiers de l'Etat. Telle était la confiance illimitée des Siennois dans les enfants du bienheureux Bernard !

Aussi, ne faut-il pas s'étonner si, dans le compte rendu officiel d'une séance du bailliage de Sienne, le 8 août 1457, on trouve la qualification suivante appliquée à l'ordre olivétain : *religion très célèbre fondée dans la contrée siennoise par un citoyen de Sienne, homme très saint.* Le chevalier Pecci relève avec raison l'importance exceptionnelle de ce témoignage rendu à la sainteté du Bienheureux par ses concitoyens. En homme qui a scruté jusqu'à la dernière ligne les archives de la cité, il affirme que nulle part aucun des saints ou bienheureux siennois n'est ainsi appelé *très saint, sanctissimus,* dans un acte public.

L'éminent érudit termine son travail en dressant un long catalogue d'auteurs, tous étrangers à la religion olivétaine, et qui ont rendu hommage à la sainteté de son fondateur.

En tenant compte de ce fait qu'il s'appuie uniquement sur
des documents relatifs à l'histoire locale de Sienne et qu'il
laisse de côté les sources proprement olivétaines, on conviendra que sa dissertation ajoute un vrai lustre à l'histoire
du Bienheureux, et corrobore singulièrement les assertions
et les arguments du critique olivétain D. Besozzi. Et c'est
pourquoi nous avons voulu en donner un aperçu.

NOTE II

Les biens patrimoniaux du bienheureux Bernard.

Le bienheureux Bernard, avons-nous dit, en se retirant
à Accona, distribua ses biens aux pauvres, afin de mener
lui-même la vie des pauvres ; toutefois, ne voulant pas tenter
la Providence, il se réserva, suivant Antoine de Barga, quelques petites possessions (*possessiunculæ*) desquelles il tirait
sa subsistance, ainsi que du travail de ses mains.

D'après les renseignements puisés aux meilleures sources,
ces petites possessions n'étaient autre chose que le domaine
d'Accona lui-même, lequel comprenait, outre la colline de
Mont-Olivet, les terres immédiatement contiguës. Ces terres
furent grandement améliorées par le travail des moines.
Elles étaient, au moins pour une partie, plantées en vignes,
que les moines, comme il a été raconté, coupèrent et arra-
chèrent dans un moment de ferveur.

En même temps que le Bienheureux donnait Accona à la
communauté naissante, le vénérable Patrice lui donnait la
terre de Mélanino. Elle était située dans le district d'Asciano,
en un lieu nommé *Casa-bassa*, par conséquent à une distance assez notable de Mont-Olivet ; plus tard, elle fut attri-
buée en apanage au monastère de Saint-Benoît de Sienne,
comme il conste des archives de ce monastère.

Il ne paraît pas que pour lors la famille Piccolomini ait

fait quelque donation à la nouvelle abbaye ; mais plus tard, au témoignage de Pie II dans ses *Commentaires*, elle lui fit de grandes largesses.

Les domaines d'Accona et de Mélanino étaient certainement insuffisants pour l'entretien de la communauté de Mont-Olivet. Elle vivait en partie des aumônes des fidèles ; et puis aussi, elle fut puissamment aidée par les biens patrimoniaux qui échurent au bienheureux Bernard à la mort de son noble père. En quittant le monde, il avait renoncé à ce qu'il possédait pour lors ; mais il ne s'était pas désisté de ses droits à l'héritage paternel.

Voici la curieuse pièce qui figure dans l'ouvrage du chevalier Pecci, intitulé *L'Etat de Sienne antique et moderne.* (Partie III.)

« *Cossona ou Crissona, dans le val d'Orcia (aujourd'hui villa Forteguerri).*

« *Ce château, en l'an 1300, était en la possession de Mino, fils de Christophe Toloméi, père du bienheureux Bernard l'un des trois fondateurs de la congrégation olivétaine ; et celui-ci, tandis qu'il était abbé général de l'ordre, en l'année 1340, le vendit à la comtesse Andréa (Andréina), fille du comte Jacques Aldobrandeschi de Santa-Fiora, et femme de Bindo Toloméi.* »

Tout est fort intéressant dans ce document : la constatation que Mino Toloméi vivait encore au commencement du XIVᵉ siècle ; le nom de Christophe que portait son père, et qui passa au P. Christophe Toloméi, dominicain et éducateur du Bienheureux Bernard ; enfin, ce fait qu'en l'an 1340 le Bienheureux vendit un riche domaine paternel.

Il existe encore un autre document, d'après lequel le saint Abbé reçut le paiement d'une forte somme provenant d'un débiteur de sa famille. La pièce a passé sous les yeux d'un vénérable religieux de la congrégation, qui n'a pu la retrouver à temps pour nous en donner copie.

Est-il besoin de dire que ces deux faits n'ont rien qui porte atteinte à la haute idée que nous a donnée Antoine de Barga de l'esprit de pauvreté des premiers Pères de Mont-Olivet ? Le document suivant nous montrera combien cette pauvreté était excessive ; *il a été tiré par le chevalier Pecci du registre* des délibérations du Conseil qui régissait la municipalité de Sienne. Le 24 juin 1334, ce Conseil prenant en considération la vie méritante et le complet dénûment des religieux olivétains du monastère de Saint-Benoît situé aux portes de la cité, leur alloua une subvention annuelle de vingt-cinq livres par an, *pour servir à leurs vêtements :* subvention bien faible, dit l'auteur, si l'on considère la valeur de l'argent aujourd'hui, mais convenable et décente eu égard à l'époque. Un peu plus tard, en l'an 1361, le même Conseil leur vota une somme de soixante-quinze livres pour les aider à agrandir *l'église du monastère.*

Les libéralités des magistrats de Sienne ne se bornèrent pas au seul monastère de Saint-Benoît ; sur la fin du xivᵉ siècle, ils décrétèrent solennellement que le monastère de Mont-Olivet lui-même, avec ses dépendances, serait exempt des droits de gabelle et autres impôts, au même titre que les trois monastères de chartreux établis sur le territoire de la république.

NOTE III

Les moines français de la Congrégation olivétaine.

Etroitement centralisée autour de Mont-Olivet, la congrégation olivétaine ne se prêtait pas à une grande extension. Dans la Bulle de Clément VI qui est proprement sa charte de fondation, le pontife autorise l'abbé général à fonder des prieurés sous la dépendance de l'abbaye-mère, *mais seulement en Italie.* Cette clause restrictive eût pu facilement être levée par la bienveillance sans bornes de Grégoire XI. Mais les moines ne tenaient aucunement à franchir les Alpes ; on peut même dire qu'ils y répugnaient formellement. Les deux monastères fondés en Hongrie au commencement du xvᵉ siècle, grâce à l'empereur Sigismond, par le saint abbé

olivétain Bernard de Verceil, furent presque aussitôt abandonnés ; ou du moins la congrégation ne les compta plus
comme siens, par ce fait seul qu'étant en pays étranger, ils
ne pouvaient se faire représenter régulièrement aux comices
généraux.

Mais, si la congrégation n'eut pas de monastères hors de
l'Italie, elle compta dans son sein des moines de tout pays,
comme en fait foi le nécrologe de Mont-Olivet qui mentionne
à la fois leur lieu d'origine et le monastère auquel ils étaient
attachés.

Nous avons eu la curiosité bien innocente de relever les
noms des moines français de la congrégation ; si le frère
Marin de Paris n'y est pas mentionné, c'est qu'il mourut sans
doute avant la confection du nécrologe. Nous avons dit d'ailleurs que vraisemblablement il n'est pas complet, surtout
dans les commencements.

1352. Fr. Guillaume de Picardie.
1375. Fr. Guillaume de France.
1410. Fr. Léonard de France. — Fr. Jean de Bourgogne.
1417. Fr. Benoît de France.
1423. Fr. Guillaume de Picardie.
1425. Fr. Jacques de France.
1429. Fr. Benoît de France.
1453. Fr. Jean de France à Brescia.
1454. Fr. Jean de Picardie à Rome.
1458. Fr. Jean de Bourgogne.
1460. Fr. Baptiste de France, qui mourut à Viterbe dans le
        monastère des frères-mineurs ; il était procureur
        de notre ordre en cour romaine.
1461. Fr. Ange de France,   il mourut à Naples.
 id. Fr. Jean de France,   —   à Rome.
1464. Fr. Jean de France,   —   à Arezzo.
1465. Fr. Eustache de Picardie,   —   à Rome.
 id.   Jacques de Picardie, oblat,   —   à Ferrare.
1468. Fr. Pierre de France,   —   à Rome.
1478. Fr. François Pacifique de France, —   à Gubbio.
 id. Fr. Evangéliste de Picardie,   —   à Pistoie.

1478. Fr. Pierre de Picardie,	il mourut	à Arezzo.
id. Fr. Nicolas de France,	—	à Riperia (Padoue).
1479. Fr. Martin de France,	—	à Fabriano.
id. Fr. Mathias de Picardie,	—	à Bologne.
1471. Fr. Pascase de France, prieur de Bédagio, près de Milan, et procureur de l'ordre,	—	à Rome.
1486. Fr. Nicolas de France,	—	à Rome.
1497. Fr. Remi de France,	—	à Ascoli.
1498. Laurent de France, oblat,	—	à Sienne.
id. Fr. Paul de France, cellérier,	—	à Fondi.
1499. Fr. Vincent de France,	—	à Rome.
1500. Fr. Paul de Bretagne,	—	à Rome.
1501. Fr. Nicolas de France, maître des novices,	—	à Bédagio.
id. Fr. Martin de France,	—	à Naples.
1502. Fr. Jean-Baptiste de France,	—	à Naples.
1503. Fr. Jacques de Picardie,	—	à Rome.
1505. Etienne de France, oblat,	—	à Rome.
1506. Fr. Baptiste de France,	—	à Fabriano.
1523. Fr. Benoît de Bourgogne, convers,	—	à Rome.
1532. Fr. Antoine de Lyon, qui fut prieur et visiteur de l'ordre,	—	à Padoue.
1541. Fr. Jean de France, prieur,	—	à Tarente.
1547. D. Didier ou Désiré de France,	—	à Venise.
1597. D. Jérôme le français, prieur.		

Après cette date, on ne trouve plus un seul Français mentionné au nécrologe.

On peut constater que le moment où nos compatriotes affluèrent dans la congrégation fut la dernière partie du xvᵉ siècle. Il semble qu'il eût été facile alors d'envoyer en France des colonies olivétaines. L'heure n'était pas venue.

Il était réservé à notre siècle de voir la famille du Bienheureux Bernard prendre pied sur la terre française qui est et qui restera toujours, en dépit des fluctuations politiques, le royaume de Marie.

NOTE IV

Le Plaidoyer pour la canonisation du B. Bernard.

(Acta SS. Aug. Tom. V, p. 464-465.)

Le très illustre D. Jean-Baptiste Raynaldi, dans le discours qu'il prononça devant Innocent X, pour obtenir la
canonisation du B. Bernard Toloméi, après avoir énuméré
les vertus et les miracles de ce Bienheureux, démontra
comme il suit le culte immémorial qui lui était rendu : « La
« renommée de ces prodiges et d'autres encore publia la
« sainteté de Bernard. Voilà comment, Très Saint Père,
« partout où son nom fut connu, de temps immémorial, il fut
« vénéré, honoré et appelé saint (1). Cette tradition indis-
« continue est le plus grand des témoignages. Le temps dé-
« truit les réputations sans fondement, les rites mensongers,
« les solennités que l'impiété fomente et sanctionne ; et les
« années qui passent les ensevelissent sous leurs débris.
« Quant à l'édifice appuyé sur la vérité, ni le vent des per-
« sécutions, ni l'action destructive des siècles, ni la barbarie
« des tyrans ne pourront réussir à l'abattre et à l'anéantir.
« Nous comptons trois cents ans et plus depuis la mort de
« Bernard ; et, pendant tout ce temps la dévotion des fidèles
« et des peuples n'a pas cessé dans les principaux temples
« de son diocèse natal d'allumer des lampes à son tombeau,
« d'apporter des *ex-voto* à son autel, de faire fumer l'encens
« devant son image, de suspendre aux murailles les tableaux
« commémoratifs des grâces obtenues, de répandre à ses
« pieds des prières, des larmes et des aumônes. En un mot,
« soit parmi les olivétains, fils d'un père si illustre, soit

(1) Le Bréviaire monastique imprimé à Einsiedeln en 1753,
et approuvé par un bref de Clément XII, porte au 21 août
ces mots : *In festo S. Bernardi Ptolomæi, Abbat.*

« dans les pieuses assemblées des simples fidèles, le culte du
« saint abbé n'a jamais cessé d'être florissant ; tant il est
« vrai que la cité placée sur la montagne ne peut rester
« cachée ! La montagne, c'est l'Eglise militante, exposée aux
« foudres vaines de ses ennemis ; les cités, ce sont les saints
« qui, du haut lieu qu'ils occupent, versent une lumière sans
« ombre sur ceux qui les entourent.

« Il est digne d'attention que cette dévotion des fidèles en-
« vers le *bienheureux Bernard a été puissamment développée*
« par les témoignages que lui ont rendus des hommes, unis-
« sant à une probité sans tache l'éclat des hautes dignités
« et la distinction des lettres. *On compte jusqu'à vingt-quatre*
« auteurs qui, parlant de Bernard Toloméi, l'appellent homme
« saint, bienheureux ermite, fondateur d'une sainte religion.
« Je mentionnerai les principaux. Etienne Coppia, moine
« olivétain, rapportant les amples facultés accordées au bien-
« heureux abbé de son vivant par le chapitre général, atteste
« qu'à trois reprises il est appelé SAINT par ces saints reli-
« gieux. Le livre des annales de l'ordre, religieusement con-
« servé à Mont-Olivet, parle de lui dans les termes suivants :
« — Ce père saint, ayant reçu le viatique de la vie éternelle,
« ainsi que tous les sacrements de la sainte Eglise, assisté
« *par ses enfants qui psalmodiaient* et pleuraient, murmu-
« rant des paroles de prière, joyeux et exultant d'allégresse
« dans le Seigneur, rendit à son Créateur son esprit bien-
« heureux. — Enfin, Pie II, souverain *pontife, au livre XI de*
« ses commentaires, fait comme il suit son éloge : « Son
« nom fut Bernard ; plein de l'esprit de Dieu, il fut l'auteur
« de cette religion nouvelle et le fondateur de ce monastère,
« ses ossements sont l'objet d'un culte religieux. »

Ensuite le révérend avocat consistorial, qui fut plus tard
élevé sur la chaire épiscopale de Lucques, conclut en s'a-
dressant au souverain pontife : « C'est pourquoi, Très
« Saint Père, nous vous supplions humblement d'inscrire
« au nombre des saints ce pieux abbé, et de lui attribuer
« une messe et un office, comme c'est la coutume de l'Eglise
« romaine, dont vous êtes ici-bas la tête éclatante. Tout se
« réunit pour appuyer cette demande auprès de votre incor-

« ruptible justice ; et ce religieux monastère, rempli d'hom-
« mes très saints et très doctes, fondé par Bernard ; et les
« vertus prodigieuses de ce serviteur de Dieu ; et ses mira-
« cles insignes ; et son culte immémorial approuvé par la
« sacrée congrégation des Rites ; et les témoignages rendus
« à sa sainteté par d'illustres personnages. Enfin, l'ordre
« olivétain tout entier, postérité religieuse du très saint abbé,
« tombe à vos genoux, par mon entremise, et fait à votre
« bonté les plus vives instances, afin que vous placiez au
« catalogue des saints le nom de son fondateur, que l'Italie
« et les pays étrangers honorent avec dévotion, auquel les
« pieux fidèles adressent de tous côtés leurs hommages, que
« le grand patriarche saint Benoît et la Sainte Vierge elle-
« même, Reine de tous les saints, ont invité à monter au ciel,
« ont rendu certain de son salut éternel, ont emmené de
« concert pour jouir d'une gloire sans fin dans le sein même
« de Dieu. »

Traduit des Acta Sanctorum.

NOTE V

Sainte Catherine de Sienne et les Olivétains.

Il nous est doux d'entrer dans certains détails sur l'affection maternelle que sainte Catherine de Sienne ne cessa de
porter à la famille olivétaine.

Voici, d'après le nécrologe de Mont-Olivet, le nom des
religieux qu'on peut appeler plus spécialement les enfants
spirituels de l'illustre vierge. Nous citons textuellement :

« 1384. Le vénérable frère Nicolas Ghida de Sienne, qui
fut l'élève de sainte Catherine de Sienne ; initié par elle à
des secrets tout célestes, il parvint, par une sainte ingénuité
et une insigne candeur, au plus haut sommet de la vertu.

« *Même année.* Le vénérable frère Philippe Vannucci de

Florence, élève de sainte Catherine de Sienne ; cette sublime maîtresse lui fit prendre le chemin de la perfection monastique, et il brilla dans la famille olivétaine des rayons les plus éclatants d'une sainteté tout admirable.

« 1417. Frère Jean Bindi, élève de sainte Catherine de Sienne.

« 1423. Frère Jean Gerri, de Sienne, élève de sainte Catherine.

« 1410. Frère François Malavolti de Sienne. Il était extrêmement cher à sainte Catherine de Sienne, et ce fut sur ses conseils qu'il entra en l'an 1388 dans un monastère olivétain. Il fut le témoin oculaire de ses stigmates, et, méprisant les douceurs de la vie, il embrassa toutes les austérités de la pénitence. Son image est peinte avec une auréole dans l'église paroissiale de saint Pierre (vulgairement appelée del Buio). »

Ainsi parle le nécrologe. Il convient d'ajouter que, sainte Catherine étant morte en l'an 1380, elle apparut à l'enfant bien-aimé de son cœur, pour lui indiquer l'entrée d'un monastère olivétain ; cette circonstance fait voir, d'une manière on ne peut plus touchante, que du haut du ciel la sainte continuait à aimer la famille du bienheureux Bernard.

Les olivétains se montrèrent reconnaissants d'une affection si honorable pour leur ordre ; à peine la sainte était-elle canonisée, qu'ils lui dédièrent une chapelle à Mont-Olivet.

Dans les lettres de sainte Catherine, quatorze sont adressées à des olivétains.

1° A fr. Giusto, prieur à Mont-Olivet.

2° A fr. Jacques de Padoue, prieur à Mont-Olivet de Florence.

3° A l'abbé général de Mont-Olivet dans la contrée de Sienne.

4° Au prieur des frères de Mont-Olivet, près de Sienne.

5° Aux frères Nicolas de Ghida, Jean Zerri, et Nicolas, fils de Jacques de Vannuzzo, à Mont-Olivet.

6° A plusieurs moines de Notre-Dame de Mont-Olivet.

7° A fr. Nicolas de Ghida de l'ordre de Mont-Olivet.

8° A François, fils de messire Vanni Malavolti, depuis

moine olivétain. — François Malavolti était alors fortement
dévoyé ; la sainte le presse de penser à son salut, jamais le
cœur d'une mère n'a eu d'effusions plus touchantes.

9° A fr. Jean Bindi de Doccio, des frères de Mont-Olivet.

10° Aux frères Philippe Vannucci et Nicolas de Piero, de
Florence, moines de Mont-Olivet.

11° Au fr. Nicolas, des frères de Mont-Olivet, au monastère
de Florence.

12° Aux moines de Cervaia, aux frères Jean Bindi, Nicolas
de Ghida, et à ses autres fils en Jésus-Christ des frères de
Mont-Olivet, près de Sienne.

13° A plusieurs novices, au monastère de Mont-Olivet à
Pérouse.

14° A fr. Nicolas Nanni de l'ordre de Mont-Olivet.

Dans le recueil des lettres choisies de la sainte par Auguste
Alfani, figurent les lettres 8° à François Malavolti, et 13° à
quelques novices olivétains. Ce n'est pas sans raison. La première nous révèle l'immense et prodigieuse tendresse de la
sainte pour les pécheurs ; la seconde est un traité de vie spirituelle, d'une élévation et d'une suavité incomparables.

―――――

NOTE VI

Les fouilles pour retrouver le corps
du bienheureux Bernard.

Quand on fit les instances pour la reconnaissance du culte
du bienheureux Bernard, de même aussi quand sa cause de
canonisation fut introduite sous Innocent X et poursuivie
sous Alexandre VII, on ne voit pas qu'on ait fait une recherche
active de ses saintes reliques. On paraissait alors persuadé
que le corps du Bienheureux avait été enseveli précipitamment durant la peste avec d'autres corps, par exemple, avec
ceux de ses religieux morts en même temps que lui, et par

suite qu'il était impossible de retrouver la trace de ses dépouilles sacrées. Alexandre VII se fonda sur cette supposition, pour dispenser, par un indult en date du 27 août 1657, le postulateur de la Cause de la formalité préliminaire qui consiste à rechercher et à reconnaître les reliques du Bienheureux dont on poursuit la canonisation.

Une étude plus attentive des traditions fit revenir de l'idée qu'on s'était faite de l'inhumation précipitée du Bienheureux; et on commença à concevoir un certain espoir de retrouver son précieux corps. Mais il y avait la question insoluble : Etait-il resté à Sienne? Avait-il été transporté à Mont-Olivet, lors de la destruction du monastère de Saint-Benoît de cette ville?

Dans les années 1736 et 1739, on fit des excavations tout à la fois au monastère susdit, et à Mont-Olivet, où elles furent pratiquées sous le grand cloître, sous les stalles du chœur, et dans le chapitre nommé aussi le *De Profundis*. Elles amenèrent la découverte, en ce dernier emplacement, de quatre fosses pleines de sable et de quatre squelettes : se trouvait-on en présence du Bienheureux et des trois premiers abbés Patrice Patrizi, Ambroise Piccolomini et Simon de Turi? Rien ne l'indiquait d'une manière précise, ou même approximative. On laissa tout en place et on boucha les excavations.

En l'an 1768, 2 octobre, sous le pontificat de Clément XIII, le cardinal Chigi, préfet de la congrégation des Rites, délégua l'abbé général de Mont-Olivet pour entreprendre de nouvelles fouilles au monastère de Mont-Olivet lui-même et dans les lieux environnants. Cette délégation fut renouvelée huit ans après sous Pie VI, à la requête du postulateur de la cause, D. Louis Stampa. Monseigneur l'archevêque de Sienne, Tibère Borghèse, déploya à cette occasion un grand zèle pour l'honneur du bienheureux Bernard ; il se rendit lui-même à Mont-Olivet, et présida l'ouverture des travaux d'excavation qui furent commencés dans l'église, le 20 septembre 1776. Poursuivis pendant treize jours presque consécutifs, ils n'amenèrent aucun résultat. L'année suivante, en avril, on creusa la place de l'église. En 1780, on explora de nouveau le cloître et ses alentours, mais toujours sans rien découvrir.

Malgré l'insuccès de ces tentatives, les moines olivétains n'ont pas renoncé à l'espoir de découvrir un jour le corps de leur père. Il est possible que les fouilles précédentes n'aient eu aucun résultat, parce qu'elles furent trop étendues et pas assez profondes. En concentrant les recherches sur le lieu plus spécialement indiqué par la tradition, on aurait des chances plus sérieuses d'aboutir. Ainsi pensent de vénérables religieux, très compétents sur la question.

Les enfants du Bienheureux d'ailleurs n'ont garde d'oublier que, lorsqu'il s'agit de retrouver le corps d'un saint, la prière et la bénédiction de Dieu sont les facteurs les plus décisifs pour amener un heureux résultat.

ERRATUM

Page 223, ligne 14, supprimer le mot également.

TABLE DES MATIÈRES

TROISIÈME PARTIE

Le bienheureux Bernard abbé de Mont-Olivet.

QUATRIÈME PARTIE

Mort et gloire posthume du bienheureux Bernard.

APPENDICE

Notes et documents.

BAR-LE-DUC — TYP. DE L'ŒUVRE DE SAINT-PAUL

SCHORDERET ET Cⁱᵉ.

ANNONCES

Nouvel Essai sur les Psaumes, étudiés au triple point de vue de la lettre, de l'esprit et des applications liturgiques, par le R. P. EMMANUEL, des Bénédictins Olivétains de Notre-Dame de la Sainte-Espérance. — Prix, *franco :* 5 fr.

Les Maximes de saint Benoît, par le même, br. gr. in-8°. — Prix : 50 cent., *franco,* 60 cent.

PÉRIODIQUES

Bulletin de l'Œuvre de Notre-Dame de la Sainte-Espérance, à Mesnil-Saint-Loup, mensuel. — Prix d'abonnement : 3 fr. l'an. (12ᵉ *année.*)

Revue de l'Eglise grecque-unie, mensuelle, même prix d'abonnement. (4ᵉ *année.*)

Abonnement simultané au *Bulletin* et à la *Revue*, 5 fr. l'an.

S'adresser au R. P. Emmanuel, à Mesnil-Saint-Loup, par Pâlis (Aube).

Bar-le-Duc. — Typ. de l'ŒUVRE DE SAINT-PAUL, Schorderet et Cᵒ. — 370